图书在版编目（CIP）数据

互联网金融红利 ：移动互联网时代你该这么活 / 付峥嵘，倪维立著. -- 北京 ：人民邮电出版社，2016.3
ISBN 978-7-115-41632-2

Ⅰ. ①互… Ⅱ. ①付… ②倪… Ⅲ. ①互联网络—应用—金融—研究 Ⅳ. ①F830.49

中国版本图书馆CIP数据核字(2016)第022800号

内 容 提 要

互联网金融已经在消费、支付、理财、社交等层面融入我们的生活。对消费者和创业者来说，随着国家对互联网金融监管的明朗化和规范化，互联网金融释放出巨大的红利。但如何利用好当下的互联网金融红利，如何合理消费与理财，如何发现创业蓝海，这需要专业指导。

本书从互联网金融与传统金融的区别说起，通过对互联网金融创新生活方式，消费理财形式，最终普惠大众模式的深入解读，帮助消费者清晰认识互联网金融，合理利用互联网金融释放的红利，更好地适应时代发展，发现绝好的创业机遇。

◆ 著　　　付峥嵘　倪维立
责任编辑　李士振
责任印制　周昇亮

◆ 人民邮电出版社出版发行　　北京市丰台区成寿寺路 11 号
邮编　100164　　电子邮件　315@ptpress.com.cn
网址　http://www.ptpress.com.cn
大厂聚鑫印刷有限责任公司印刷

◆ 开本：720×960　1/16
印张：17.5　　　　2016 年 3 月第 1 版
字数：358 千字　　　2016 年 3 月河北第 1 次印刷

定价：49.80 元

读者服务热线：(010)81055296　印装质量热线：(010)81055316
反盗版热线：(010)81055315
广告经营许可证：京崇工商广字第 0021 号

前言

FOREWORD

2014 年中国互联网金融共发生 193 起融资事件，平均投资额达 882.12 万美元。那么，未来的金融业到底是什么样子？无论是 BAT 们的狂欢，还是银行家们小圈子的世界，互联网金融都为其带来诸多福利。然而，老百姓如何才能从这场变革中获得实实在在的好处，更便捷的服务，更人性化的应用，更高的收益？为什么受益于互联网金融的老百姓却很少？究其原因，即使是对之有所了解的人也仅仅停留在“知”的层面上，缺乏“行”的方法。

层出不穷的互联网金融事件并不是行业巨头们纷纷炒作的结果，而是新时代的颠覆性标志。然而，虽然被冠之“互联网”的前缀，很多老百姓仍然将金融看作高高在上的精英层特权。难道互联网金融只是又一次与老百姓无关的“神仙打架”？

答案当然并非如此。自从进入互联网时代，互联网就开始了对传统行业的颠覆，而这一次，互联网的颠覆目标瞄准了有“万行之首”的金融行业。2013 年，阿里巴巴的余额宝拉开了互联网金融的时代大幕，在短短的两年间，互联网金融就已经融入到各个层级当中。

但时至今日，在很多普通人的眼中，所谓的互联网金融就只是余额宝这样的互联网理财“宝宝”而已。事实上，在不知不觉间，互联网金融已经成长为能够与传统金融分庭抗礼的参天大树，并对普通人的生活开始产生潜移默化的影响。

如今，我们在吃饭时已经习惯了团购和外卖，出行更是会以“滴滴”和“快的”代步，很多人甚至在互联网上买起了房子……这一切其实都是互联网金融极具颠覆性的成功的“行外改造”。而在无处不在的“扫码支付”中，互联网金融就这样悄无声息地出现在日常金融需求的各种场景；在风生水起的“全民创业”中，互联网金融也成为众多创业者走入“互联网 +”的首选之路。

当互联网金融已经逐渐完成全方位的落地布局时，被传统金融业所“忽视”的如你我一样的普通人，又到底该如何参与到这场全新的金融盛宴中，享受到经济发展所带来的金融福利呢？在互联网金融的蓬勃发展中，在各种各样的概念环绕中，普通人又能如何才做到“知行合一”，而不会再次与精英层拉开距离呢？

本书以精练的文字说明，结合生动的图表，对我们身处的互联网金融时代进行阐释和对相关实操方法进行讲解。相信通过本书，普通老百姓也能清晰地认识互联网金融的方方面面，能突破传统金融的距离感和高深感，学习到全新的消费、理财、融资与创业模式知识。在未来，互联网金融将会更紧密地融入人们的生活，成为人们生活中必不可少的组成部分。

目录

Part 1 用责任、力量和价值见证互联网金融

金融一直以来作为精英阶层的“专属”，而疏离于普通人的世界。普通人能享受到的，似乎只有简单的金融服务与繁杂的办理流程。然而，金融作为服务于社会、企业、个人的重要内容，它不应当只是少数人的特权，每个人都拥有享受金融服务的权利。互联网金融让这一权利顺利落地，当互联网开始颠覆金融市场，凭借信息、成本和数据的力量，普通人终于能够介入金融资源配置的行列。依靠看得见的思想、平台和技术，社会财富也得以在更广大社会阶层中进行分配。

Part 2 互联网金融创新生活方式

在互联网与金融的结合中，互联网对传统行业的颠覆作用越发凸显，在互联网金融的不断发展中，人们的生活方式也正在经历巨大的变化。创新，是新时代的主题，而在此起彼伏的创新声中，互联网金融无疑是最具颠覆性的“创新家”。衣、食、住、行是人们生活的重要组成部分，而在电子商务颠覆传统购物领域之后，伴随着团购、外卖、住房众筹、打车等新型服务的相继出现，互联网金融正在改变人们的生活方式，努力让人们拥有一个更好的家，并获得真正的智能出行体验。

Part 3 互联网金融颠覆消费习惯

支付不用钱？在一些电影中都存在类似的场景，或是指纹支付，或是虹膜支付，或是芯片支付，现金已经被取代。而如今，互联网金融将未来提前带进了现实，当银行卡、NFC 支付都无法取代现金的支付地位时，扫码支付却从商超、餐馆开始，一步步地融入人们的支付生活，让现金开始变得可有可无。与此同时，“历史悠久”的电子商务也正在经历新一轮变革，大数据带来的精准营销、互联网金融带来的信用支付，都将使得人们获得全新的网购体验。

Part 4 互联网金融改变理财方法

金融最重要的作用在哪？正在于对社会财富的再分配，而理财则是实现社会财富再分配的重要手段。然而，传统理财方式动辄上百万的门槛，使得普通人只能选择“负利”的银行储蓄。2013 年，余额宝横空出世，作为互联网金融的开创性产品，通过满足人们对于“低门槛、较高收益”理财产品的迫切需求，余额宝迅速获得了巨大成功。而在此之后，腾讯、百度等互联网巨头企业的相继入场，P2P 网贷平台的迅速崛起，则赋予了互联网金融更加丰富的内涵。然而，在纷繁复杂的互联网金融市场，理财者也要学会防范潜藏的风险。

Part 5

互联网金融重构创业模式

在国家的号召与支持下，中国进入“全民创业”时代。然而，创业却并非易事，在后金融危机时代，在全球经济的缓慢复苏中，中国传统行业也陷入低谷，而新兴的互联网金融行业则为创业者们带来了新的可能。在互联网金融对创业模式的重构中，创业者既可以在前景广阔的移动支付行业掘金，也能够找到自己的特点从而站在新的“风口”。

Part 6

生活因互联网金融更美好

在当下以及不远的将来，互联网金融将进入我们生活的每一个角落，融入我们每一个日常行为细节当中。互联网金融以各种丰富的形式让我们的生活更加便捷，也让我们每个人都成为成熟的金融人，合理利用我们的每一笔财富，让未来更美好。

Part 1 用责任、力量和价值见证互联网金融

金融一直以来作为精英阶层的“专属”，而疏离于普通人的世界。普通人能享受到的，似乎只有简单的金融服务与繁杂的办理流程。然而，金融作为服务于社会、企业、个人的重要内容，它不应当只是少数人的特权，每个人都拥有享受金融服务的权利。互联网金融让这一权利顺利落地，当互联网开始颠覆金融市场，凭借信息、成本和数据的力量，普通人终于能够介入金融资源配置的行列。依靠看得见的思想、平台和技术，社会财富也得以在更广大社会阶层中进行分配。

1.1　互联网金融的责任：服务于社会、企业与个人

1.1.1　推动民间资本阳光化

对于普通人而言，金融这个词汇总是那样的高端、疏远，但在互联网与金融结合后，金融终于不再如往常一般“高大上”，开始走下神坛。而在金融的平民化进程中，民间资本也得以脱离传统金融的束缚，从阴暗处开始走到阳光下。

民间资本原本只是指民营企业的流动资产和家庭的金融资产，伴随着我国经济的高速发展，集聚于民间的财富规模也越发庞大。但在国内长期的金融管制下，由于缺乏合适的投资渠道，民营企业或家庭的闲置资产却只能放在银行里，“赚取”微薄的储蓄利息。其实，很多人都明白，银行里不过 3% 的储蓄利率，相较于通胀率还有很大的差距，将资产放在银行，只是人们减缓资产贬值速度的无奈之举。

在传统金融领域中，可供民间资本选择的投资渠道极为有限，大致可分为如图 1.1.1-1 所示的三种。

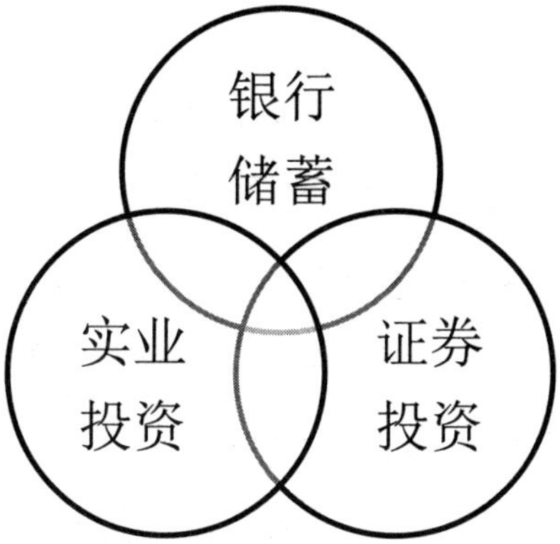

图 1.1.1-1　民间资本投资渠道

1. 银行储蓄

银行储蓄是金融领域最基础的投资选择，也是最稳妥的理财行为，而与之相应的，银行储蓄的投资收益也是最低的。与此同时，在经济下行压力逐渐加大的经济背景下，央行不得不一次次降息以刺激市场经济发展。当降息成为宏观经济发展策略时，也就意味着，作为一种投资选择，银行储蓄的优势几近为零，稍微懂些理财知识的人都不再愿意将资金放在银行中。

2. 实业投资

相比于银行储蓄，实业投资所需的资本量虽然较大，但在社会经济大发展背景下，这不失为一种稳健的投资方式，尤其是在我国经济大发展的三十多年间，民营企业也得以借着改革开放的东风顺势而起，实业投资更是具有稳健和高收益的双重属性。但在国内，对于民间资本而言，想要进入实业投资领域，还有着不小的市场准入障碍，很多市场还是民间资本难以进入甚至禁入的。随着 2008 年金融危机爆发，全球经济一直处于缓慢复苏之中，大批工厂倒闭，实业投资的创富能力也受到挑战。

3. 证券投资

国内证券投资仍然以股票投资为主，也就是所谓的炒股。我们之所以说“炒股”，而不是股票投资，正是因为国内产权制度、市场监管、市场准入等各方面存在着各种制度缺陷，国内的股市更像是投机者的赌场，而非投资者的乐园。尤其是在国内国家股、法人股、内部职工股、公众流通股并存，且同股不能同权、同利的现状下，民间资本进入股市所能做的也仅仅是通过炒作，从而赚取股价差价而已。在 2008 年股市崩盘之后，经过漫长的等待，我国股市终于在 2015 年年初迎来“改革牛”，但不过半年时间，我国股市再次“崩盘”，民间资本再次遭到大洗劫——证券投资成为民间资本心中永远的痛。图 1.1.1-2 展示了 2006-2015 年我国股市与世界股市的对比情况。

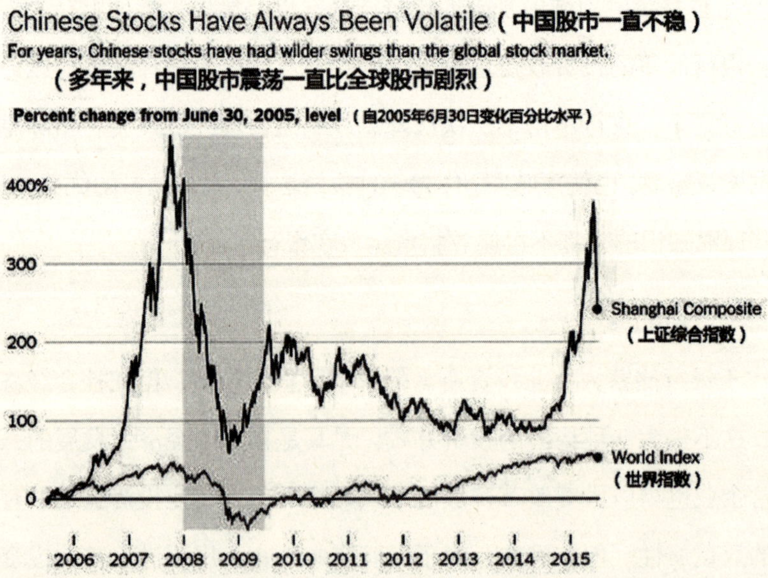

图 1.1.1-2　近十年中国股市与世界股市对比

当以上三种投资渠道都难以发挥作用时，有些民间资本也开始铤而走险，开始进入民间借贷市场。无论是企业还是个人都有着极大的贷款需求，他们或需要资金用于企业经营，或需要资金以供个人消费与学习，但商业银行却难以满足如此巨大的贷款需求，甚至有些商业银行有意忽视如同鸡肋的小额贷款需求，这就为民借贷的发展创造了市场空间。

一边是愿意付出较高利息却借不到资金的贷款需求，一边是手里握着大量资金却找不到投资渠道的民间资本，在市场需求的引导下，二者终于实现对接。但由于缺乏足够的风控手段，民间借贷有着极高的风险，再加上市场监管的缺失，而且民间借贷很容易演变为非法集资。在严重的贷款风险和合规风险下，民间借贷的成本也一直居高不下，很多都高于法定的“银行贷款利率 4 倍”。这使得民间资本最终陷入如图 1.1.1-3 所示的恶性循环。

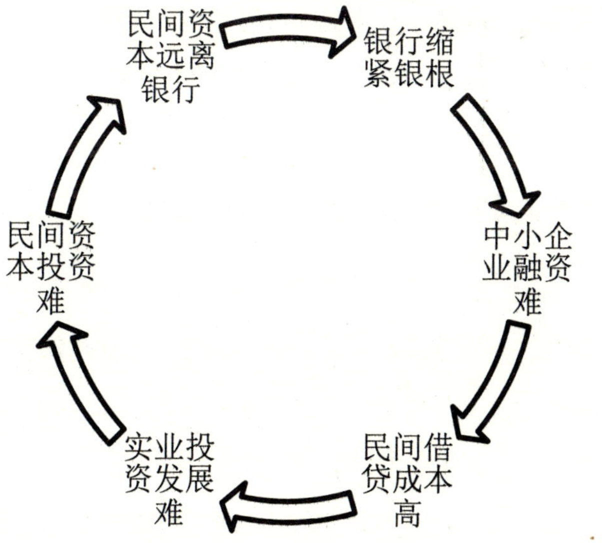

图 1.1.1-3　民间资本陷入恶性循环

民间资本不愿进入银行，银行缩紧银根减少贷款，中小企业资金需求无法满足，民间借贷成本过高，实业投资陷入困境，民间资本苦无投资渠道……在这样的恶性循环中，民间借贷也愈演愈烈，甚至演变为游离于银行监管体系之外的“影子银行”，成为金融领域的非法搅局者。

这对于我国金融的健康发展而言，无疑有百害而无一利。因此，在我国金融改革的浪潮中，“开正门，关后门，堵邪门”的新政策，加上互联网与金融结合的新形势，使得民间资本终于得以阳光化。伴随着P2P网贷平台的纷纷而起，民间资本得以迅速与资金需求者实现对接，再加上货币基金、保险理财、众筹等互联网金融产品的诞生，在互联网金融市场，民间资本就如同终于奔入大海的巨鲸，开始展现出自己的庞大力量。

作为民间资本的重要载体，互联网金融在为社会、企业、个人提供各种金融服务，并满足各方借贷需求以及投资需求的同时，也让金融变得更亲民，让企业得以享受更多金融服务，让人们能够得到更多金融帮助，真正地实现“取之于民、用之于民”，这也是承载了民间资本的互联网金融的责任所在。

1.1.2 赋予企业更多享受金融服务的权利

在后金融危机时代，由于缺乏改革转型的灵活性，很多大型企业陷入困境，大批企业纷纷倒闭。而在互联网引导的创新时代，尤其是随着全民创业时代的到来，众多小微企业反而凭借独特的创新能力以及小体量的灵活性，在这一片寒冬中得以挣扎存活，为市场带来了一抹新绿。

在全球经济缓慢复苏的大环境下，小微企业不仅凭借自己的强悍生命力为我国经济发展注入了一丝活力，也为社会提供了大量的就业机会、产品和服务。小微企业成为我国社会经济发展的重要力量，但在小微企业发挥强大作用的背后，却是严重的“融资难”问题。

任何企业的发展都离不开融资，资本是企业成长与壮大的重要源泉。然而，据统计，我国小微企业大多仍然依靠自筹资金维持运营，甚至有超过 80% 的小微企业从未在银行贷过款。有专家估计，国内小微企业融资缺口超过千亿元，其融资成本更是常年居高不下。

所有小微企业主心中都有两大痛点（见图 1.1.2-1），其一就是“融资难”，其二则是“融资贵”。

图 1.1.2-1　小微企业发展两大痛点

小微企业的“融资难”与民间资本的“投资难”脱不开关系，正是因为商业银行的低利率，民间资本不愿意进入银行，缺乏足够资金的银行也只好缩紧银根，将贷款发放给抵押物更多、企业规模更大的大中型企业，以降低自身的贷款风险，并缩减贷款成本。

国内大多数商业银行对小微企业的信贷制度都是配额制，其总体配额还不到贷款总额的 25%。这对于小微企业的融资问题更是雪上加霜。事实上，大中型企业的融资渠道极为丰富，无论是证券、债券还是基金都能够极大地满足它们的资金需求，而小微企业则难以运用这些融资渠道。商业银行的充足资金以及较低利率，对小微企业而言无疑是最好的融资来源，但商业银行却不愿服务于规模小、风险大的小微企业。小微企业资金来源渠道极其有限，如图 1.1.2-2 所示。

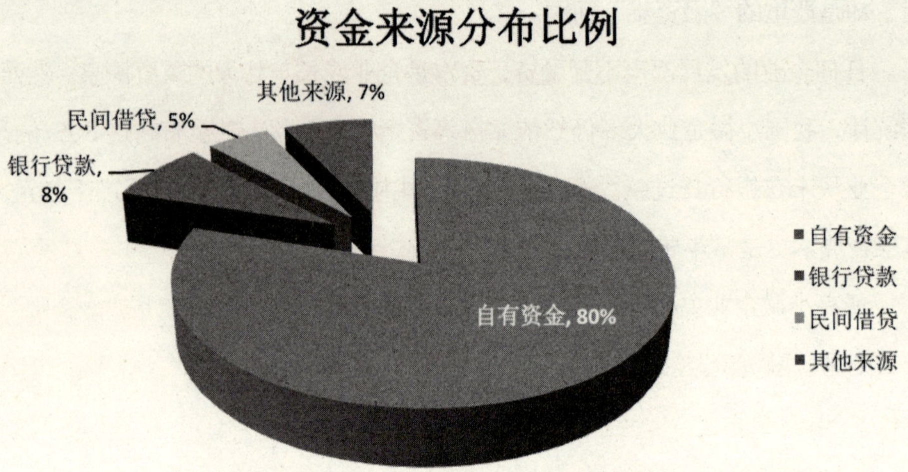

图 1.1.2-2　小微企业资金来源分布

因此，除了个别小微企业能够从银行获得融资之外，高达 80% 的小微企业的资金来源都是自有资金。但由于自有资金的局限，小微企业也只能一直停留在小微级。如果想要实现企业的进一步发展，小微企业只好将希望寄托于民间借贷，以高达 20% 甚至更高的融资成本，来为企业的运营和发展“供血”。

在实际经营活动中，很多企业甚至选择了赊账的方式来经营企业，这就造成整条产业链上的各个环节都处于流动资金紧缺状态，只有当销售终端将产品或服务兑现之后，整条产业链的资金流才能再次流动起来。这也造就了“现金为王”的时代特征。

事实上，即使是对于从商业银行获取贷款的企业而言，繁杂的融资手续以及众多的收费名目，也使得其融资成本不断攀升。对于企业信用等级普遍偏低的小微企业而言，尤为如此。据统计，很多企业收益的 35% 都被用于支付各种财务费用，一旦盈利出现波动，企业很可能会面临致命的打击。

直到互联网与金融结合之后，金融对于小微企业的“歧视”终于有所缓解。在互联网时代，信息技术与电子商务一起，为传统行业的各个领域带来了颠覆性的改变。如今，几乎所有行业都无法脱离互联网而独立于线下，甚至很多企业将自身完全搬到了线上。在互联网时代的大变革中，互联网也终于开始颠覆有“万行之首”之称的金融行业。

事实上，在电子商务发展之初，如支付宝之类的第三方支付平台就已经开始颠覆传统商业银行的支付结算业务，但这并没有得到金融行业的重视，传统商业银行也仅仅是开发了银联在线作为抵抗。直到余额宝等互联网金融产品诞生之后，传统金融产品在线销售、互联网金融产品创新、互联网信用中介服务等新型金融服务迅速发展起来，直到此时，传统金融也只能被迫改革，并进入互联网与互联网金融企业进行“客场之战”。

互联网金融一经面世，就迅速赢得市场的认可，在国内迎来众多企业的追捧。互联网金融凭借“大小通吃、无所不在”的优势，让众多企业享受到了从未有过的各种金融服务，如图 1.1.2-3 所示。

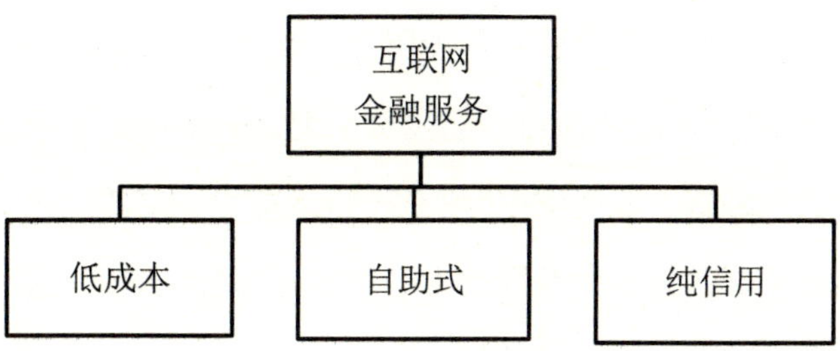

图 1.1.2-3　互联网金融服务

1. 低成本金融服务

依托于无处不在、无时不在的互联网，互联网金融将金融生态领域的边界大大拓宽，无论在何时何地，人们都可以借助互联网融入到金融市场中，享受到自己所需的金融服务。由于互联网没有时间和空间的限制，互联网金融也就在无需投入大量网点建设成本的同时，为用户提供 24 小时的服务，并在服务成本降低的同时，实现金融服务覆盖面和效率的极大提升。

传统金融领域，尤其是商业银行之所以不愿意服务小额贷款市场，正是因为小额贷款的额度小、周期短、收益低，而其服务成本与大额贷款相比却相差无几。但由于小额贷款的风险更大，银行反而需要在其信用管理、贷后管理方面投入更多的技术和精力。有了这样的对比，商业银行自然会将目光更多地放在大中型企业贷款市场。

但正是在这样一个传统金融主动放弃的市场，互联网金融却能够凭借互联网和大数据技术所实现的成本缩减，以及更为有效的风险控制技术，以极大的勇气与底气开发小额贷款这片“蓝海”。

对于小微企业而言，互联网金融中最重要的创新金融产品就是 P2P 网贷，这也是民间资本阳光化的重要成果。简单来说，P2P 网贷其实就是一个金融信息中介平台，通过快速实现融资者与投资者的对接，满足双方的金融需求：民间资本依靠 P2P 网贷找到更为可靠的投资渠道，而小微企业则通过 P2P 网贷以更低的成本实现融资。在提供中介服务的同时，P2P 网贷平台本身也会收取一定比例的服务费，并依靠大数据技术进一步完善自身的风控能力，这样的共赢自然让 P2P 网贷赢得了市场的热捧。

2. 自助式金融服务

互联网金融的低成本，很大一部分都源自于其自助式的金融服务。在典型的互联网金融模式中，企业可以按照标准化的订单模式采购各种金融产品和服务，只需要按照互联网金融平台的各种操作指引一步步进行，并提交相应的材料和证明，就能够下达自己的金融服务订单。在收到这些订单之后，互联网金融首先可以凭借各种风控系统对订单进行初步的筛选，将不符合标准的订单剔除在外，接下来则由独立的风控部门对订单进行资料核查，并由当地的信用机构进行现场核查，从而确保订单风险可控。

在这整个操作流程中，企业除了初步的提交申请及相关材料之外，所要做的就是在家等着审核人员上门进行实地调查。在这样的运作模式下，融资者、投资者、信用管理者、信息中介可以身处世界任何地方。

> 比如，广州的企业在总部位于上海的某 P2P 网贷平台上提交贷款申请之后，该 P2P 网贷平台位于北京的风控中心则会对订单进行资料核查。如果核查通过，广州的信用机构会上门进行实地调查。在确保订单风险可控之后，这笔订单的期限、利率、额度等信息也会得到确认，P2P 网贷平台就会将之发布在平台上供投资者选择，而这笔贷款最终的投资者则遍布成都、青岛、哈尔滨、厦门等各个城市。

这就使得资金的供需双方得以在一个无边界的市场内进行配置，交易成本的大幅降低，也使得配置效率大幅提升，广州的融资需求能够面向全国各地，而上海的投资需求则能够投向大江南北。

3. 纯信用金融服务

由于小微企业大多信用评级较低，在向传统商业银行申请贷款时，它们就不得不提供各种抵押物或担保人，这无疑进一步增加了贷款的难度。想要申请无抵押无担保的信用贷款，对于大部分企业而言，都无异于痴人说梦。然而，很多企业尤其是小微企业，并没有符合银行规定的抵押物或担保人，它们也因此被拒之门外。

互联网金融之所以敢于服务于银行“放弃”的小微企业，正是因为它们拥有更加先进的风控技术。如今，被大部分互联网金融引入的德国 IPC 技术，正是一种轻抵押、重现金流和实时信用管理的风控技术，如图 1.1.2-4 所示的芝麻信用即是其中的典型。商业银行贷款将小微企业拒之门外的根源就在于抵押物的不足，使得小微企业的高风险无法得到缓解，而轻抵押的 IPC 技术则让小微企业如鱼得水。

在互联网金融的风险控制办法中，企业的银行流水是最被看重的，如果企业的现金流正常，能够覆盖每月的还款金额，其风险就被认为可控。抵押物不足、资金周转快的小微企业，则完全适用于该准则，这就让小微企业梦寐以求的纯信用贷款，在互联网金融市场变得可行。

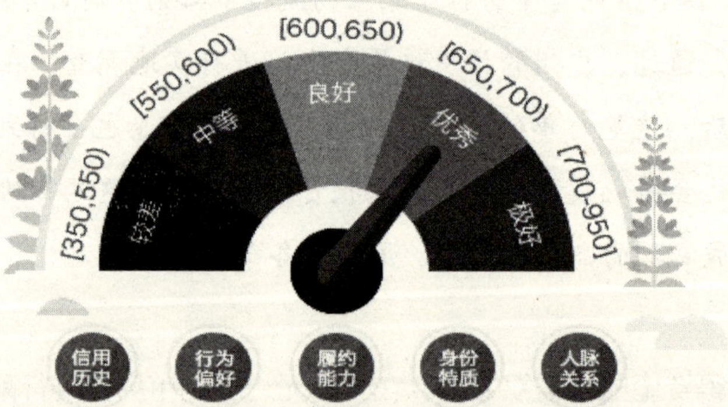

图 1.1.2-4　互联网信用评估体系——芝麻信用分

在金融业不断发展过程中，互联网金融也在不断创新、完善自身的风控体系，这一方面得益于互联网金融本身的技术优势，另一方面也离不开众多小微企业的参与，以及其所带来的庞大创新能力与动力。

就目前而言，由于监管机制的缺位以及自身发展的迅猛，互联网金融还需要一段时间才能真正向传统金融业发起强有力的冲击，而且至今仍然有很多企业无法适应完全互联网化的资金来往模式，这些都需要互联网金融以及相关法规的不断完善。然而，凭借在金融创新上的巨大优势以及无边界的金融交易模式，互联网金融必将赋予企业更多享受金融服务的权利。

1.1.3 让需要帮助的人得到更多帮助

所谓金融，简单来说就是资金的流通。金融能够满足人们的各种资金需求，无论是消费、学习、创业，还是资产保值与增值，都离不开金融。而从人们关于资金的各种需求而言，金融也可以简单地划分为三大模块：投资、流转与融资。当互联网开始颠覆金融行业时，需要帮助的人也将通过互联网金融得到更多的帮助。

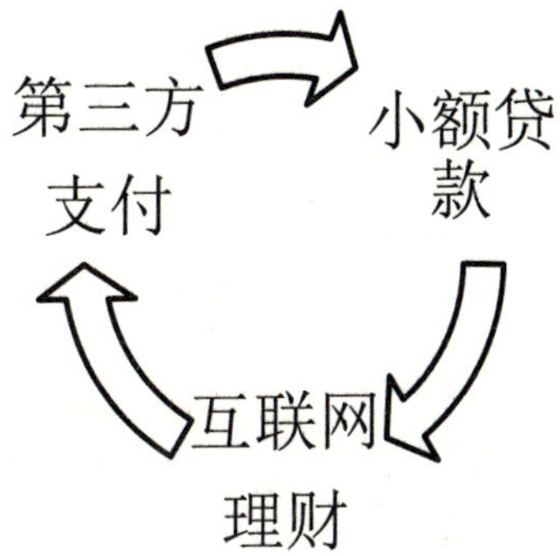

图 1.1.3-1 互联网金融的颠覆之路

互联网金融对于传统金融的颠覆也正是从金融的三大模块逐渐展开的，如图 1.1.3-1 所示。

1. 撬动银行利润盲点，从流转支付开始

早在 2003 年，为了推动电子商务的发展，阿里巴巴就推出了支付宝，以保障消费者的网购安全。在支付宝的发展与扩张中，拉卡拉、汇付天下、微信支付等第三方支付平台也相继崛起，在互联网时代，第三方支付开始取代商业银行的流转功能，成为互联网交易乃至线下交易的重要支付手段。

然而，由于流转并非银行利润的主要来源，银行对此并没有给予足够的重视。等到商业银行体系开始推广银联在线时，一切也都为时已晚。第三方支付平台之所以能够不断取代银行的流转功能，正是因为以用户为中心的互联网金融关注的焦点就在于用户的使用体验。

在第三方支付平台的不断创新和发展中，用户的支付体验不断优化，用户早已习惯在线上使用第三方支付平台进行支付，至于网银以及银联在线，则因为烦琐的使用体验而渐渐被用户抛弃。如今，随着各大互联网企业大力布局 O2O，第三方支付平台逐渐进入线下支付市场，人们在支付领域享受到的帮助则更多。这从图 1.1.3-2 中我国第三方移动支付市场交易规模的发展也可以得出相似结论。

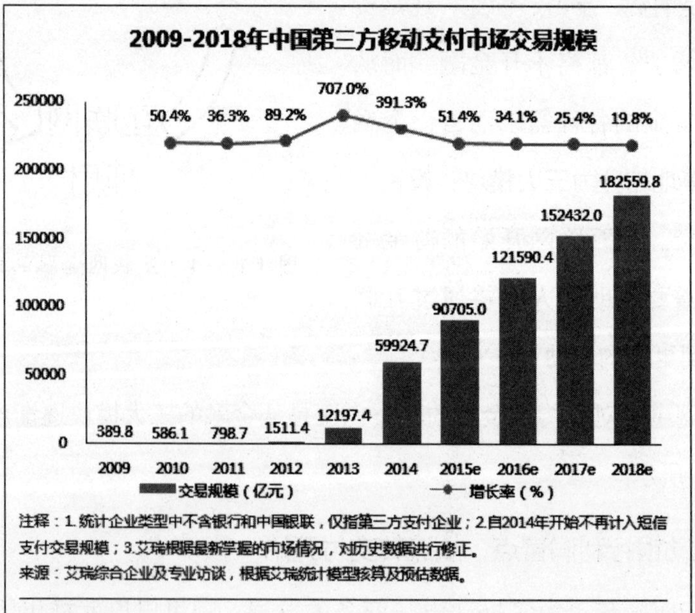

图 1.1.3-2　中国第三方移动支付市场交易规模（图片数据来自于艾瑞咨询）

在过去，现金用完，不能刷卡，没有ATM，人们就失去了支付的所有渠道。但如今，只需要亮出手机里的“支付码”，人们就能直接消费；只需要对方的手机号，人们就能进行转账；只需要添加好友，发红包都能在线上进行……在互联网金融发力第三方支付平台中，人们的支付体验得到前所未有的提升。

2. 捡取银行眼中的“鸡肋”，让小贷焕发生机

贷款是商业银行的主要利润来源，但并不是所有的贷款市场都被银行所看重。面对国内庞大的贷款需求，商业银行更多地是为大中企业提供贷款，而个人想要从银行获得贷款，基本也只有房产和车产抵押贷款而已。

然而，在实际生活中，个人的贷款需求绝非仅仅购房或买车，事实上，无论是求学、旅游，还是租房、就医，个人同样需要贷款。只是在商业银行眼中，个人只不过几万元，甚至只有几千元的贷款需求，实在如同“鸡肋”。尤其是在商业银行的贷款程序中，个人贷款与企业贷款相比，并没有多少简化。同样的服务成本，是服务于企业还是个人？商业银行自然选择了企业。而面对如此复杂的贷款程序，个人也不愿意去银行贷款。

互联网金融则捡取了银行眼中的这块“鸡肋”，开始进入银行不愿服务的小贷市场。自此，个人在有贷款需求时，也不再需要找亲友借钱，而可以直接从互联网金融中寻求帮助。数以千计的P2P网贷平台能够极大地满足个人的贷款需求，而伴随着阿里巴巴、腾讯等互联网企业建设起自己的互联网银行，支付宝中的蚂蚁借呗、微信钱包中的微粒贷等个人小贷产品随之出现，人们寻求贷款帮助也变得更为简便。

3. 创新传统金融产品，让理财更亲民

如果说第三方支付业务的发展，只是提高人们的支付效率，而小额贷款也只能满足部分人群的需求，那么，理财则真正地与每个人的切身利益相关。在

后金融危机时代，通胀压力以及经济下行使得每个人的生活都不那么好过，在这种情况下，将钱放在银行储蓄无异于坐等资产贬值。

通货膨胀这个词每个人或多或少都听说过，很多人却不理解它会给生活造成什么影响。但如果你去超市采购一趟，你就会发现，随便买点什么就要好几百，钱变得不值钱了，这就是通货膨胀最直观的影响——货币贬值，而在通货膨胀率较高的时期，将资金放在银行储蓄则是最糟糕的做法。

> 简单来说，以官方宣布的5%的通胀率来计算，如果你有10 000元放在银行储蓄，这10 000元如今可以买100袋大米。一年之后，因为通胀影响，一袋大米的价格上涨到105元，10 000元就只能买到95.2袋大米。与此同时，经过一年的银行储蓄，以一年期定期存款1.5%计算，你的10 000元变成了10 150元，即使如此，你也只能买到96.7袋大米而已。

也就是说，在通胀时期，银行储蓄不仅不能为我们带来资产增值，反而会让我们的资产在静止不动中贬值。除此之外，在通胀期间，人们大多会限制消费，这就导致经济发展减缓。为了刺激经济，央行还会采取降息政策，不让人们将钱放在银行里，这就造成资产贬值的进一步恶化。

然而，不放在银行里，人们的钱又该投向哪里呢？当然不能将手里的钱都花掉，因此，理财开始受到越来越多人的重视。但传统金融领域的理财手段大多有着较高的门槛，还有关于投资期限的诸多限制，对于普通人而言，他们手里的闲置资金并不足以进入传统金融投资领域，也难以将资金“冻结”三五年。而一些门槛较低的投资渠道，如证券、基金等，则需要较高的专业性，否则只会让资产处于更大的风险中。

2013年，余额宝横空出世，1分钱起投的“活期存款”却能够为用户带来比定期更高的收益（见图 1.1.3-3），理财由此开始“飞”入寻常百姓家，一场属于民众的金融狂欢终于拉开帷幕。随着余额宝的迅速发展，百度理财、微信理财、京东理财……各大互联网平台纷纷进入理财市场，为人们提供更好的理财服务。而当这些互联网理财平台与日益完善的第三方支付结合起来，互联网将为人们带来更好的理财、消费体验。

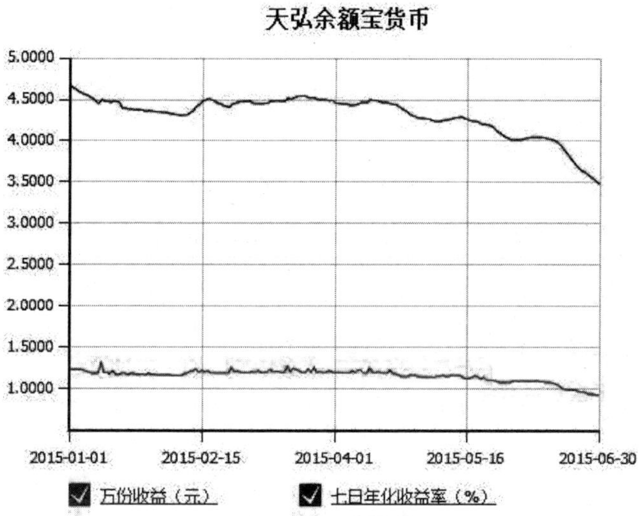

图 1.1.3-3　余额宝收益变化率

当互联网逐步从流转、融资、投资三大模块颠覆传统金融行业时，互联网金融终于展现出其强大的革新作用。众多传统金融纷纷随之改变，但作为互联网金融市场中的追随者，传统金融企业已经无法阻止互联网金融的崛起之路。如今，互联网金融的各种创新性发展，为所有人带来了完全不同的金融生活体验，也让人们得以依靠互联网金融满足自己的各种需求。

互联网金融与传统金融有啥不一样

在传统金融业里，银行扮演着国家经济的中介人的角色，承担着包括信用中介、支付中介、信用创造和金融服务的职能。也正是因为商业银行重要的中介作用，其在维持金融体系以及社会经济稳定方面，发挥着至关重要的作用，这就必然使得商业银行需要处于更为严格的监管之中。

在这样的严格监管中，传统金融的发展的重心也就只有一个，那就是稳定——“不求有功但求无过”。但这对于普通人或小微企业等看起来不稳定的金融参与主体而言，就等于是将他们直接排除在金融大门之外。因此，为金融脱媒而生的互联网金融则为商业银行减轻了压力，通过让金融参与各方实现直接对接，互联网金融为人们带来了更加方便高效的金融服务，如图 1.1.3-4 所示。

图 1.1.3-4　高效的金融服务

1. 交易成本低

由于在互联网金融中，没有资本金管理、存贷比管理等各种监管，互联网金融的操作空间十分宽阔，资金也得以在互联网中实现自由流通，互联网金融的资金成本十分低廉。而完全运作于互联网平台的互联网金融，也不需要如传统金融一般，设立大量的实体营业网点，运营成本和资金投入因而大幅降低。

在互联网金融企业本身成本降低的同时，其他参与者自然可以享受到更加优惠的金融服务。而当所有金融参与者都聚集在互联网中时，互联网金融参与各方都可以极为便利地找到各种信息，从而避免因为信息不对称而造成损失。

2. 交易效率高

基于互联网突破时空限制的特性，互联网金融的边界也变得前所未有的宽广。在金融的发展中，互联网出现的意义甚至能够与货币等同，二者的出现都大幅提高了金融的效率。而事实上，互联网所带来的效率提升远大于货币。

利用云计算、大数据等新型数据处理技术，互联网金融能够为人们带来更高效的金融服务，而依托于这些数据处理技术，互联网金融平台也得以建立起更加完善的风险控制模型，从而快速对用户风险进行评估，将金融服务完成的时间大幅缩短，如阿里巴巴小贷甚至能够在商户申请贷款的几秒钟内，完成审核工作。

3. 交易范围广

互联网金融之所以得以在国内迎来巨大的发展，甚至能够挤压银行的生存空间，正是因为互联网金融所服务的对象大多不被银行所重视。传统金融业的主要服务对象大多是具有良好信用基础的大中型企业或是有足够抵押物的个人，这就使得传统金融业存在一定的服务盲区。

基于互联网金融低成本、高效率的特性，互联网金融则能够进入传统金融的服务盲区，将金融服务带进所有人的生活中，使得金融的服务范围大大拓宽，也使得金融资源得以在优化配置中实现效率最大化。

相比较而言，互联网金融有着各种各样的强大优势，能够为传统金融带来巨大的革新和弥补。但这并不意味着互联网金融就是完美的，它同样存在着一些缺陷，尤其是网络安全和风险监督问题，更是让很多人望而却步。

虽然在互联网时代，传统金融迎来了极大的改善空间，但如果聚焦于安全与风控领域，具有几百年发展史的传统金融业则有着更加成熟的控制手段。而且银行还拥有互联网金融所没有的银行征信体系，这就使得银行能够对客户的信用情况有着更为详尽的了解。虽然阿里巴巴针对于此也推出了蚂蚁信用分系统，但想要与央行征信相提并论，其还有很长的一段路要走。而最为关键的则是，互联网不可避免的病毒入侵、盗号等风险都使得互联网金融的风险无法根除。一旦遭到黑客攻击，互联网金融的正常运作就可能受到影响，更何况互联网金融还存在着跑路、诈骗等诚信风险。

总体而言，互联网金融的缺陷主要体现在以下两点，如图 1.1.3-5 所示。

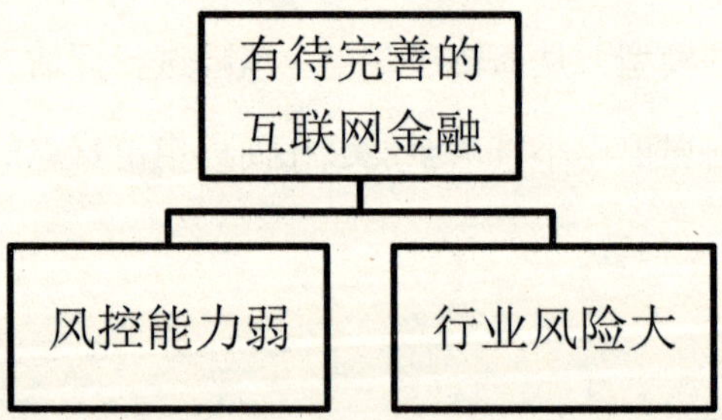

图 1.1.3-5　有待完善的互联网金融

1. 风控能力弱

无论是传统金融还是互联网金融，其健康发展的核心都离不开风控能力的不断完善。然而，由于缺乏如银行征信这样的信用评估体系，互联网金融对于用户的信用评估只能基于其互联网消费数据以及其他数据，这就使得互联网金融在风险控制方面难以完善。在 P2P 网贷发展的几年间，除去一些有意诈骗、跑路的 P2P 网贷平台之外，大部分倒闭 P2P 网贷平台都是由于风控不善而无法应对高违约率所带来的资金压力。

2. 行业风险大

因为互联网金融还处于起步阶段，我国还缺乏相应的监管和法律约束，也没有合适的准入门槛或行业规范，这就使得互联网金融行业同样面临极大的管理难题。很多人正是看中了互联网金融的低门槛和少监管，使得互联网金融出现大量恶意骗贷和卷款跑路事件。如何在发挥针对小微企业及个人的高效金融服务作用的同时，降低互联网金融行业的各种风险？这对于政府和行业而言，都是不小的挑战，互联网金融急需一条平稳健康发展的道路。

与传统金融相比，互联网金融的优势极为突出，作为新兴的金融形式，在与互联网的结合中，互联网金融使得金融服务效率得到前所未有的提升，低成本、宽范围的金融服务也让享受金融福利的门槛得到大幅降低。但作为新兴行业，互联网金融并非尽善尽美，相比于有着几百年发展史的传统金融，互联网金融还有很长的路要走。

1.2 互联网金融的力量：通过信息、成本和数据说话

1.2.1 谁都可以介入金融资源配置的行列

从本质上来说，金融机构就是金融资源配置的媒介。举例而言，银行是借款者与贷款者之间的媒介；基金和证券是投资者与融资者之间的媒介；保险的功能十分复杂，但也承担着相当重要的媒介功能。

金融媒介的出现，正是为了协调各种金融参与者之间的有效对接，从而实现金融资源的优化配置。在国内金融市场上，除了证券之外，大多数金融服务的运作都离不开银行这一重要媒介。因此，当提到传统金融企业时，银行往往成为传统金融的代表者。

在传统金融领域，金融媒介承担着资源配置和信用担保的重要作用，也因为此，在与传统金融的合作过程中，人们都不会怀疑其安全性：你的资金放在银行、保险、证券市场肯定不会不翼而飞——投资失败的正常亏损不在此列。但在充当金融媒介的过程中，传统金融机构也利用自身优势，凭借信息不对称和稀缺牌照资源，赚取了大量的高额无风险收益。

然而，在传统金融机构“躺着赚钱”的同时，在信贷管制、利率管制和外汇管制等多种管制环境下，再加上通货膨胀导致的物价上涨，居民存款开始进入负收益时代。此时，人们开始寻找更高的回报率，也开始想办法实现资产的

多样化配置，以提高资产安全性和灵活性。于是，越来越多的人逐渐脱离那些受到管制的传统金融中介机构的束缚，如商业银行，开始投资股票、证券、基金等直接证券，希望能够借此实现资产保值与增值。

从企业的角度来看，商业银行是企业主要的融资渠道，但由于受到较强管制而且融资成本也较高，很多大中型企业开始寻求更为便利和便宜的融资渠道，比如直接在金融市场上发行股票、债券、票据等直接证券来融资。而对于原本就不受商业银行待见的小微企业而言，它们没有足够的实力发行直接证券，也无法得到商业银行的青睐，因此，它们更加希望能够找到新型的融资渠道。

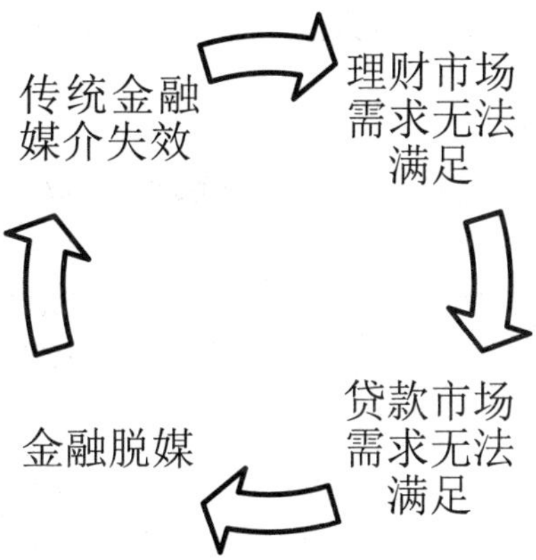

图 1.2.1-1　金融脱媒需求的诞生

当银行等传统金融中介机构开始无法满足金融参与各方的需求时，金融脱媒自此展开，如图 1.2.1-1 所示。事实上，在我国社会经济的发展过程中，随着资金需求的大幅度增长，金融脱媒早就开始出现。在现实生活中，很多居民在配置家庭金融资产时，都开始从银行储蓄为主转变为证券资产为主；企业也开始采取各种直接融资渠道，大批企业追求上市，正是为了降低自身的融资成本和财务风险。

而在互联网与金融的结合中，金融脱媒也发展到了新的高度。在金融领域，互联网可谓改变了一切，而最为重要的一点就在于，互联网打破了传统金融市场上的信息不对称，各种信息在互联网中可以被轻易获得并分析，这就使得传统金融机构无法再利用信息资源垄断获取暴利。

信息不对称的消除，也让人们可以介入到金融资源配置的行列。在互联网金融市场上，实现资源配置的并不是某个机构或某个平台，而是每个参与到互联网金融中的主体。在互联网金融市场上，基于互联网金融的低成本、高效率、广范围，每个人都可以迅速找到自己所需的金融信息和金融产品，并迅速与之实现对接。而无需到处奔波、支付大量中介费用的互联网金融，也让人们愿意利用互联网金融降低自身的财务成本。

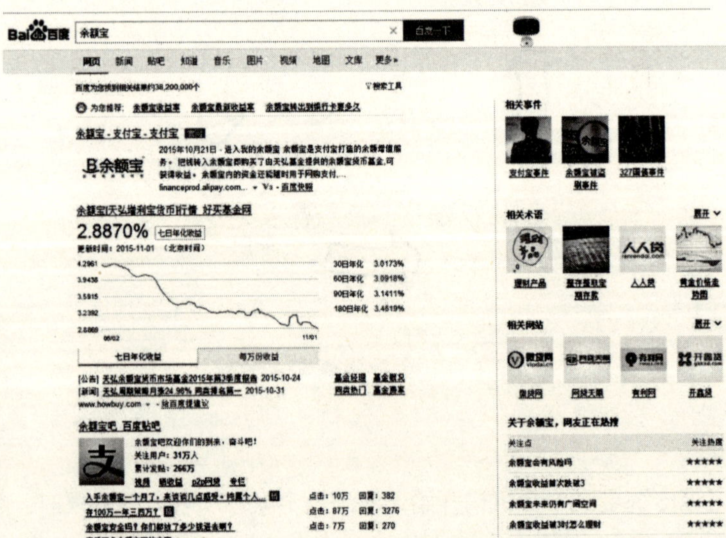

图 1.2.1-2　百度“余额宝”关键词

在互联网金融市场上，无论人们需要怎样的金融产品，都可以直接搜索找到该产品，并了解与之相关的各种信息。就以余额宝为例，只需在百度中搜索余额宝关键词，我们就可以获取各种所需的信息，如官方网站、收益变化、客服电话以及相关产品信息等，如图 1.2.1-2 所示。

在互联网中，我们还可以通过百度贴吧与网友进行交流，或者通过百度的“最新相关信息”了解与余额宝有关的各种新闻，从而决定自身的理财方案。比如在央行不断降息的背景下，银行储蓄利率继续减低，这不仅会影响到银行储蓄用户，对于货币基金市场同样会产生极大的影响。如果你没有足够的专业判断，那么，只需要在互联网中搜索相关信息，就会有大量的分析文章，从而可以让你进行对比分析。

然而，由于互联网中充斥着大量的信息，我们也需要注意对信息的真实性、有效性进行判断，以免接收到无效甚至是虚假的信息。因此，在检索信息时，我们应该选择如新浪财经、和讯财经、东方财富等主流财经门户网站。

互联网金融对于信息不对称的打破，是金融脱媒进一步发展的关键所在。在互联网中，信息能够自由地在各个市场参与者之间进行传递，人们可以直接找到自己的需求所在，甚至是根据自己的需求发布信息，让别人来找到自己。在这种情况下，每个人都可以成为金融资源配置的主导者，而无需再付出大量的时间成本和财务成本去寻求传统金融中介的帮助。

1.2.2　一万元就有一万个投资机会

互联网金融的雏形在国内早就有了 。从严格意义上来说，第三方支付就是互联网金融的一部分，它也是互联网金融迅猛发展的坚实基础。除了第三方支付外，互联网小额贷款也已经在国内发展了许多年。但如果说真正让互联网金融成为市场热点的导火索则只有一点，那就是余额宝掀起的互联网理财浪潮。

第三方支付并不能让人们感受到金融的气息，很多人只是将之看作一种便捷的支付方式。第三方支付确实极大地提高了人们的支付效率，但说到它对互联网金融的深远影响，则没有多少人会去深思。各类网贷平台的出现，能够极大地满足部分人群的贷款需求，但网贷出现初期还只是阿里巴巴、京东等电商平台针对商户的供应链贷款，对于大多数普通人而言毫无意义。

直到互联网理财出现，互联网金融才真正进入大众的视野，让所有人为之心动。原因何在？很简单，利益使然而已。第三方支付的便捷并没有为人们省去多少金钱，初级的网贷也只能满足部分人群的资金需求，但互联网理财却瞬间为人们带来了无数的投资机会——赚钱的机会！

在传统金融市场，投资理财距离普通人很远，股票的高风险、保险的复杂化、基金的不可靠、信托的高门槛……传统金融似乎在将所有普通人拒之于投资门外，人们难以享受到我国经济高速发展所带来的金融红利。而2008年股灾、2015年股灾的接连发生，也使得原本单纯相信传统金融会给自己一些福利的人们如遭当头棒喝。

然而，当居民普遍处于负收益时代中时，所有人都希望能够找到一个让自己的资产增值，最不济也得以保值的投资渠道。正是在这样的强烈诉求中，结合互联网而生的互联网理财则为普通人带来了这样的机会，在互联网金融时代，“屌丝理财”终于成为可能。

“屌丝”是那些“矮、穷、矬”的人们的一种自嘲，这样的形容词看上去很低俗，但在人们纷纷以“屌丝”自称的如今，这无疑揭示了一个显著的社会性现象——贫富差距。对于所谓的“屌丝”而言，他们可能也并不是无房、无车，也不至于吃不饱、穿不暖，但身无余财却是他们的共同特征。

在社会经济高速发展的今天，居民财富不断增长，但人们所能享受到的权利，尤其是金融权利却似乎没有多少增加。因此，作为平民阶层，他们情愿自嘲为“屌丝”。那么，对于同样有理财需求的他们而言，如何才能实现资产的保值与增值呢？

面对传统理财上动辄上万甚至过十万、百万的投资门槛，普通人总是囊中羞涩。而互联网理财则为人们带来了成千上万的投资机会，在互联网金融市场，只要检索“投资”或“理财”等关键词，我们就可以得到无数的结果，而这些投资项目的起投金额大多不过百元，尤其是以货币基金为实质的互联网宝宝们，其起投金额甚至只有一元。

在互联网金融市场中，即使你只有一元钱，你也可以投资。如果你有一万元，那你就能找到一万个投资机会。如图 1.2.2–1 所示，当我们在百度中以“一元起投”作为关键词进行检索时，我们能够得到多达 676 000 个搜索结果。

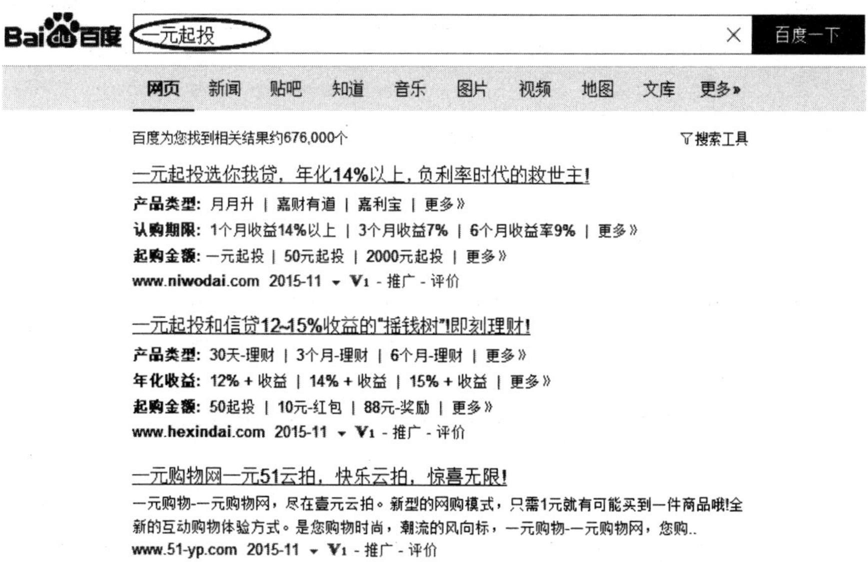

图 1.2.2–1　“一元起投”成为互联网理财标配

为什么在互联网金融时代，一元钱就可以投资？答案很简单，那就是团购的力量。在互联网投资中，每个投资产品都面对成千上万的投资者，如果一个人投一元钱，一百万人就有一百万元的投资本金，而一亿人就能聚集出高达一亿元的雄厚资本。

基金宝也就是以货币基金为依托的宝宝类互联网金融产品，其购买门槛大多只有一元，甚至只有 0.01 元。但正是如此低的投资门槛，却将令人难以想象的资金聚集到了一起。

如图 1.2.2-2 所示，虽然投资门槛极低，但余额宝的基金规模却达到 6 039.48 亿元，其他基金宝产品也吸引了几百甚至过千亿元的资金。如果说一元钱买不到投资产品，一万元也买不到好的投资产品，那么，这几百亿元甚至几千亿元的资金，是否能够为人们带来高收益的投资机会呢？答案自然是肯定的。

所有基金宝 *输入本金和时间，可以查看历史区间收益 输入投资本金 元 2015-11-02 至 2015-11-02 确定

对比	产品	对接基金	万份收益	7日年化	购买门槛	取现限额	变现速度	申购状态	规模(亿元)	区间收益
	余额宝	天弘增利宝	0.779	2.879	1元	5万	实时(有条件)	可申购	6039.48	-
	现金快线	工银货币	0.855	3.337	0.01元	100万	实时	可申购	1879.25	-
	好买储蓄罐	工银货币	0.855	3.337	1元	20万	实时(有条件)	可申购	1879.25	-
	百度百赚	华夏现金增	0.9652	3.344	1元	20万	实时	可申购	1032.5	-
	华夏活期通	华夏现金增	0.9652	3.344	0.01元	20万	实时	可申购	1032.5	-
	掌柜钱包	兴全添利宝	0.7905	3.084	0.01元	3000万	实时(有条件)	可申购	965.27	-
	微信理财通	华夏财富宝	0.942	3.233	0.01元	6万	延时	可申购	790.94	-

图 1.2.2-2　互联网“宝宝”强大的集资规模

依托于信息的高速、广阔传播，信息的不对称性在互联网金融市场中近乎于零，人们可以找到最适合自己的投资产品，互联网投资理财平台也能够依靠更低的成本推出收益更高的产品。而同类投资偏好人群的集聚，所形成的庞大资金规模，也让他们得以在该投资领域中掌握绝对话语权，从而撬动过往难以想象的收益。

这就好像各种团购类的生活服务平台，一个人吃饭想要打折很难，但一群人吃饭就能享受到一定的优惠。然而，在过去，你很难号召几十甚至几百人与你一起去吃饭，来享受优惠，但依靠团购，你则可以直接以折扣价消费，而无需考虑更多。互联网理财就好比金融界的团购，你只需要安心享受低门槛后面的高收益即可。这样的收益率之所以能够成为现实，正是因为产品所联结的投资者远非你一个，其所集聚的投资资金更不止几千万元。

互联网金融与大数据密不可分

互联网金融的蓬勃发展以及强大活力，离不开互联网思维与互联网技术。每个人对于互联网思维的理解都有所不同，但都少不了开放、共享、创新等核心概念。也正是在互联网思维的引导下，互联网金融才能够凭借先进的互联网技术，为人们带来更快、更新、更好的金融服务。

在这两三年间，互联网金融展现出了传统金融所难以匹敌的强大力量。在互联网中，信息得以实现高频率、宽范围的传播，互联网金融的信息成本得到前所未有的缩减。与此同时，完全基于互联网平台的金融服务，也省去了大量的实体建设、网点维护等运营成本。成本的大幅缩减以及市场的极速拓展，使得互联网金融服务能够面向更多的用户。

然而，金融之所以能够赢得“万行之首”的称号，并非掌握了互联网思维和技术就能够掌控。金融业被很多人认为是“虚拟”的行业，因为金融业并不涉及物理生产、仓储、物流等实体流程，而只是涉及金钱的“游戏”而已。殊不知，金融同样涉及生产、仓储、挖掘、传输和集成等多个环节，而其原材料正是数据。

金融与其说是金钱的游戏，不如说是数据的游戏。当我们浏览金融界各个精英人才的简历时，不难发现，其中大多数人才都有着深厚的数学专业背景。而互联网金融之所以能够对传统金融产生巨大的颠覆作用，正是因为互联网金融与大数据的深度结合。

随着互联网与信息技术的高速发展，依托云计算的分布式处理、分布式数据库和云存储、虚拟化等技术不断更新。这些名词似乎与普通人毫无关联，但当这些技术得到普及之后，人们的生活也迎来了翻天覆地的变化。依托于云计算，人们对于数据的处理将不再局限于随机分析这样的捷径，而可以对所有数据进行分析处理，这就为企业带来了更强的决策力、洞察发现力和流程优化能力的海量、高增长率和多样化的信息资产。

互联网金融的强大力量正在于运用互联网与大数据通过信息、成本和数据对话。在这样的对话过程中，互联网金融能够凭借更多的信息以及更低的成本，对数据进行更加有效的分析。如图 1.2.2-3 所示，这样的分析成果能为普通人带来以下两种影响。

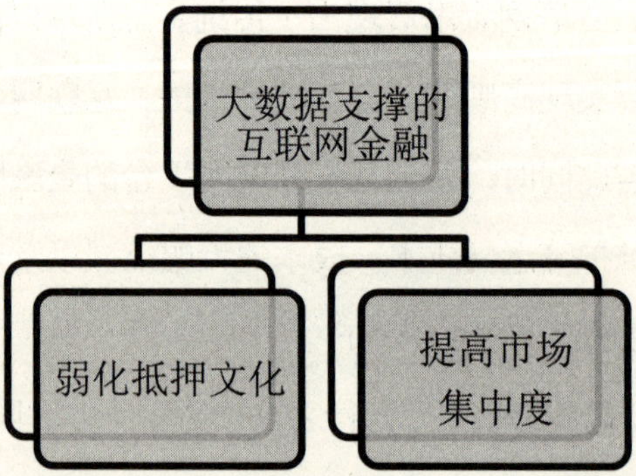

图 1.2.2-3　大数据支撑的互联网金融

1. 弱化抵押文化，实现对信用的动态评估

金融信贷业的一大显著特征就是其抵押文化，这一点在国内金融行业尤其根深蒂固。国内传统金融在发展信贷服务时，对于贷款者的信用评估思维十分简单粗暴，那就是评估贷款者能够提供多大价值的抵押物。人们经常都会有这样的感受：

> 房贷或者车贷，银行不会过多考虑个人的信用情况，只看房产或车产的价值。如果房产价值200万元，那么打个七折，借给贷款者140万元。只要房价不跌太多，银行就不会有多少风险。

但这样的抵押文化对于金融业的发展无疑有着相当大的负面影响，因为并不是每个贷款者都有足额的抵押物，小微企业和个人几乎只有房产能够用来作为抵押物。根深蒂固的抵押文化就将这部分人群排除在了信贷服务大门之外。

然而，在信贷市场上，真正安全的并非抵押物，而是人们的信用。缺乏信用的人，即使拿出再有价值的抵押物，也可能通过各种操作，对抵押物的价值进行透支，甚至会出现200万元的房子从几十家企业贷款1 000万元之后跑路的情况。而从投资者的角度来看，如果投到银行里的资金无法被贷款者所消化，那么，银行自然无法为投资者带来较高的收益。

只有将资金贷给真正有信用的人，才能保证信贷服务的安全性。但信用是看不见、摸不着的，传统金融只能依靠各种实物资产进行评估，互联网金融却能够依靠大数据技术，将用户的资产、收入、消费、个性、习惯、社交等多种因素作为变量，并对这些数据进行整理分析，从而实现对个人行为特征的动态评估，在挖掘出个人信用与各种行为特征的客观联系之后，最终实现对个人信

用的立体化评估。

如此一来，信用贷款在互联网金融中就成为了可能，而投资者也得以将资金提供给这些信用优良的贷款者。由于这些贷款者无法通过传统金融满足自身的资金需求，而互联网融资的成本又十分低廉，他们自然愿意拿出更为诱人的利率，吸引投资者的资金。

2. 提高市场集中度，设计出市场所需产品

在互联网的延伸作用与大数据的分析作用相互结合中，金融服务市场也得以摆脱地域的限制。在传统的金融服务中，金融企业的服务更多地针对某一地域的客户，因为他们难以在更大范围中挖掘客户的共性，也就无法设计出面向更多人群的金融产品或服务。

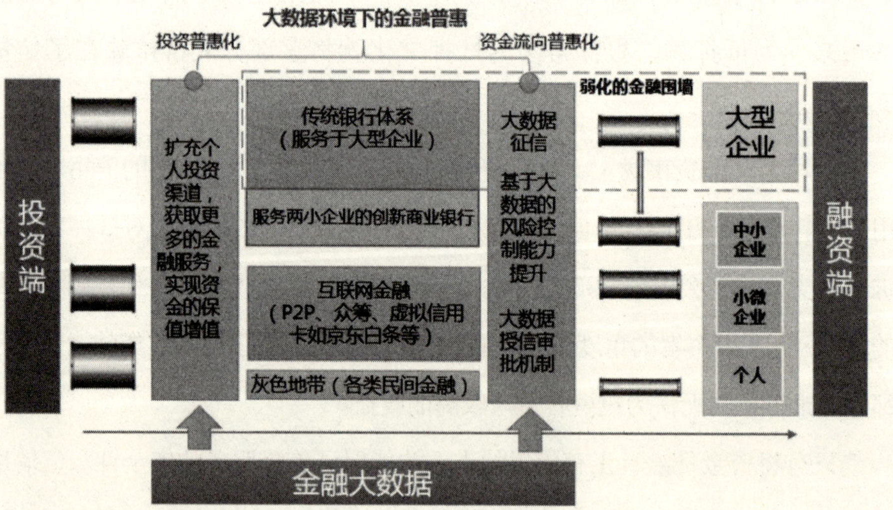

图 1.2.2-4　互联网金融与大数据

然而，依靠互联网的开放化与透明化，大数据却能够将全国范围内的用户

数据集中到一起，最终形成对海量用户和优质数据资产的管理，在联动分析中找出市场的真实需求，甚至预测出市场的发展方向，从而设计出市场欢迎的金融服务和产品。

如图 1.2.2-4 所示，在信息、成本与数据的对话中，互联网金融将促使金融服务的加速转型，包括从粗放式管理向精细化管理转型；由抵押文化向信用文化转变；更全面的信用体制和风险管理体制将会建立；从“利润为中心”向“客户为中心”转型；从“关注整体”向“关注个体”转型。

互联网金融的出现，并不是要与传统金融分庭抗礼，而是要通过展示互联网与大数据的突出力量，倒逼传统金融转型，从而在这样的竞争与互补中，为人们提供更加优质的金融服务，这才是互联网金融的真正力量所在。

1.3 互联网金融的价值：看得见的思想、平台和技术

1.3.1 不断放大“普惠金融”理念

普惠金融是近些年逐渐普及的一个新型词汇，实际上也是互联网金融发展的最新形态之一。根据联合国的定义，普惠金融即“能有效、全方位地为社会所有阶层和群体提供服务的金融体系”。而在互联网金融的不断发展中，普惠金融的理念也正在不断放大。

普惠金融最初的基本形态就是小额信贷和微型金融，国内做得较大的普惠金融则要属平安普惠和宜信普惠，而两者的普惠金融目前几乎都是一种小贷业务。

图 1.3.1-1　平安普惠官网首页

打开如图 1.3.1-1 所示的平安普惠官网，我们可以清晰地看到，平安普惠专注于“专业让贷款更简单”。用户只需填写姓名、手机号、性别之后，即可提交申请贷款所需的相关材料，从而等着平安客服联系自己，并配合其完成贷款程序。

宜信普惠的金融服务则更为细化，包括无抵押信用贷款咨询服务、小微企业服务以及针对培训、车产、房产、白领、租赁甚至公益的各类小贷产品，如图 1.3.1-2 所示。相比于平安普惠，宜信普惠所提供的产品和服务无疑更加细致。但究其本质，宜信普惠所提供的普惠金融服务仍然是一种小贷服务。

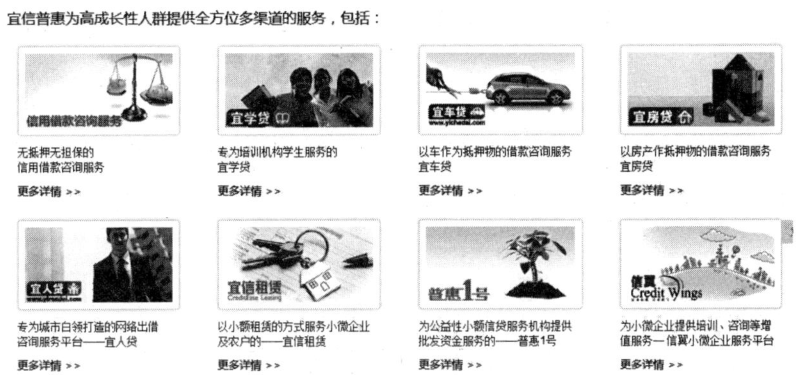

图 1.3.1-2　宜信普惠产品

然而，在互联网金融的发展过程中，普惠金融之所以被单独提出来，并非只是为小贷业务赋予一个更加高大上的名字。正如联合国和世界银行所要求的，所谓普惠金融主要包括四个方面的内容：“一是家庭和企业以合理的成本获取较广泛的金融服务；二是金融机构稳健，要求内控严密、接受市场监督以及健全的审慎监管；三是金融业实现可持续发展，确保长期提供金融服务；四是增强金融服务的竞争性，为消费者提供多样化的选择。”

由于在国内金融市场上，目前最为突出的问题就是融资问题，尤其是对于农民、工人、失业人员以及小微企业，融资难、融资贵的问题尤为突出。因此，在为家庭或企业提供成本更为合理的广泛的金融服务时，普惠金融也将着力点放在了融资即贷款服务上。

伴随着互联网金融，特别是 P2P 网贷以及普惠金融的发展，商业银行也在一定程度上开始给予小微企业等“融资困难户”以支持，国内融资难题得到一定的缓解，普惠金融的理念也开始不断放大。

在世界范围内，经过多年发展，普惠金融的内涵已经延伸到储蓄、支付、保险、理财和信贷等金融产品和服务，如图 1.3.1-3 所示。每家普惠金融平台的侧重点均有所不同，有的侧重提高交易效率，有的侧重改善居民生活，有的则侧重对创业的支持。而国内普惠金融在取得一定的发展成果之后，则首先将目光投注到了信用体系的建设中。

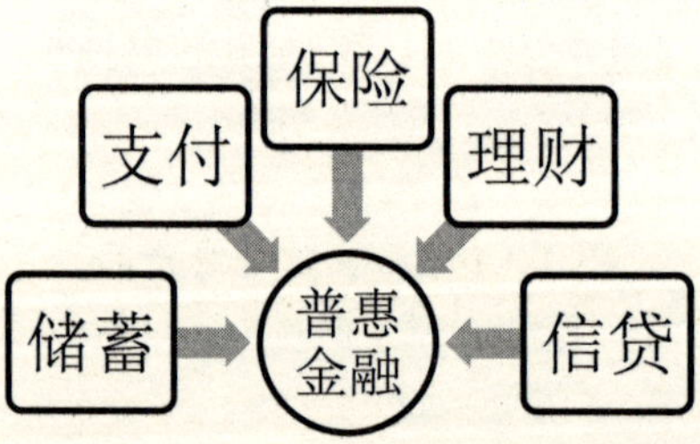

图 1.3.1-3　普惠金融的服务领域

信用体系可以说是普惠金融的基石，由于普惠金融的服务面极广，其对于风控能力的要求又很高，为了向那些没有抵押物的贷款者提供金融服务，也为了提高平台安全性，完善的信用体系自然成为普惠金融发展的前提。

宜信普惠在形容自身的普惠金融服务时，首先就提出“让更多人建立、释放、创造信用，并用传递信用，积极建设社会信用体系和诚信社会”的口号，这也是国内普惠金融发展的当务之急。只有在完善了信用体系之后，普惠金融才可以根据用户的信用情况，为其提供具有针对性的金融服务，并维护平台自身的安全性。

在普惠金融理念的不断放大中，所有人都将能够平等地享受金融服务，这也是普惠金融的出发点和最终目标。在一个完善的普惠金融服务体系中，无论你是穷人、富人、普通人还是大中小微企业主，都可以从各类金融机构或组织中找到自己所需的金融服务。

普惠金融最大的特征就在于其包容性，即惠及所有人的特征，尤其是被传统金融所忽视的农村地区、城乡贫困群体以及小微企业。通过建设一个完善的普惠金融体系，所有人都能够公平地享受经济发展的成果，并最终实现社会的和谐发展和共同富裕。

1.3.2 改变大银行一统天下的格局

互联网金融的价值究竟何在？互联网金融的横空出世以及迅猛发展，让大多数人都对之寄予厚望，认为中国金融市场将迎来一场“革命”。然而，互联网金融虽然有着太多的优势，但要说“革了传统金融的命”仍然是一种妄语。互联网金融最大的价值就在于，依靠理念不断放大的普惠金融，改变大银行一统天下的格局。

在传统金融市场，说起金融，人们首先想到的就是银行，而说到银行，则必然是中、农、工、建、交五大行。对于其他金融机构而言，这五大银行无异于难以超越的庞然大物。无论是何种金融机构、实体企业还是个人，想要绕开五大行办理金融业务近乎是“痴心妄想”。大银行分割占有了国内绝大部分的存贷款业务，被垄断的各种中间业务也为大银行带来了丰厚的利润。

但自从互联网金融出现开始，很多人将之形容为金融市场的“狼来了”。虽然这一口号最初还只是一种预警，然而，2014 年，随着我国互联网金融以及普惠金融的不断发展，大银行终于陷入了“狼包围”的金融困境，如图 1.3.2-1 所示。即使大银行的利润仍然可观，但其一统天下的格局已经被改变，其市场强势地位不再。

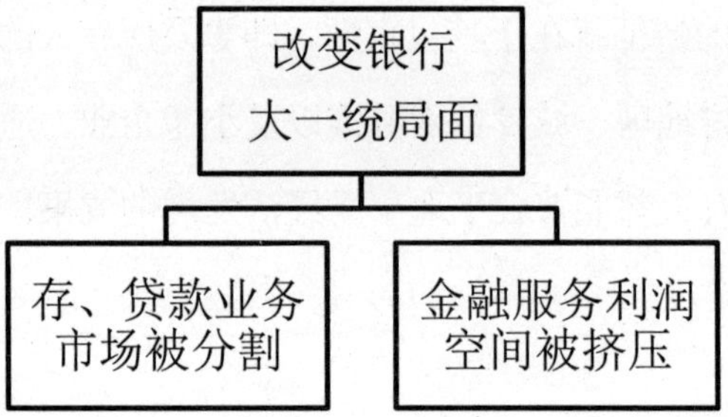

图 1.3.2-1　互联网金融改变银行大一统局面

1. 存、贷款业务市场被分割

存贷款业务是大银行最主要、最传统也是最强势的金融业务。然而，如今的年轻人却不再习惯于将闲置资金放在银行，想要贷款时，大概也只有房贷之类的大额贷款会找到银行。

在互联网金融以及普惠金融的迅速普及中，很多人已经习惯了将闲置资金放在余额宝等宝宝类互联网理财产品中。毕竟，银行的活期存款年利率只有 0.35%，而“互联网宝宝”的收益却普遍维持在 3% 左右，甚至更高，几乎达到活期存款利率的十倍！如此大的收益差异，人们自然愿意将资金放在“宝宝”中。

尤其是随着第三方支付的创新发展与普及，人们已经可以在各种情景下使用第三方支付平台消费。如今，很多人在拿到工资的第一时间，都会在留存一部分资金用于现金支取之外，将所有资金都转入“互联网宝宝”中。如果有现金消费需求，只需短短几分钟，就可以迅速将“宝宝”中的资金提现到银行卡中并取现。在追逐高存款收益的同时，金融生活并没有因此变得不便，甚至在很多支持第三方支付线下支付的场所，使用第三方支付反而更为便利。

互联网理财与第三方支付的结合，使得人们的存款习惯大大改变，大银行的存款也因此面临极大的流失风险。根据五大行 2014 年的财报数据显示，其 2014 年的新增存款相比于 2013 年均有不同程度的减少，五大行 2014 年合计新增存款不到 3 万亿元，而在 2013 年，这一数字为 4.16 万亿元，同比下降高达 28%！交通银行 2014 年的新增存款甚至出现负增长，这也是该行上市以来的第一次。

而根据中国人民银行数据显示，2012 年五大行人民币存款余额占全部金融机构存款余额的 50.26%，也就是说，有超过一半的存款在五大行手中，但到了 2014 年，这一比例也下降至 46.14%。

在存款优势不再的同时，五大行的贷款业务也陷入困局。由于眼下 P2P 网贷、普惠金融等互联网贷款服务都将目光锁定在了小额贷款市场，凭借雄厚的资金优势，大银行在大额贷款市场仍然有着不可撼动的优势。但即使如此，在 2013 年到 2014 年间，五大行新增贷款仍然由 4.05 万亿元下降至 3.9 万亿元，贷款余额占比也由 45.58% 下降至 43.16%，下降幅度虽然不大，但大银行的贷款业务无疑已经被打开了缺口。

2. 金融服务利润空间被挤压

银行的主要利润空间就是存贷款利率之间的利差。如今，银行一年期存款利率为 1.5%，而一年期贷款利率则为 4.5% 左右，也就是说，一出一进，银行就能够收获高达 3% 的收益。

但银行的存款利率并非恒定的，在央行的利率调控下，商业银行存款利率都有一定的浮动空间。在过去，一些中小银行为了吸储，都会对定期存款基准利率按照央行允许的上限“一浮到顶”，但大银行则对此无动于衷，即使有利率上浮，最多也不过 10%。如图 1.3.2-2 所示，自 2014 年年底以来，央行连续下调存贷款基准利率和调高存款利率上浮比率后，为了从互联网金融口中夺回存款，五大行也随着中小银行一起“一浮到顶”。存款利率的大幅上调，就使得五大行的利差空间大幅缩小。

人民币贷款基准利率		
项目	调整前央行基准利率（2015年8月26日）	调整后央行基准利率（从2015年10月24日执行）
一、短期贷款		
六个月以内	4.60	4.35
六个月至一年（含一年）	4.60	4.35
二、中长期贷款		
一至三年（含三年）	5.00	4.75
三至五年（含五年）	5.00	4.75
五年以上	5.15	4.90
三、个人住房公积金贷款		
五年期以下（含五年）	2.75	2.75
五年期以上	3.25	3.25

图 1.3.2-2　人民币贷款基准利率下调

银行的另一块较大的利润空间则在于信用卡业务。信用卡业务曾经被人形容为“诱导性高利贷”，因为信用卡持有者在消费时，往往会因为各种冲动使用信用卡进行高额度消费。由于缺乏足够的还款能力，他们只能选择分期甚至是只还最低还款额，这就为银行带来了大额的利息收入。

但在互联网金融的发展中，很多互联网金融平台也开始为用户提供类信用卡服务。比如支付宝的蚂蚁花呗，根据用户的消费记录以及蚂蚁信用分评级，会给予用户一定的消费额度，用户则可以在各种在线消费中直接选择使用蚂蚁花呗消费，等到还款日再进行还款。可以说，蚂蚁花呗就是一张虚拟的信用卡，而且在电子商务的迅猛发展中，蚂蚁花呗的使用体验也更为良好。

无独有偶，京东也推出了类信用卡的京东白条。随着蚂蚁花呗和京东白条的成功，越来越多的电商平台开始推出自己的类信用卡服务，开始抢占银行的信用卡市场。

为了保护信用卡这块银行的“自留地”，在信用卡营销领域，中小银行大多会给予用户极大的优惠，以促使用户办理信用卡并用之消费。但大银行在这方面则仍然有些傲然自立，直到存贷款业务利润空间被大幅压缩，为了保护自身的盈利渠道，才纷纷向中小银行看齐，取消或降低收费，或是提供更多更好的优惠。

2015年“两会”期间，在李克强总理参加的一次座谈会上，全国政协委员、建行行长张建国在发言时提出“现在银行也是弱势群体”。这一说法在当时引起了包括总理在内的全场人员的笑声，如今的大银行仍然是金融领域的“巨无霸”。但在互联网金融的挤压下，大银行的强势地位确实已经弱化，大银行一统天下的局面正在改变。在与互联网金融的竞争中，大银行如果不能学会顺势改革，那么，可能真会有那么一天——银行成为了金融市场的弱势群体。

1.3.3 使社会财富在更广大社会阶层中进行分配

在信息时代，信息成为创造财富的重要资产。但在很多人看来，信息时代与过去的所有时代一样充斥着马太效应，即强者越强、弱者越弱。然而，互联网金融的发展，却打破了“嫌贫爱富”的市场特征，使社会财富得以在更广大社会阶层中进行分配。

谁掌握了更多的信息，谁就能成为信息时代的王者。一般而言，富者比贫者拥有更多的机会，因为他们更有能力获取更好的信息技术和网络服务，从而掌握更多的信息资产。但互联网金融的兴起，却打破了这一常规。大数据、云计算、移动互联网等各种新兴信息技术的普及，为市场上的弱者提供了空前的机会，尤其是在金融领域最为核心的信贷业务领域。

如今，我国有超过 5 000 万家小微企业，其中 4 000 多万都是企业中最为微小的个体工商户，这也是 80% 小微企业的资金都源自自有资金的原因所在：个体户无法获得银行贷款,也无力应对民间借贷。但互联网金融的出现,却改变了这一切。

基于大数据技术的发展与应用，互联网金融掌握了建设完善信用体系的关键要素，那就是无穷无尽的数据。以阿里巴巴为例，在阿里巴巴旗下的淘宝平台上，其店铺数量超过千万；在其第三方支付平台支付宝上，单日交易笔数达到亿级；阿里巴巴所服务的消费者、店家、投资者、贷款者更是不计其数……而这一切都是阿里巴巴最重要的数据资源。依靠对这些数据进行整理分析，阿里巴巴就能够轻易地对每个人的信用进行合理的评估。大数据的商业价值如图 1.3.3-1 所示。

大数据技术的运用，也使得互联网金融的单笔业务成本大幅下降，据阿里金融负责人所说：“我们单笔信贷成本在 2.3 元，但是银行的经营成本可能在 2 000 元左右。”阿里金融所服务的虽然是小额贷款市场，其贷款额度最低甚至只有几百元，期限也只有三五天，但 2.3 元的信贷成本却能够使得阿里金融在其中获取不错的收益,而银行的高信贷成本则不可能容许它们进入小贷市场。

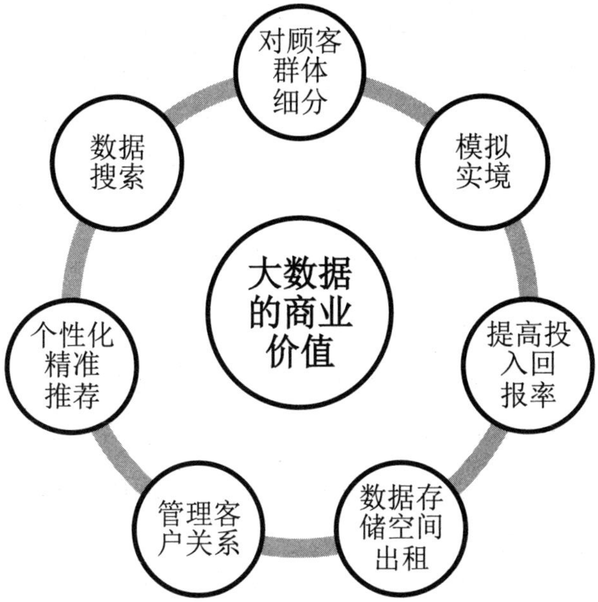

图 1.3.3-1　大数据的商业价值

在大数据技术的运用下，互联网金融的服务对象从一开始就没有局限于传统金融中的那些 VIP。对于商业银行而言，贷款规模在千万级以下就可以成为“小企业贷款业务”；而在 P2P 网贷、普惠金融眼中，小额贷款的顶点也不过五十万元。

正如某互联网金融从业者所说的那样,互联网金融的目标客户可以说是“三无”市场:“第一是‘无助’,互联网金融应该服务金融市场中最‘无助’的群体,他们包括个人、小微企业或是个体工商户;第二是‘无能为力’,要服务银行‘无能为力’的客户，他们所带来的有限收益无法覆盖银行的高成本；第三是‘无奈’，互联网金融一定要服务社会财富分配中最‘无奈’的群体。”

在很多人看来，互联网金融开拓出的小贷市场“事不关己”，然而，贷款却是金融最重要的服务形式。在生活与工作中，每个人都曾经遇到过融资需求，或者是临时周转，或者是突发意外，或者是巧遇良机；每个人都曾经发出过这样的感叹：“如果当时有一笔钱就好了……”很多时候，人们在面对困难或机遇时，所缺少的其实也只是钱而已。

我国的社会财富分配呈现出典型的“金字塔型”。在马太效应的作用下，越是富者，越能够获得更多的机会，也越有能力把握住机会；而越是贫者，则越难以获得机会，即使遇到也无法把握住。

要打破这样的社会财富分配困局，就要让社会财富能够在广大社会阶层中进行分配。社会财富的分配更多要依靠金融的力量，而传统金融的服务对象却多是社会中的强者。在这种社会环境下，金融不仅没能促进社会财富的重新分配，反而加速了社会财富的集中。

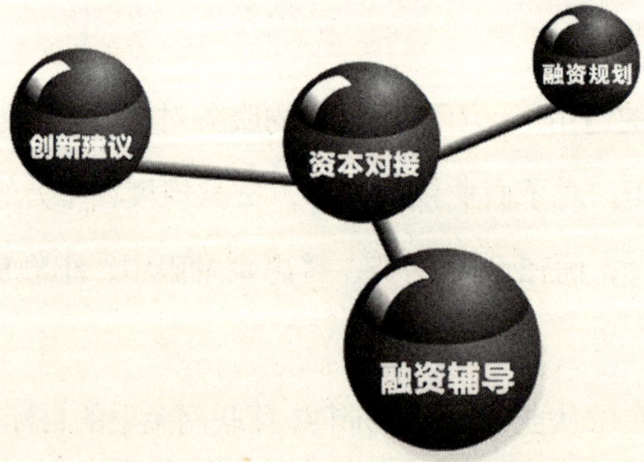

图 1.3.3−2 资本对接

而互联网金融则不同，这并不是因为互联网金融有着更为崇高的道德，一切其实同样是利益驱使。传统金融为了降低不良贷款率，获取更多的利润，选择将资金更多地提供给强者；但对于互联网金融而言，基于互联网开辟的无边界市场，信息能够在更加广阔的空间中实现传播，机会与资本终于得以实现对接，如图 1.3.3-2 所示。

假设甲遇到了一个年化收益高达 20% 的投资机会，但却没有足够的本金，在过去，他只能无奈放弃，直到某个拥有资本的人发现该机会并把握，也有可能这一机会自此消失不再。但在互联网金融中，甲则可以向数以千万计的投资者发起融资，给出 10% 甚至 15% 的回报，当吸引到足够的融资时，甲只需好好把握住机会，就可以借此取得“无本万利”的结果。

信息不对称、金融不完善，使得社会财富分配不公平的现象不断加剧，而大众化、民主化的互联网金融则在一定程度上扭转了这一趋势。如 P2P 网贷、互联网理财、普惠金融等各种金融创新的不断出现，使得更多的人能够参与到金融的游戏中，让更多的企业得以享受到金融服务的权利。而在这看得见的思想、平台与技术的作用下，社会财富也终于能够在更广大的阶层中进行分配，金融开始成为全民的金融，而不再是精英的金融。

互联网金融惠及哪些人群

互联网技术的普及应用，以及互联网思想的深远传播，使得各种各样的互联网金融平台相继而生，互联网金融的价值得到更加深入的拓展。而在互联网价值的作用下，面向长尾市场的金融服务第一次出现，就赢得了最广泛的认同。

互联网金融的蓬勃发展，使得金融业认识到了长尾市场的广阔利润空间。

何谓长尾市场呢？举个例子来说，在汉字的使用中，最常用的字有“的、了、我、你、在”等，而如“魑、魍、魉”之类的汉字则很少使用，因此，从使用需求的角度来看，我们只需要学习这些常用字即可，那些低频字则无需学习，即使费力学会了也很少有机会用到。如果将所有字的使用频率进行统计，我们就会得到一个具有长长的尾巴的曲线图，那些不常使用的字共同构成了这条“长尾”。“长尾理论”模型如图 1.3.3-3 所示。

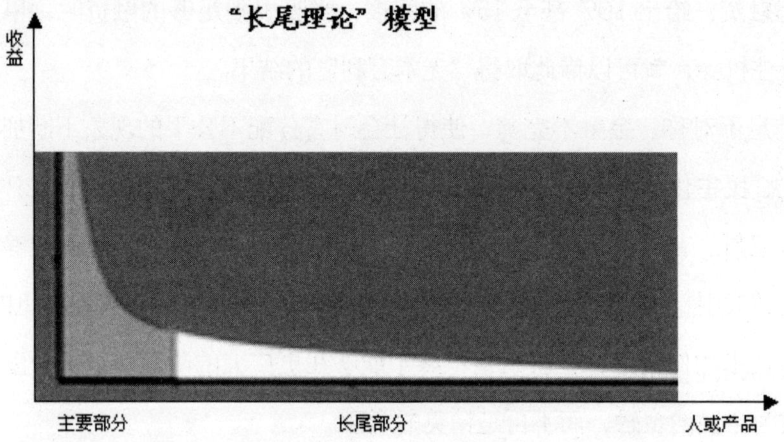

图 1.3.3-3　长尾理论模型

正是基于这样的原理，传统金融大多都在努力改善针对大中企业以及优质客户的金融服务。对于传统金融来说，只要掌握了“巨头”中的大客户，就等于掌握了蕴含巨额利润的一级市场。然而，在传统金融纷纷争夺“巨头”市场时，所谓的巨额利润也被分割为一个个小块。但是，开发长尾市场的高昂成本，又使得传统金融不愿意费力不讨好地服务于长尾市场。

而互联网金融则能够凭借独特的金融服务模式，极大地缩减金融服务成本，这就使得针对长尾市场的“小利润、大市场”策略成为可能。而在互联网金融对长尾市场的深入开发中，借助互联网与大数据的力量，金融也终于得以与普惠结合在一起，而不再是个别人的专利或特权，如图 1.3.3-4 所示。在此，我们就对互联网金融所惠及的人群进行一个简要的分析。

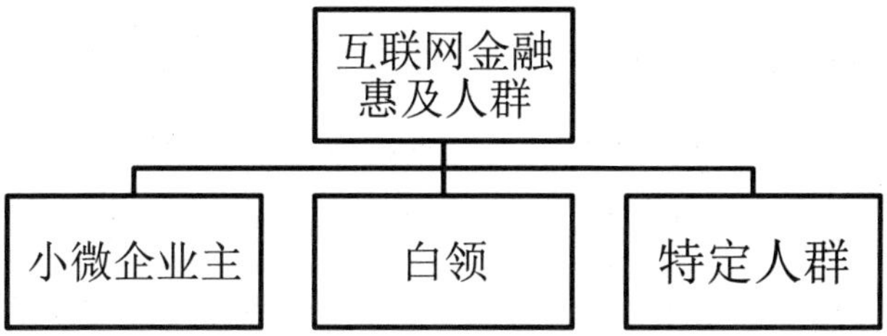

图 1.3.3-4　互联网金融惠及人群

1. 小微企业主

互联网金融对于小微企业主的重视，已经无需赘述。在互联网金融所面对的长尾市场中，小微企业主无疑是其中的“高富帅”。他们虽然没有高净值的抵押物，但他们有经营实体；他们虽然没有完美的财务报表，但他们有经营流水；他们虽然没有强硬的资质证明，但他们有工商注册……

因此，互联网金融的普惠之路也选择了从小微企业主开始。而在传统金融服务对象中，若非小微企业中的佼佼者，若非有着极大发展空间的小微企业，是很难从传统融资渠道获得融资的，无论是商业银行、债券市场还是风险投资，都不会将小微企业主纳入服务范围。

但对于互联网金融而言，小微企业主却是长尾市场中的“巨头”。他们有实体的经营场所，这降低了贷款者跑路的风险；他们有稳定的经营流水，这就是他们还款能力的体现；他们有正规的工商注册，这也在为他们的资质作保。

小微企业主也由此成为互联网金融普惠的第一对象。

2. 白领

在普惠金融的服务对象中，白领是除却小微企业主之外的第二大优质客户。所谓白领，其实就是对有稳定收入人群的泛指，他们大多从事着某类稳定工作，每个月都能拿到固定的工资，这就是他们的资质来源。

传统金融针对白领阶层的金融服务除了人皆有之的储蓄存款之外，也就只有信用卡而已。然而，以白领的工资流水，他们难以办到高额度的信用卡，即使成功办理，信用卡的使用范围也十分有限，只能用于消费的信用卡却在很多消费场所被禁止使用，大额消费的分期服务手续费较高，取现的手续费和利息更是可以与高利贷相媲美。

互联网金融则将服务范围拓展到白领人群。他们稳定的收入，成为 P2P 网贷及普惠金融眼中的重要信用凭证，很多互联网金融平台也推出了极具针对性的“白领贷”产品，为白领提供小额贷款服务。这样一来，白领人群也终于得以获得便利、便宜的融资渠道，以满足自己的各种资金需求。

在满足白领阶层融资需求的同时，互联网金融也不会忽视其投资需求。白领人群通常有着良好的教育背景，他们对于理财有着深刻的认知，但无奈的是，他们每个月的工资都需要应付房租、饮食、娱乐等各种消费，辛苦积攒下的一点资金，也难以在传统金融市场找到合适的投资渠道。而互联网金融的“屌丝理财”，则为白领人群提供了多种投资机会，白领终于可以开始制订属于自己的理财计划，从而保证资产保值与增值。

3. 特定人群

在生活中，几乎每个人都有着金融服务需求，但有些人群却天然被“剥夺”了享受金融服务的权利，比如学生群体、自由工作者等。

在传统金融服务市场，学生群体除了存款之外，和金融几乎没有任何的关系，他们无法贷款、无法办理信用卡，更无法投资理财。但随着互联网金融的不断发展，互联网金融也开始惠及学生群体。由于学生群体受教育程度颇高，尚未摆脱校园生活的学生也有着极佳的信用基础，再加上学生群体的资金需求大多较小，他们每个月的生活费或是打工挣得的钱，都能够保证他们可以轻松还款。

因此，互联网金融开始将学生群体纳入服务目标，推出各种针对校园的金融产品，图 1.3.3-5 所示的校园白条即是其中的一种。值得一提的是，随着学生群体的资金需求开始受到重视，一些银行也开始推出针对大学生的信用卡服务。

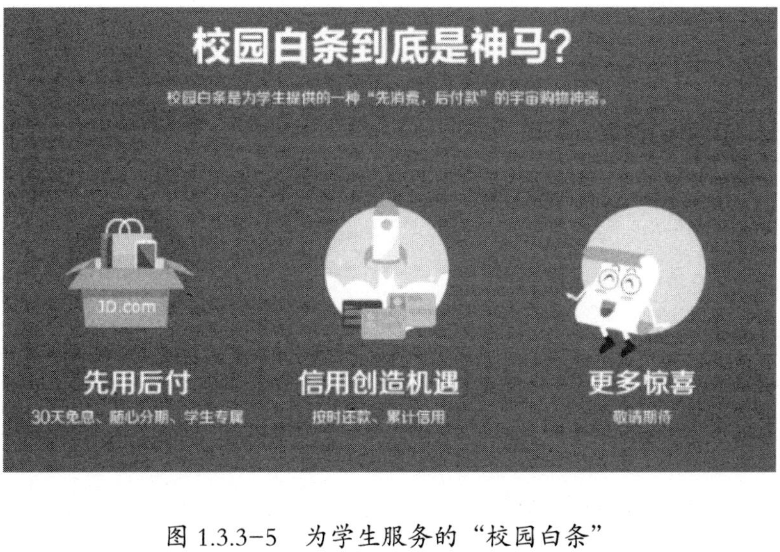

图 1.3.3-5　为学生服务的“校园白条”

社会上还有一种特殊的工作群体，那就是自由工作者，比如教练、作家、培训师等，他们的收入大多很高，但其工作时间也十分自由，大多都是按小时收费或是按作品收费。因此，对于这类群体而言，传统贷款所必需的稳定银行流水就不可能存在。但互联网金融却可以依靠大数据，对自由工作者的工作经验、从业年限、行业性质以及其他各种要素，对其信用资质进行综合判断，从而最终完成授信。

在金融业的长尾市场中，大量的人群无法享受金融服务。之所以如此，大多是因为传统金融的高服务成本，使得它们无法为“不常用”的人群提供服务。对于传统金融而言，服务于长尾市场是真正的吃力不讨好。

但互联网金融对于金融服务成本的大幅缩减，却使得金融终于得以惠及长尾市场中的优质人群。由于金融服务成本的低廉，即使其服务对象对于传统金融而言如同鸡肋，但互联网金融却可以从中挖掘出巨大的盈利空间。金融终于得以面向普罗大众，不再区别对待，这正是互联网金融的价值所在。

Part 2 互联网金融创新生活方式

在互联网与金融的结合中，互联网对传统行业的颠覆作用越发凸显，在互联网金融的不断发展中，人们的生活方式也正在经历巨大的变化。创新，是新时代的主题，而在此起彼伏的创新声中，互联网金融无疑是最具颠覆性的“创新家”。衣、食、住、行是人们生活的重要组成部分，而在电子商务颠覆传统购物领域之后，伴随着团购、外卖、住房众筹、打车等新型服务的相继出现，互联网金融正在改变人们的生活方式，努力让人们拥有一个更好的家，并获得真正的智能出行体验。

2.1 互联网金融如何改变人们的吃饭方式

2.1.1 着手解决付钱环节的团购模式

很多人在生活中都有这样的体验：“不知从何时开始，先查团购信息已经成为吃饭前的必备步骤。”在互联网金融对生活方式的创新改造中，团购算是生活服务领域的老牌服务模式，如今，团购已经融入到每个人的生活当中。

早在2009年，团购模式就逐渐在国内兴起。所谓团购，就是由团购平台吸引商家入驻，让其以更低的价格为消费者销售套餐类的产品或服务，从而吸引更多的消费者前来消费。但在团购的发展历程中，入驻商家“挂羊头卖狗肉”、团购平台压缩商家利润等各种问题层出不穷。

在团购模式兴起的五六年间，整个团购网站相继发生“百团大战”“千团大战”等群雄之争（见图2.1.1-1）。直到2014年，1月份百度收购糯米成立百度糯米，苏宁收购满座；2月份腾讯入股大众点评；3月份滴答网主动离场；4月份千品网停止服务；5月份窝窝团宣布转型，美团迎来阿里巴巴作为靠山；10月份拉手网被宏图三胞并购，整个团购市场格局才终于确定。而根据800团的统计报告显示，有BAT三大互联网巨头站台的百度糯米、美团、大众点评占据了团购市场90%以上的市场份额，BAT在团购市场再次进入三足鼎立局面。

图 2.1.1-1　“百团大战”

对于 BAT 而言，团购是满足自身发展需求的新概念，而对于消费者而言，团购却是能够切实降低成活成本的工具。

在过去，张东辰与朋友出去吃饭时，都是看哪个餐馆好吃或是想吃什么就去哪吃，有时候逛街累了则采取就近原则。但现在，张东辰再与朋友出去逛街时，大家讨论吃什么时，张东辰得到的答案仍然是“随便啊……”这时，张东辰就会拿出手机打开美团，查看附近的餐饮团购信息。

在选择吃什么时，张东辰则会直接根据美团上的美食分类进行询问：“火锅？自助餐？日本料理？韩国料理？西餐还是中国菜？”在选定了“菜系”之后，下一步就很好抉择了。比如朋友们决定今天吃韩式烤肉，张东辰就会打开韩国料理分类，将其中的几家烤肉店进行对比选择。至于对比的要素也很简单，正如美团上的商家信息所提供的一样，不外乎评分、人均、距离、优惠等几大要素。一般而言，张东辰比较看中的就是评分，毕竟，在外就餐首先得要吃得好；其次，秉着省钱的原则，张东辰则会看哪家优惠幅度最大；接下来，则稍微看下人均消费和距离，只要这两个要素在接受范围内，就没有问题；如果太贵或是太远，那就会选择之前的第二选择。

每次饭前只需五分钟的时间就能够决定晚餐的地点，对于张东辰而言，这在过去是不可能的事情：每次朋友们讨论上好一阵，都没能得出一个结果，有时候几个人坐在肯德基里实在商量无果，最终只好就地吃上一顿西式快餐……

自从团购平台进入稳定发展模式之后，消费者的吃饭方式就进入了一个全新的模式——以团购决定饭店、以团购支付饭钱。团购的盛行让消费者能够以更优惠的价格就餐。而在团购平台的相互竞争与共同开发中，越来越多的商家入驻团购平台，商家所提供的优惠也越来越丰厚。

团购平台的发展对于消费者而言当然是极大的福音，但这对于团购平台而言，又有什么好处呢？在“百团大战”“千团大战”的群雄逐鹿时期，团购平台的盈利点大致在于商家返点、上架费以及推广服务等增值服务费用，但如果仅是如此，为何小小的团购会迎来百度、腾讯、阿里巴巴的相继进场呢？

团购平台的盈利模式所能获取的收益，在财大气粗的 BAT 看来，无疑只是蝇头小利，真正让 BAT 所看中的正是团购模式所着手解决的付钱环节。说白了，BAT 纷纷入场团购市场，就是为了推广自身的支付工具。

消费者在吃饭时选择团购，主要就是为了获得其中的优惠，其次也是因为团购可以直接在线消费，之后只需验证券号即可完成付款，这使得就餐消费得到了极大的简化（见图 2.1.1-2）。而要在线消费，就必然会使用移动支付工具，毕竟网银支付的体验实在太差。因此，在阿里巴巴、腾讯、百度相继推出支付宝钱包、微信支付、百度钱包之后，借助团购抢占移动互联网支付市场，也就成为顺理成章的事。

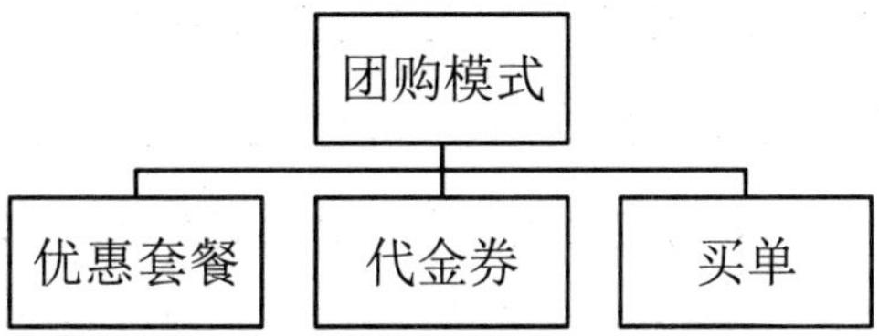

图 2.1.1-2　团购模式

团购最初始的模式就是优惠套餐，由商家设计几种不同的优惠套餐供消费者选择，这一模式其实与餐厅菜单上的各种套餐并没有本质的区别，只是支付更加便利、价格更加优惠而已。

随着团购平台的不断发展，很多消费者也开始感到不够新鲜：由于商家所提供的套餐大多是固定的，如果消费者喜欢某家商铺的食物，他们在使用团购时只有有限的几个套餐可供选择，吃多了也会觉得腻味；如果消费者选择直接点餐，又无法享受团购价格的优惠。于是，在提供特价套餐的同时，很多商家开始推出折扣不一的代金券，以满足消费者的个性化就餐需求，如图 2.1.1-3 所示的美团代金券。

但在使用代金券的过程中，仍然存在一个问题。

比如商家推出了价格为 78 元的 100 元代金券，但消费者在就餐时不会正好吃到 100 元的倍数，比如消费者最后的餐费是 213 元，这就意味着他需要购买两张 100 元代金券进行验证后，再支付 13 元现金。这无疑让付钱变得又麻烦起来。

因此，传统代金券的基础上，美团率先推出了在线支付满减服务。

消费者在就餐时，可以直接在美团上输入餐费的金额进行支付。这样一来，即使餐费为 213 元，消费者也可以直接在美团上输入 213 元的餐费，之后，美团会自动根据商家“78 抵 100”或者说“满 100 减 22”（见图 2.1.1-4）的优惠活动进行折算，从而得到（213-2×22）169 元的应付价格。

而这 173 元应该如何支付呢？美团背后的阿里巴巴自然希望消费者以支付宝钱包支付，但作为团购平台，美团同样支持微信支付等多种支付方式。

图 2.1.1-3　美团“代金券”

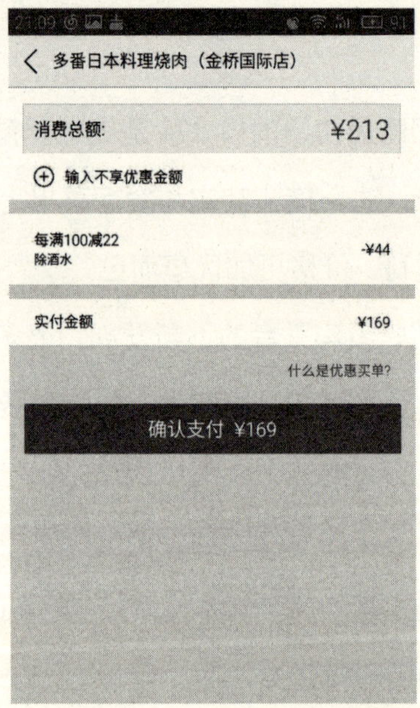

图 2.1.1-4　美团“优惠买单”

互联网金融在改变人们的吃饭方式时，首先通过团购着手解决的正是吃饭的付钱环节。“世上没有免费的午餐”，付钱是吃饭的必要环节，而这也正好暗合互联网金融以互联网支付尤其是移动支付为先的发展模式，二者自然由此擦出了更为激烈的火花。

2.1.2 着手解决交通环节的外卖模式

对于大部分人来说，“吃大餐”都只是生活中偶尔的调味品，不可能每天都在餐厅就餐。无论是因为忙碌一天后的疲惫让人懒得做饭，还是单纯因为快节奏的生活中没有多余的时间做饭，或是因为自己还没有掌握做饭这样的“技能”，虽然“吃大餐”无法成为常态，但在外吃简餐却十分常见。

面对这样的市场需求，在团购模式兴起后不久，外卖模式也随之应运而生。与团购平台的食物以餐厅为主不同，外卖中的商家多是小型餐馆，之所以产生这样的差别，与消费者的使用需求密切相关。

当你与朋友在商场闲逛时，一看饭店到了，你们总会打开团购 APP，查看附近的团购信息；但如果你周末在家休息，睡到中午起来，辛苦一周的你已经懒得自己做饭吃，于是，过去的你可能会苦苦寻找之前留存的外卖电话，而现在你则可以直接打开外卖 APP，订购附近的各种外卖美食。

图 2.1.2-1　着手解决交通环节的外卖模式

在使用团购时，消费者关注的要素有很多，包括食物、服务、消费、距离等，而在使用外卖时，消费者大多关注的只有一点——食物。随着社会节奏的加快、“懒人”经济的发展以及“宅属性”的普及，着手解决消费者吃饭的交通环节的外卖 APP，也得以在其中逐渐发展壮大，如图 2.1.2-1 所示。

同样是在 2014 年，外卖平台市场的格局也最终得到稳固，再次进入 BAT 主导的三足鼎立局面，分别为百度旗下的百度外卖、阿里巴巴阵营的美团外卖和淘点点以及腾讯注资的饿了么。无论是哪家互联网大佬在外卖 APP 背后站台，对于消费者而言，都可谓“事不关己”。外卖 APP 所要满足的正是消费者的吃饭需求，而消费者只要关心 APP 的使用体验即可。

在此，我们就根据软件界面、优惠幅度、送达时间对百度外卖、美团外卖、饿了么等三大外卖 APP 进行一个简单的评测，如图 2.1.2-2 所示。

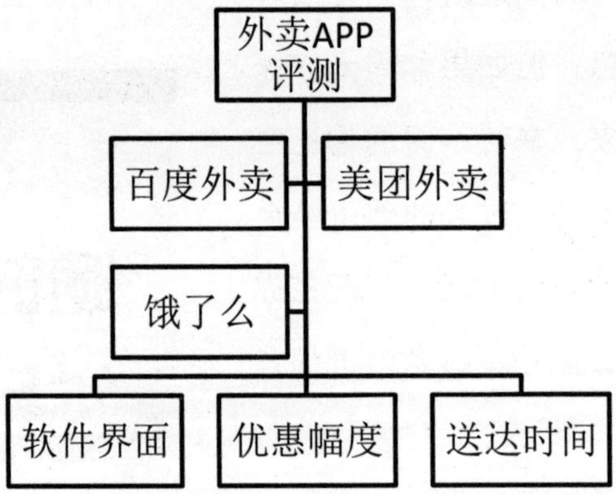

图 2.1.2-2　主流外卖 APP 评测

1. 软件界面

经过多年来的竞争与融合，三大外卖 APP 的主界面已经没有明显的差别，界面的主要设计从上到下分别是：定位、搜索、分类、活动、商家。但三家也都有着自己的特色。

如图 2.1.2-3 所示，饿了么的美食分类中，最引人注目的就是“品牌馆”。所谓品牌馆，就是指一些知名度较高的餐馆，如必胜客、肯德基等。很多消费者在使用外卖 APP 时，都会有一个顾虑，那就是这些看不见实体的餐馆会不会是黑餐馆，他们的食物会不会有质量问题。而品牌馆中的餐馆有着较高的知名度，则可以减少消费者这方面的疑虑。

图 2.1.2-3 饿了么 APP 首页

美团外卖的服务范围则极为齐全，包括美食、超市、鲜果、甜点、鲜花、蛋糕甚至是药品，可以满足消费者各种各样的外卖需求。在这样的外卖服务下，消费者躺在家里，就可以订购几乎所有生活所需的用品，等待送货上门。

百度外卖则专门设立了“新店”分类。顾名思义，新店就是刚刚入驻百度外卖平台的商店。这些商店或许没有较高的知名度，消费者也无法看到太多的评价，但既然是新店，其所提供的优惠幅度，自然十分诱人。

2. 优惠幅度

在互联网三巨头以及其他风投机构的强力注资下，三大外卖 APP 都为消费者带来了极具吸引力的优惠幅度。每个商家在不同外卖 APP 上所提供的满减优惠也有所不同，而外卖平台本身所提供的优惠，则大多为“首单立减”——如果你是第一次在该平台消费，则可以享受该优惠。首单立减的优惠幅度一般都明显大于满减优惠。

在优惠幅度上，很难对三大外卖 APP 做出一个整体的评价。消费者在购买外卖时，可以进行简单的对比再消费。而最简单的享受优惠模式就是，比如你觉得 A 商家的食物不错，如果 A 商家同时入驻了多家外卖平台，那你就可以分别去几家外卖 APP 上购买 A 商家的食物，从而充分享受首单立减的超高优惠。

在优惠幅度上，百度外卖有着与众不同的地方。由于百度外卖属于百度旗下，因此，百度外卖也成为百度推广其百度钱包的重要工具，毕竟，相比于支付宝钱包和微信支付，百度钱包的市场占有率并不高。

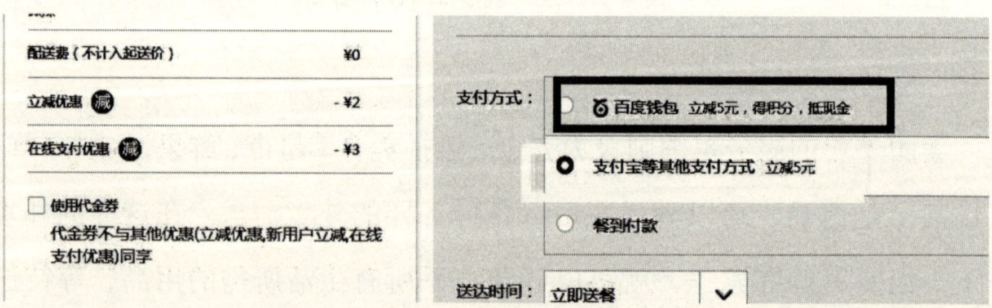

图 2.1.2-4 百度钱包支付得积分

在百度钱包的推广需求下，如果消费者在百度外卖上以百度钱包付款，不仅可以享受到“立减五元”的优惠，还能获得相应的百赚分。在积累到一定额度之后，百赚分还可以直接抵扣现金使用，具体如图 2.1.2-4 所示。

3. 送达时间

送达时间是外卖 APP 使用者关注的重点。由于消费者使用外卖 APP 大多是购买午餐或晚餐，如果配送时间过久，消费者可能就得“饿坏了”。由于大多数外卖 APP 中的商家在配送食物时，都是由其自有配送员配送，因此，送达时间也因不同的商家而有所区别。

在实际使用中，饿了么的送达时间较为稳定，基本维持在 30 分钟左右，而美团外卖的送达时间则有长有短。送达时间的长短主要与商家的配送能力有关，但外卖平台大多也会对平台内部的商家进行管控，如果配送时间总是过长，并被消费者多次投诉，外卖平台也会主动与商家进行沟通。

为了及时将食物送到消费者手中，百度外卖在推广之初，就推出了“百度配送”服务，招募了大量的“百度骑士”直接为消费者送餐，从而保证送达时间的及时性。另外，由于“百度骑士”的存在，有些商家原本由于自身缺乏配送员，而无法进驻到外卖平台中，现在则可以借助“百度骑士”帮助自己进行外卖配送。当然，安排专人进行配送并不是免费的，消费者在买单时还需要支付一定的配送费用。

在百度外卖推出“百度骑士”之后，配送时间一直饱受诟病的美团外卖也配置了美团专送服务，从而保证 30 分钟左右的送达时间。相比于其他两大外卖 APP 的相继推出“专送”服务，饿了么则迟迟没有跟随，这大概是出于其对自身平台内部商家的信心。

在目前的外卖市场，最为主流的仍然是美团外卖以及饿了么，但拥有百度作为坚强后盾的百度外卖在瓜分外卖市场中，必然会为用户提供更具吸引力的优惠活动。如果消费者经常会产生外卖需求，那么，不妨在手机里同时装上三大外卖 APP，从而在对比中享受到最优惠、最优质、最快速的外卖服务。

2.1.3 着手解决食材环节的生鲜配送模式

随着垂直电商的兴起与发展，在生活服务市场成为互联网金融争夺的新焦点时，“懒人”经济已经成为互联网市场中新的发力点。如何帮助消费者“省事”，让消费者能够凭借“懒人”之身享受更好的生活品质，成为互联网的一大发展趋势。

在这样的发展趋势中，原本仅服务于一小批“美食达人”的生鲜配送也开始拓展自身的服务范围，开始全面为消费者解决食材环节的麻烦。在传统生鲜配送领域，其服务对象多是高端人群或美食爱好者，这是因为生鲜配送的成本较高，其服务价格自然不低，而大多数人对于直接送上门的生鲜的质量也会有怀疑，因此，传统生鲜配送的服务范围十分有限。

但在懒人经济的高速发展中，收取快递、外卖已经成为很多人的生活常态，既然衣服、家居、电子产品、食物、药品都可以在网上购买，生鲜又有什么不可以呢？在消费者开始接受生鲜配送服务模式的同时，由于保鲜技术、物流技术的提高，生鲜配送服务的价格也终于进入普通人的承受范围。

如今，几乎各行各业都在想办法解决物流的“最后一公里”问题，生鲜领域也同样如此。每个消费者在日常生活中都有购买生鲜的需求，无论是蔬菜、瓜果还是肉禽。但在快节奏的生活状态下，去菜场买菜再回家处理然后烹饪，等到吃上饭或许已经过去了一两个小时，这对于忙碌了一天的上班族而言，无疑产生了极大的压力。

因此，伴随着生鲜配送服务的价格下降，越来越多的人开始接受生鲜配送服务。生鲜配送服务所解决的正是生鲜领域的“最后一公里”难题，如图 2.1.3-1 所示。在传统生鲜商业模式中，食材被送到菜场之后即可，但在生鲜配送服务模式中，从业者提供的服务则更为贴心：帮助消费者更加快捷方便地获得食材、净菜，烹饪之前的原材料采购、整理、清洗环节都由从业者提供，消费者只需在家等待新鲜、干净的食材上门，然后直接进行烹饪即可。

图 2.1.3-1　着手解决食材环节的生鲜配送模式

在这样的服务模式中，消费者准备食材的时间直接被抹去，而其所要付出的代价却并不高昂。

以生鲜配送服务领域的佼佼者——爱鲜蜂为例，消费者在其“闪送超市”购物，不仅可以享受“0 元起送，30 元免运费”的配送服务，其商品价格相比于超市、菜场也并没有太大的区别。

打开爱鲜蜂 APP，我们就能看到一个极为简洁的主界面，首页上都是爱鲜蜂目前推出的活动信息和特价商品，如图 2.1.3-2 所示。消费者可以从中找到自己感兴趣的活动参与以获取奖励，也可以翻找自己需要的特价商品。

如果首页上没有你感兴趣或需要的活动或产品，你则可以直接到“闪送超市”选购自己所需的生鲜、酒水、零食或其他商品。如图 2.1.3−3 所示，在爱鲜蜂的“闪送超市”中，你可以买到厨房所需的几乎一切食材，其涵盖了水果、熟食、海鲜、乳制品、饮料、零食等各种食物的产品范围，也能够满足任何“吃货”的需要。

图 2.1.3−2　爱鲜蜂 APP 首页

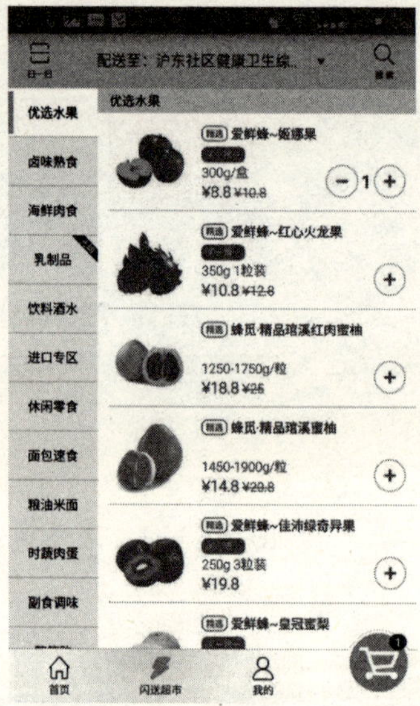

图 2.1.3−3　爱鲜蜂“闪送超市”

作为生鲜配送服务行业的标杆性企业，爱鲜蜂之所以能够为消费者提供如此便利、便宜的生鲜配送服务，正是在于其独树一帜的运营模式。爱鲜蜂上的所有商品都由平台统一从上游供货商处拿货，并在各大城市的每个行政区中建立仓储，并将一些常用商品运送到合作的社区便利店处，一旦消费者下单，距离最近的便利店就会负责配送。

在电子商务的深入发展中，在连锁便利店的大规模拓展中，社区便利店的市场受到了极大的挤压。原本就只能做社区生意的它们，盈利空间变得极为有限。

此时，爱鲜蜂则有效地将社区便利店的闲置资源进行整合，而这些社区便利店每配送一单食材，也可以得到 5 元的配送费。除此之外，社区便利店甚至可以借助爱鲜蜂平台，搭售一些自有的商品，从而得以进驻 O2O 市场，提高店内的营业额。

当社区便利店的闲置资源被爱鲜蜂整合之后，“青年菜君”在推广生鲜配送服务时，则采取了另外一种模式。如果你是一位在商业中心或写字楼中工作的上班族，你所在的社区又不在爱鲜蜂的服务范围，那么，你就可以选择接受“青年菜君”的生鲜配送服务。你可以在上班时间就在“青年菜君”上订好所需的菜品，等到下班时，你则可以直接从离家最近的地铁口拿到预订的菜品。

生鲜配送服务的模式多种多样，但它们都有一个共性，那就是直接对餐饮行业的产业链前端进行整合，这其中所蕴含的商业潜力十分巨大。目前，生鲜配送市场还未迎来互联网大佬们的注目，但随着他们开始挖掘其中的商业潜力，消费者必然能够享受到如团购、外卖一样更加成熟、实惠的生鲜配送服务。

2.1.4 着手解决烹饪环节的厨师模式

当一批互联网企业热衷于为消费者提供更优惠的美食，一批 O2O 从业者开始成为餐馆与消费者之间的连接者。一些团队致力于成为家庭厨房的配菜工时，还有一些开拓者却直接将眼光投注到了餐饮最重要的烹饪环节。

无论是在何种吃饭模式下，一个做饭的厨师都是必不可少的要素。即便你团到再喜欢的美食、点到再实惠的外卖、收到再新鲜的食材，没有厨师进行烹饪，一切也都是妄谈。所谓“巧妇难为无米之炊”，反过来说同样成立。

很多消费者之所以总是购买外卖，正是因为他们缺少烹饪的技能。而在快节奏的生活状态下，烹饪、洗碗也成为一种生活的负累。因此，在懒人经济的进一步发展中，互联网企业开始直接涉足烹饪环节，推出全新的厨师模式，为消费者提供私厨上门服务。

在厨师模式中，消费者目前可以享受到上门烹饪和私厨烹饪两种服务，如图 2.1.4-1 所示。

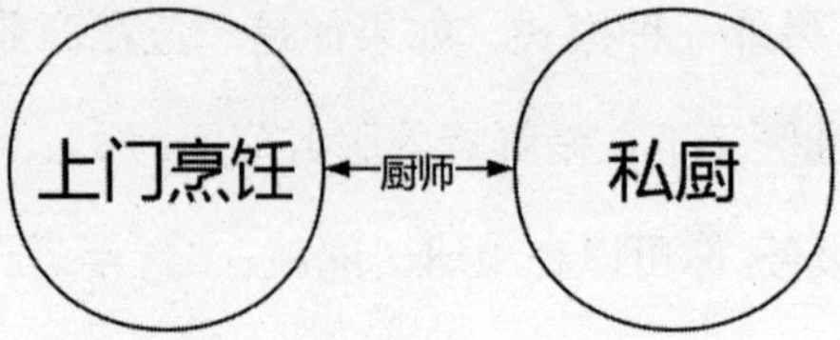

图 2.1.4-1　厨师模式

1. 上门烹饪

所谓上门烹饪，就是安排合作厨师到消费者家中，为其提供烹饪服务，如“爱大厨”“好厨师”“烧饭饭”“上你家”等平台正是以这种服务模式为主。为了迎合移动互联网时代的特点，微信上也出现了各种主打上门烹饪服务的公众号。

2015 年的国庆节，陈先生在回到江西老家时，就请老家的亲朋好友吃了一顿特别的“大餐”。之所以说这顿大餐特别，就是因为烹饪这顿大餐的五位厨师都是来自不同星级酒店的几位大厨，而烹饪、就餐的地点却都在陈先生老家的大院子里。

陈先生是如何在乡下老家请来五位星级酒店大厨的呢？这就多亏了一个名为“大厨驾到”的微信公众号（见图 2.1.4-2）。该公众号平台已经吸纳了一百多位星级酒店和民间餐馆的厨师，其烹饪范围也囊括了中餐、西餐、糕点、小吃等各色美食。消费者只需在微信上关注“大厨驾到”微信公众号，点击“私厨定制”就可订购不同价位的私厨上门服务。

图 2.1.4-2 “大厨驾到”公众号

“大厨驾到”的服务模式与“爱大厨”“好厨师”等 APP 类似。在使用该类服务时，消费者只需在 APP 或微信中选购自己所需的套餐，之后平台的运营服务中心就会对合作厨师进行统筹调度，安排符合要求的空闲厨师上门为消费者提供服务。在某些上门烹饪服务平台中，消费者在自选菜系的同时还可以自选厨师。在确认了所需的菜系和厨师之后，接单的厨师就会带着相应的食材上门为消费者提供烹饪服务。如果消费者担心厨师自带食材的质量，也可以选择自备食材。

被称为“最好用的预约星级大厨上门烧饭 APP”的“好厨师”，在获得初步的成功之后，还与天猫携手，在北京、上海、杭州三地推出了火爆的营销活动——“私厨免费上门做大餐”，如图 2.1.4-3 所示。

图 2.1.4-3 “请位大厨上门烧菜”

在使用“好厨师”APP 时，消费者只需在手机上下单，就可以坐等新鲜食材专业冷鲜链配送、星级大厨帮你烹饪上菜等一条龙服务。在“好厨师”初期提供的几款热门套餐中，也囊括了中西餐等各种美食，如“鸿运吉祥”套餐就是传统的中式四菜一汤套餐，包括竹荪鸡汤/棒棒鸡、海参红烧肉、豉汁黄金鲽、带子百合、素什锦；“红红火火”套餐则是典型的西式套餐，内含意式三文鱼刺身、加泰罗尼亚橙子甜椒色拉、芝士焗龙虾、迷迭香羊排、南瓜海鲜汤等菜品。

上门烹饪的服务无疑十分“高大上”，将星级酒店大厨请进家门给自己烹饪，这在过去是很多人的一个梦想，在如今却成为了现实。但对于普通消费者而言，这种服务的价格也并非每个人都可以接受，大多也只会在逢年过节时使用一次。

2. 私厨烹饪

中国饮食文化博大精深，很多人在闲暇之时都喜欢研究、学习烹饪技巧，甚至很多人还会在家自创新菜。当星级酒店大厨无法满足消费者的日常吃饭需求时，“觅食”“妈妈的菜”等APP则推出了基于地理位置的私厨烹饪服务。

消费者在使用“觅食”时，可以找到各种各样别具特色的民间美食，虽然这些食物没有星级酒店大厨的作品那样精致，但其口味都为人所称道。之所以如此，正是因为进驻“觅食”平台的大多是民间美食达人和私厨等群体，这些人之所以愿意为别人提供烹饪服务，更多的是为了自身的乐趣，而非营利。因此，“觅食”的私厨烹饪服务价格大多都在普通消费者的承受范围之内，享受一次私厨定制服务的价格与在外吃一顿简餐的价格并无太大差异。

“妈妈的菜”则主打私房菜服务。正如很多人所说，“世上最美味的食物就是妈妈的菜”，“妈妈的菜”正是将离退休妈妈或全职主妇吸引到平台中，为消费者制作各种私房菜。使用“妈妈的菜”APP时，消费者在定位之后，就可以查看附近社区里“妈妈们”所提供的私房菜，在下单点餐后，既可以要求其配送到家，也可以上门自提。

与团购、外卖等模式所提供的餐饮服务不同，厨师模式的侧重点并不在于商家的品牌、连锁或可复制性，事实上，厨师模式的特点正是其中蕴含着的无数个性。厨师模式强调的是每个厨师的烹饪技巧，消费者在使用厨师模式APP时，所能享受到的也是各种独具风味的餐饮服务。

当互联网金融遇上餐饮

“人是铁，饭是钢，一顿不吃饿得慌”，餐饮是人类社会永远不会消失的刚性需求。因此，餐饮行业也不可避免地成为互联网金融的目标战场。而对于传统餐饮而言，互联网金融并非搅局者，而是“救世主”。

餐饮虽说是不折不扣的刚需产业，但这并不代表餐饮就能在市场上坐着“捞钱”。事实上，随着我国社会经济的发展，面对食材成本上升、劳动力成本提升以及管理人才匮乏等问题，再加上中式餐饮的成本控制难题，在越发激烈的市场竞争下，餐饮企业营收放缓、利润下滑已经成为常态，很多地方甚至掀起了较高的倒闭潮。

正是在餐饮行业的不景气中，互联网金融 O2O 布局的大规模展开，也为传统餐饮行业带来了“救命的稻草”，餐饮业因为互联网金融而得以焕发新生。传统餐饮行业之所以走向没落，正是因为落后于时代的传统餐饮服务已经无法满足消费者的餐饮需求，而熟知消费者真实需求的互联网金融，当然能够为其带来脱胎换骨的改变。图 2.1.4-4 展示了“互联网 +”餐饮行业图谱。

图 2.1.4-4 “互联网 +”餐饮行业图谱

张扬在大学毕业之后，就独自一人来到上海打拼。虽然认识了几个关系很好的朋友，但拿着微薄的工资，迫于高昂的生活成本，几个朋友都很少聚在餐厅吃大餐。但随着团购的兴起，张扬突然发现，“下馆子、吃大餐”似乎也没有那么昂贵了。

现在，张扬几乎每个星期都会和朋友出去聚餐一次，即使是在徐家汇、南京路，张扬知道打开美团、大众点评都能找到实惠、美味的餐馆。有时候，张扬几人在闲逛时看到一家不错的餐馆，也会忘记团购就直接走进去，但团购总是不会让张扬失望——几乎每家餐馆都与团购平台有所合作，而张扬等人所要做的最多也只是再下载一个团购 APP 而已。

张扬的家里其实也有厨房，但住了几个月了，厨房仍然干净如新，快节奏的工作使得张扬根本没有时间自己做饭。张扬每天的伙食几乎都是在快餐店解决。在把家附近的快餐吃遍之后，觉得腻味的张扬有时候则会自己在家煮面吃。到了周末，张扬更是会一觉睡到中午，然后翻开抽屉，从一沓外卖菜单中抽出一张，打个电话点个外卖。

但如今，张扬家里的外卖单早已消失不见，取而代之的是手机中的外卖 APP。打开张扬手机中的“吃吃吃”应用群组，除了美团、大众点评之外，就是饿了么、美团外卖、百度外卖等外卖 APP。张扬数了一下，仅是最近一个月，他的外卖订单就已经超过 70 单（见图 2.1.4−5）。

算起来，张扬也会感到惊讶：“我平均每天都有两顿以上是点外卖解决的。”再仔细想想，张扬也感到坦然，毕竟，除了早餐，他每个工作日的午餐几乎都会直接点外卖，有时候下午也会使用外卖 APP 点杯咖啡、奶茶或点些小吃。大多数时候都会在快下班的时候就将外卖点好，等到他到家，外卖基本差不多也就到了。随着美团外卖、饿了么开始推出早餐预订，吃腻了豆浆、包子的张扬也开始试着进行预订，一试之下，张扬觉得这种方式方便极了。每天公司楼下都有人带着一个大大的保温箱，将早餐派发给有预订的人。

张扬还记得2014年那个属于足球的炎热夏天，他和几个朋友晚上经常聚在一起熬夜看球，即使是晚上，夏天的酷暑也并没有多少消退，几个人想要吃烧烤、喝冰啤的心经常会被高温逼回到空调房中。但外卖服务则让烧烤、冰啤能够直接被送到家门口。

图 2.1.4-5　张扬的订单

形式越来越丰富的餐饮APP，也让张扬能够开始对自己的时间进行有效的管理。在工作日，张扬早上只需五分钟就可以订好午餐，并设定好送达时间，中午只需等着外卖到达即可，无需再下楼觅食；晚上张扬也不用再辗转于各大外卖店，坐等食物做好、配齐，外卖APP的使用使得晚餐可以随着张扬一起到家；周末，张扬与朋友外出聚会时，也不再需要浪费时间在解决“吃什么”这样的难题上，团购 APP 成为他们快速做决定的重要工具。前段时间，张扬甚至尝试了一次食材配送服务。张扬一直都有自己做饭的想法，但漫长的买菜、处理、烹饪和洗碗流程，却让其望而却步，食材配送服务却可以直接将处理好的食材送到家中……

在对各种餐饮 APP 的使用中，张扬所感受到的不仅是实惠，更多的是便利，他终于无需再花费大量的时间在就餐上，可以将时间省下来用于工作、学习和休息。张扬自己甚至还做过对比："因为这些服务，我每个星期最少可以省出五个小时的时间。"

伴随着互联网金融的快速发展，其影响力正在辐射向各行各业，并开启了各种各样的"行外改造"。立足于餐饮行业，互联网金融所掌握的就是消费者对于餐饮最本质的需求——"美味与体验、便利与实惠"。

如图 2.1.4-6 所示，在餐饮领域，消费者的需求不外乎这样四点，但团购、外卖等不同的餐饮模式又有着不同的侧重点。

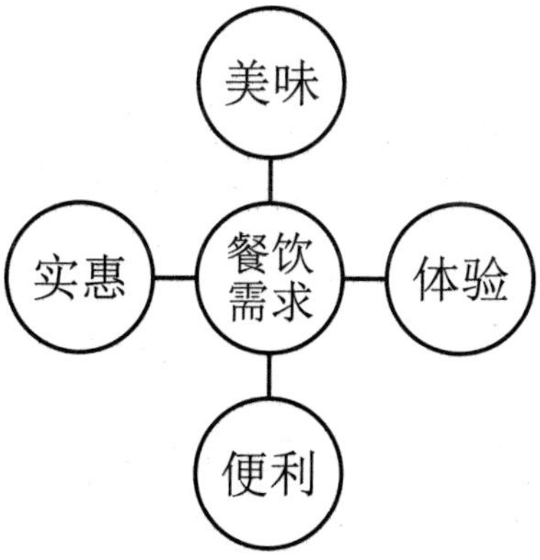

图 2.1.4-6　餐饮需求

当消费者来到餐厅就餐时，他们并不一定是为了美味，更多的其实是为了餐馆的就餐体验，以及那种放松的心情，当然有时候也是出于社交的需要。无论如何，在这种消费需求下，他们都希望能够在餐馆拥有绝佳的就餐体验，这就需要餐厅装潢、服务与食物等各个要素的相互配合。如果餐厅的就餐体验足够优秀，食物的口味往往并不那么重要，而团购所解决的正是这样的需求。很多传统餐厅都能够满足消费者这样的需求，但较高的消费却将他们拒之门外，团购则让他们能够以优惠的价格获得良好的体验。

而当消费者选择快餐时，他们的需求则十分简单，那就是便利与实惠。他们无法为一顿饭等上半个小时甚至是十五分钟的时间，他们希望五分钟之内就能拿到自己的食物。在这种时候，就餐对于消费者的意义更多的在于解决生理需求，因此，只要食物的口味没那么差，那么，越快越好、越便宜越好。而外卖 APP 则直接将实惠的套餐送到消费者的手中，只需打开家门，消费者就能够拿到一份简餐，甚至还有一块点心、一杯饮料。

另外，在如今这样一个快节奏的时代，很多人每天下午可能六点才下班，到家都已经七点，再买菜、洗菜、做饭、洗碗，可能都已经九点了，那基本也就可以洗洗睡了。因此，做饭距离时下的年轻人越来越远，餐馆与外卖成为他们最主要的食物来源。但在互联网金融的“行外改造”下，当你下班能够直接拿到处理好的食材，当你能够直接将大厨请到家里时，或许你也会重拾烹饪的乐趣。

“民以食为天”，每个人的生活都离不开餐饮行业，但传统的餐饮模式却已经跟不上新时代的步伐。消费者并非不想在餐厅、餐馆消费，只是他们的需求难以得到很好的满足，而与互联网金融结合后，餐饮行业则能够凭借新型餐饮模式重新获得消费者的认可。

2.2 互联网金融让你拥有一个更好的家

2.2.1 边买房边赚钱，房到付款

对于大部分人来说，买房是头等重要的人生大事。与国外兴盛的租住文化不同，国人讲究有一个属于自己的房子才算有了一个家，这就形成了国内强盛的买房“刚需”。也正是在这样的刚需刺激下，国内房地产市场迎来了数十年的快速发展，房价也相应涨到高点。

国内的房产价一直居高不下，直到近几年，在国家政策的调控以及经济环境的下行中，房价的增速才出现一定的放缓。但此时的房价仍然是很多人无法企及的。一般而言，普通人一个月的工资在其所在城市，大概只能买到 0.5 平米的房子。也就是说，如果你的月工资为 5 000 元，那么当地的房价大概在万元左右，一套百平米房产的首付则为 30 万元，想要依靠工资攒出一套房子，不吃不喝也得 60 个月即 5 年的时间。

如果你住在老家，在父母的照顾下，不用支付房租，每个月的伙食费支出很少，你大概能够更快攒出一笔首付。但对于在外地打拼的人而言，每个月的工资刨除房租、餐饮、水电等生活必需费用之后，已经所剩无几，想要自食其力攒出一笔首付，压力不可谓不大。

除了房价上涨造成的巨大压力之外，由于购房者在缴纳首付之后，往往要等 3 个月甚至 6 个月才能拿到房产，这就使得大笔资金被占用。而

随着互联网金融的蓬勃发展，人们对于理财的认识也越发深入，很多人开始懂得金钱的时间成本和机会成本知识，这样的“浪费”也让很多人感到难受。

如图 2.2.1-1 所示，所谓“时间就是金钱”，一般来说，投资期限越长，收益自然越高，就如银行活期储蓄以及一年期、三年期、五年期定期储蓄的利息收益逐渐上升一样。因此，为了让资金发挥出更大的价值，很多人会尽快将闲置资金投入到可靠的投资渠道中，以应对金钱的时间成本问题。

图 2.2.1-1　时间就是金钱

而机会成本则是指“做一个选择后所丧失的不做该选择而可能获得的最大利益”。说起来似乎很绕口，简单点来说就是，假设你有 10 万元资金，在 2014 下半年到 2015 年上半年这一年间，如果你把这笔资金放在银行存了一年期定期，以 4.35% 的利率计算，你可以获得 4 350 元的收益，但如果在这段时间将这笔资金投入了股市呢？仅以上证指数上涨幅度估算，你的 10 万元就可以轻松翻番。这样算来，由于你将 10 万元存了定期，而没有投资股市，你损失了高达 95 650 元！

正是因为时间成本和机会成本的存在，房地产市场“先付款，后拿房”的交易模式，无疑使得购房者无形中面临极大的损失。以一套房产 100 万元计算，在传统购房模式中，购房者 30 万元的首付资金都需要承担 3 ~ 6 个月的时间成本和机会成本。如果投资得当的话，这 30 万元的年收益“破十”可以说是轻而易举的事情。也就是说，在好不容易积攒了 30 万元首付之后，在“先付款，后拿房”的交易模式下，购房者还因此损失了 1 万元左右本可得到的投资收益。

在传统房地产市场，这些其实都是行业内部公开的“秘密”：房地产开发商在拿到土地之后，往往还未打好地基就会开启楼盘销售，在房地产市场最繁荣的时期，可能房子才刚建到一层，所有的房源就已经销售一空，而这些被卖出去的房子还都只是存在于图纸上，大批购房者所支付的巨额首付资金则被投入到房产的继续开发中。其实，很多房地产开发商在打完地基之后就已经没有多少流动资金，如果没有这大笔首付资金的注入，房子根本无法建造完成，这也是很多楼盘因为销售不佳而直接烂尾的原因所在。

互联网金融在经过了最初的稳步发展之后，互联网与金融的结合，也正在向传统行业发起冲击，房地产行业同样是互联网金融的颠覆目标之一。在变革房地产行业时，互联网金融的突破点正是这笔巨额的首付资金。

2015 年 3 月，淘宝网联合方兴地产推出了余额宝购房项目。当余额宝与房地产结合在一起，会擦出怎样的火花呢?

在余额宝购房项目中，购房者可以选择的房源包括北京、上海、广州等全国十大城市的 1 132 套房产，满足了不同购房者的不同购房需求。而在该项目活动中，购房者在选中自己喜爱的房源后，可以直接通过淘宝网支付首付，而首付的资金并不会直接转到方兴地产的账户上，而是会被冻结在余额宝中（见图 2.2.1-2）。

图 2.2.1–2 “房到付款”

在正式交房前或是首付后的三个月内，这笔首付资金在余额宝产生的收益都将归购房者所有。余额宝是很多互联网用户都耳熟能详的互联网理财产品，凭借低门槛、高收益、随存随取的特点，余额宝得到了众多网民的喜爱，甚至很多从不接触互联网的老一辈也开始让孩子将自己的钱转到余额宝中。

余额宝本质上就是一种货币基金产品，是一种稳健的理财产品，其投资收益一直较为稳定。而通过余额宝购房项目，购房者的首付资金实际上相当于存了一个“定期”，而期限最长则为三个月，在这段时间内，购房者等于购买了相应资金的余额宝产品，到期之后，首付资金才会被转到方兴地产的账户。

比如来说，购房者看中了杭州一套 200 万元的房源，按照首付款 60 万元计算，购房者可以直接在淘宝网上购买该套房源，而付出的这 60 万元会被冻结在余额宝中。如果该套房源需要到三个月后才能拿房的话，这 60 万元则会被冻结三个月，以当时余额宝每万份收益 1.2 元计算，三个月之后，购房者将会收获到总额 6 000 多元的收益；如果方兴地产在三个月内就可以交付房子，那么收益计算则会购房者直到拿到房子为止。直到此时，购房者的 60 万元首付款才会被交到方兴地产手中。

如图 2.2.1–3 所示，淘宝房产的资源很是丰富。

图 2.2.1–3　淘宝房产

在传统房地产市场，房地产的发展离不开银行、信托等传统金融机构的支持。但随着房地产市场的紧缩，在银行、信托逐渐减少对房地产支持的当下，房地产想要迎来自己的“第二春”，自然会与传统金融的颠覆者——互联网金融——进行合作。

二者最先的合作形式正是边买房、边赚钱的“房到付款”模式。在这种模式下，房地产开发商等于放弃了对首付款的占有使用权，借助余额宝进行让利，从而扩大客户源。余额宝也能够因此将大量购房者转化为自身的理财客户，而购房者则能够从这种模式中获得数千元甚至上万元的额外收益。

当然，这种模式仍然处于探索阶段，对于很多购房者而言，几千元的收益可能并不诱人，毕竟，有的房地产商在线下促销中可能会给出更大幅度的优惠。然而，伴随着互联网金融的发展，如果这种边买房、边赚钱的模式能够普及，那么，购房者的首付资金就不仅能够投入到收益较低的余额宝中，只要能够保证本金不受损失，这笔资金甚至能被投到 P2P 网贷、保险理财或是定期理财等多种互联网理财产品中，以赚取更大的收益。

2.2.2　首付款贴息，谁买单

"房到付款"的购房模式，使得购房者原本被房地产商占用的首付资金，得以在余额宝中赚取不错的收益，未来说不定可以将其投入到其他收益更高的理财产品中。然而，无论如何，首付资金仍然是要支付的，而这笔资金对于大多数人而言并非小数目。

为了攒齐一套房子的首付，很多人都需要辛苦工作多年，有的人甚至需要全家出力才能凑齐。在房地产市场火爆的几年间，为了避免房价上涨过快，使得购房压力更大，很多人都会节衣缩食、东借西借凑出首付买房。

然而，随着近几年来房地产市场走向低迷，没有急切购房需求的消费者逐渐进入观望状态，他们情愿慢慢地积攒资金，也不愿为了一套房子过于牺牲自身的生活质量，更不愿意为此再增加父母的负担。

在这种市场环境下，房地产商为了刺激市场需求，在与互联网金融的合作中，产生了更加颠覆性的新型模式——首付款贴息。

在传统银行房贷中就有贴息服务，其全称为个人住房贷款政策性贴息业务。购房者在申请贴息服务时，能够享受更加优惠、便捷的房贷服务。

举例来说，如果你在北京缴纳了住房公积金，并符合公积金贷款条件，就可以申请房贷贴息，你所能享受贴息的贷款额度则由你每个月缴纳的公积金额度确定。而商业银行在给你发放贷款时，贴息额则是由你能享受贴息的贷款额度确定的，最终用公积金贷款利率和商业银行贷款利率计算出的利息差额，计算出你的最终贴息额。在成功申请房贷之后，这部分差额则由住房公积金管理中心支付给你个人。

贴息业务是公积金贷款有力的补充服务，但也并非所有的房产都适用于贴息标准，这需要视情况而定。而在可以选择贴息服务的房屋贷款中，关于房贷的所有手续都有律师代办，你再也不需要在公积金管理中心、评估事务所、担保中心、商业银行之间来回奔波，而且贴息业务也不需要对抵押物进行评估，这就使得你能够省下一笔评估费。另外，在你办理贴息业务时，住房贷款担保中心还会为你提供担保，担保中心则会为贷款者提供统一的融合财产损失保险和人身意外伤害内容的保险。

很多人都十分重视住房公积金，正是因为看中了住房公积金可以用于贴息的作用。在缴纳住房公积金时，企业与个人各承担 50%，而在成功申请贴息房贷之后，购房者的房贷利率实际上变成了公积金房贷利率，这就大大降低了购房者的还贷压力。

然而，与住房公积金伴生的贴息房贷虽然好处极大，但其所能抵扣的到底只是房屋贷款的部分，如果没有足够的首付去申请房贷，即使符合公积金贷款条件的购房者也无法享受这样的优惠。

首付已然成为购房最大的门槛，对于大部分购房者而言，只要踏过这个门槛,后面按月归还房贷的任务并不太重。而互联网金融进军房地产市场的突破点，正是传统金融始终无法解决的首付问题。为了让首付不再成为购房者难以逾越的门槛，互联网金融与房地产商一起推出了首付款贴息服务。

2014 年 8 月 29 日，平安好房与绿地集团、世茂集团合作推出“好房贷”产品（见图 2.2.2–1），为购房者提供贴息借款来支付购房首付款。根据相关各方最终达成的协议，平安好房会为“好房贷”产品自筹资金池，平安集团旗下的陆金所、平安银行都会为之注资，购房者有无抵押都可以向平安好房申请“好房贷”以支付购房首付款，再以获得的首付款贷款按照正常流程向商业银行申请房贷。

图 2.2.2–1　“好房贷”

在互联金融市场，“好房贷”只是针对购房者的一种 P2P 贷款产品而已。购房者在支付首付款时，如果有压力，则完全可以通过“好房贷”借到资金。好房贷“秉承”了 P2P 网贷的优良特点，那就是支持无抵押贷款。

如果购房者以无抵押的形式申请“好房贷”，则需要提供自己的每月银行流水及其他材料以证明自身的还款能力和资质，平安好房则会根据这些材料、银行征信以及大数据技术对购房者的资质进行评估，从而确认最终的贷款额度。由于是无抵押贷款，无抵押“好房贷”的年化利率达到 16% ~ 18%，最高贷款额度也仅为 30 万元，而且贷款期限也被限制在 36 个月内。

如果购房者选择抵押贷款，则可以提供自己、父母、直属亲戚名下的房产作为抵押。而在“好房贷”的抵押贷款中，抵押房产的抵押率可以达到其净值的 70%，这在传统抵押贷款领域是极为罕见的。另外，抵押贷款的年化利率相对也十分合理，只有 10% ~ 11%，也没有贷款期限的限制。“好房贷”的申请流程如图 2.2.2-2 所示。

图 2.2.2-2 “好房贷”申请流程

“好房贷”在为购房者提供首付款贷款的同时，房地产商为了进一步刺激潜在购房需求，甚至主动为购房者的首付款贷款进行贴息，从而降低贷款利息。据了解，在与平安好房的合作中，绿地地产将为一半楼盘的购房者提供贴息服务，贷款利息由平安和绿地地产共同承担。而世茂地产则与平安好房联合推出了另一款金融产品——宅安住，为世茂的老业主购买第二套房子提供资金支持。在实际操作中，这部分购房者同样可以享受首付款免息或贴息分期支付的服务。

房地产商之所以愿意为购房者的首付款贷款贴息，正是为了刺激越发低迷的房地产市场；而平安好房等互联网金融机构在与房地产商的合作中，则能够推广自身 P2P 平台。在二者的共同需求下，它们自然愿意为首付款贷款贴息，购房者则成为了第三位受益者。

借助首付款贴息贷款服务，购房者完全能够获得贴息分期甚至免息的首付款贷款。在拿到首付款资金之后，购房者则能够按照正常流程向商业银行申请房贷，符合条件的购房者甚至能够再度享受住房公积金的贴息房贷服务。

在互联网金融与房地产商合作的首付款贷款贴息模式中，购房者不再需要面对首付款的门槛，只要能够确保自己拥有足够的偿还能力，“零首付分期购房”将成为现实。

2.2.3 既要做业主，也要做开发商

对于大部分购房者而言，能够成为一位真正的业主，已经“压力山大”，若要说成为房地产开发商的一员，很多人大概都会难以置信：“房子都买不起了，还开发房产？想太多……”但新生的互联网金融已经创造了太多的奇迹，让每个人都成为房地产开发商，则是互联网金融在房地产市场的另一大

壮举。

从 2014 年以来，众筹在我国越发火爆，京东众筹、淘宝众筹、百度众筹等众筹平台相继推出，似乎什么平台都可以做众筹；科技众筹、娱乐众筹、教育众筹等众筹项目层出不穷，似乎什么产品都能做众筹……时下，一个“人人皆能众筹，事事皆可众筹”的全民众筹时代正在来临！

何谓众筹？顾名思义，就是大众筹资、群众筹资，就是筹小钱办大事。得益于互联网将所有人跨时空连接到一起的特性，原始的众筹借助互联网焕发出全新的光彩，成为互联网金融中不可忽视的一环。2014 年可以说是众筹元年，众多众筹平台相继成立，各种科技、娱乐项目进驻众筹平台向群众筹集资金、智慧与人脉等各种要素。具体的众筹流程如图 2.2.3-1 所示。

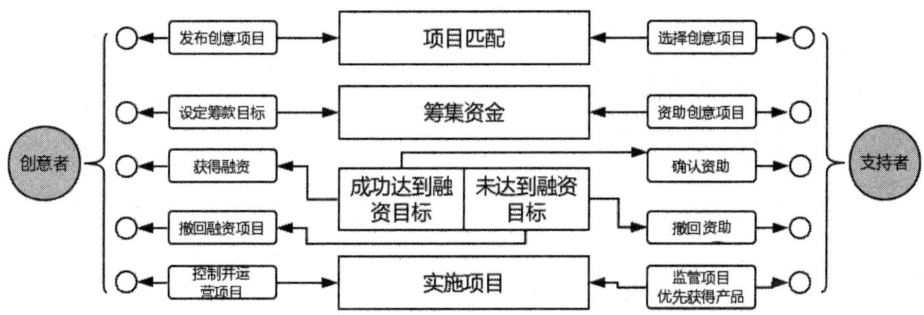

图 2.2.3-1　众筹流程

在传统房地产市场，房地产商是不会考虑过多关于资金的问题的，商业银行、信托或其他传统金融机构会给予他们极大的支持。然而，随着房地产市场的持续低迷，再加上传统金融自身受到一定冲击，越来越多的商业银行开始采取“惜贷”政策。这样一来，“从不缺钱”的房地产商也开始为融资的事情头疼起来。

但是，房地产开发所需的资金并非小数目，一个亿的启动资金在房地产市场并不罕见，失去了传统金融作为支撑的房地产商又要从哪里融到如此大额度的资金？与此同时，在越发冷清的房地产市场，很多小区辛苦开发出来最终却沦为“无人区”，更有甚者，在很多城市还出现了“鬼城”。如何解决房地产市场的融资与销售难题？互联网金融给了房地产商一种选择，那就是众筹。

众筹有一个显著的特征，那就是投资与消费的二合一。在众筹模式中，众筹的标的大多是一些还在开发、设计阶段的产品，由于缺乏进一步开发生产的资金，或是想要测试市场对该产品的反应，项目发起者则以众筹的形式发布“产品预告”，从而吸引对其感兴趣的消费者进行投资，最终利用从消费者那里融得的资金进行产品开发、生产，最终生产出来的产品则直接流通到当初的投资者手中。

产品众筹是众筹的典型模式。举例来说，你是一个游戏爱好者，现在推出了一款效果极佳的虚拟现实游戏装备，有了它你就可以体验到极为真实的游戏世界，这几乎是每个游戏爱好者的终极梦想。如今，有一个很靠谱的开发团队正在研究这个项目，但缺乏足够的开发和生产资金，于是，他们就将该项目发布到众筹平台上。看到了这个项目的你自然会十分激动，在仔细研究了开发团队发布的项目介绍之后，你发现：这个项目的成功率很大，而单个产品的成本价就需要2 000元钱，但在该众筹项目中，你只需要投资500元，等到项目成功之后就能得到一套装备以及附赠的各种服务。这样的项目，你愿不愿意参与？答案大多是肯定的。

反过来，从开发团队的角度来看，他们在有了这样的开发与技术手段之后，却由于缺乏足够的资金而无法启动项目，众筹就成为了极好的融资渠道。尤其是在产品开发成功之后，他们也不需要再去考虑市场的问题，因为所有当初的投资者都将会成为最后的消费者。这就是所谓的将投资与消费融为一体。

房地产商之所以看中众筹模式，正是在于其认识到众筹既能解决自身的融资难题，也可以促进房地产的销售。因此，房产众筹逐渐流行开来，成为房地产行业的新贵。自此，参与到房产众筹中的消费者也就拥有了业主与开发商的双重身份。

2014 年 11 月 17 日，万科地产在平安好房上发布了一项房产众筹项目（见图 2.2.3-2），该项目方案为：“如果此次众筹金额达到了 1 500 万元的最低众筹额度，所有的众筹参与者都将能享受到比目前周边市场价低近 13% 的特别优惠购房价。此外，众筹参与者还享有优先选房权以及相应的预计年化收益。”

图 2.2.3-2　平安好房众筹

在房地产商与众筹模式结合的初级阶段，房地产商会直接拿出开发中的楼盘供购房者选择。而购房者参与该众筹项目，最终获得的实际上是优先选房权和 8.7 折购房权。在房产众筹中，房地产商大多都会展示出大量的房源，这些房源可能还没在线下开始销售，购房者自然可以先人一步选择更加合适的房子，而在选中自己需要的房产之后，则能够在楼盘最终开始销售时，以低于市场价 13% 的优惠价格购房。

在万科与平安好房的首次合作中，仅用了 7 天的时间，该项目就筹资超过 500 万元，并售出 216 套房源，创下国内单次房产众筹房源数量的纪录。

与此同时，在 2014 年“双十一”期间，远洋地产也带着上万套房源入驻京东众筹平台。在这次众筹活动中，由于远洋地产拿出的房源占据了自身总体开发量的 20%，购房者拥有更大的选择空间，各地域各层级的购房需求都能够得到满足。因此，这次活动在一天内就吸引了多达 18 万人参与，总筹资金额也超过 1 200 万元。

为了进一步推广自身品牌并刺激更多购房需求，远洋地产还在这次房产众筹中抛出了价值高达 638 元的“馅饼”：远洋地产此次拿出北京、天津、武汉、杭州等城市的 11 套房源参与抽奖活动，在活动期间，京东金融“小金库”和“白条”用户只需支付 11 元就可获得 1.1 折购房的抽取资格，其他京东用户则需支付 1 111 元以获得抽取资格。抽取结果将在 11 月 17 日揭晓，而在活动结束后的 30 天内，未被抽中用户所支付的 11 元或 1 111 元将被退回。也就是说，参与这次抽奖活动的人，可以免费抽取一次 1.1 折购房的机会，而这批房产的价值最高为北京远洋新天地的一套原价 134.4 万元的房产，最便宜的也是秦皇岛远洋海世纪一套价值 24.8 万元的房产。

在传统房地产日子越发不好过的今天，众筹无疑是促进房产销售的一剂强心针，正如被外界称为房地产界“思想家”的冯仑所说：“房产众筹即使不能替代传统的房地产，这种模式也绝对有相当广阔的市场，尤其对年轻人是很有吸引力的。”

互联网金融的入场，使得传统房地产市场迎来了生机，在房产众筹中，房地产商完全可以根据市场需求实现“以需定产”，从而大幅度降低自身的开发成本。伴随着开发成本的降低，房地产商也会将这部分成本缩减反馈给购房者，从而以低价刺激购房需求。据估算，如果房产众筹能够推广开来，房价将因此下降至少 30%！这对于购房者而言自然是一个值得期待的好消息。

互联网金融让住房变得触手可及

在房地产市场走向冷清中，房地产的互联网思维逐渐成为行业追捧的热点。当房地产的“刚需”不再时，资金密集的房地产行业也终于走上自我革新之路，虽然起点还是借助互联网热点制造各种营销事件，但互联网金融也得以渗透进房地产市场，开始另一番“行外改造”。

在“互联网+”的战略背景下，房地产开发商开始寻求在日益理性的市场“常态”下销售房产的方法：前有万科邀请 90 后到公司演讲，后有方兴地产等公司入驻淘宝卖房产，如今各式各样的房地产众筹又层出不穷……房地产市场与互联网金融的结合越发紧密。

然而，作为新时代的引路人、传统行业的颠覆者，互联网金融并不是房地产行业惯于炒作的概念，而是真正的大时代开创者。当房地产开发商想要借助互联网金融重获新生时，事实上，这也正是互联网金融创新卖房方式，让人们拥有一个更好的家的突破口。

房地产开发商与互联网金融企业相互合作，是互联网金融 + 住房的典型模式，如方兴地产与淘宝合作推出的“房到付款”、万科地产与平安好房合作的首付款贴息以及房地产众筹等。但在互联网金融的“行外改造”中，方兴地产正在与腾讯合作建造更具互联网时代特征的“智慧社区”，如图 2.2.3-3 所示。

当你晚上开车回家时，小区停车场的智慧停车系统会自动识别车牌并打开门闸，与此同时，物业管理系统还会协调电梯下降到相应楼层等待你的搭乘。在整个过程中，安保系统都会有摄像头跟随拍摄，负责小区的安防工作；灯光系统则能够自动感知你的位置并进行引导式照明；空调系统也会因为检测到你，而从原本的最低耗电状态逐一启动。当你走进电梯时，会有人脸识别系统进行识别，并按照物业管理系统中的数据识别出你要到达的楼层，最后，你就可以通过指纹识别系统走进家门。

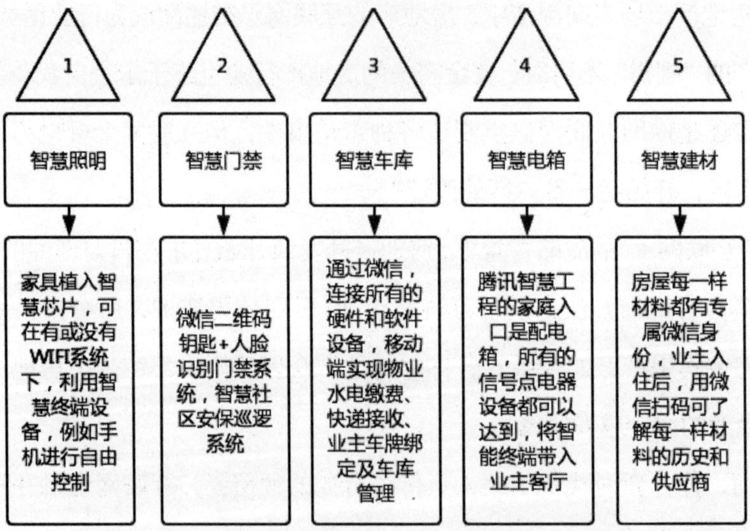

图 2.2.3-3　方兴智慧工程

在这种智慧社区模式中，方兴地产更多地是将互联网融入到传统的物业管理中，从而提高物业管理的安全性和便利性。但在与腾讯的合作中，智慧社区的智慧却不止于此。腾讯之所以投入大量成本在这样的社区改造中，就是为了打造出自己的社区金融蓝图，从而将社区作为主要场景，构建出一套互联网金融全产品矩阵。在腾讯的计划中，这套矩阵包括Q易贷、Q房团、Q房通、Q房筹、Q再贷、Q送房、Q家居、Q旅游、Q咖啡等九大金融产品，如图2.2.3-4所示。

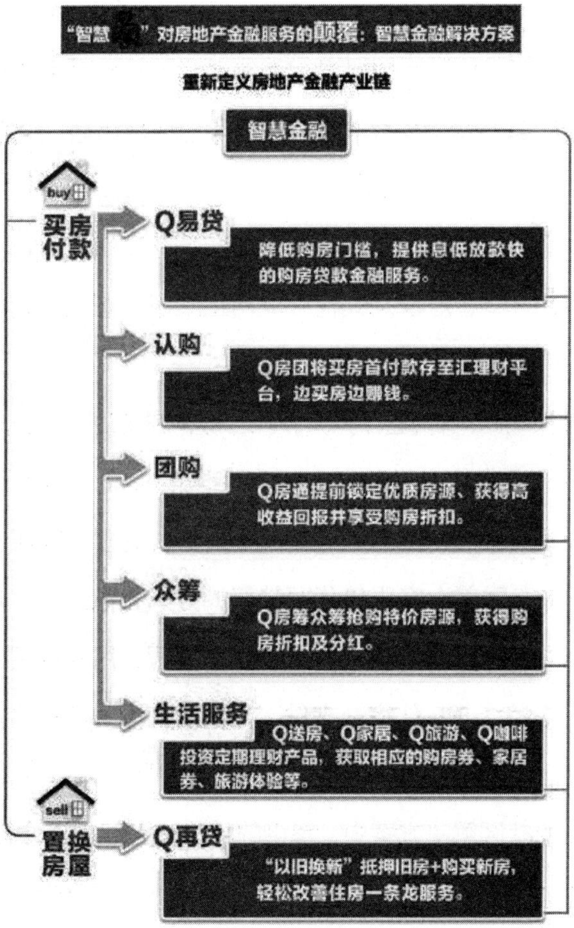

图 2.2.3-4 "智慧金融"解决方案

这九大金融产品几乎涵盖了社区场景下的一切金融需求。根据“智慧金融”的官方描述，我们也能对这九大金融产品有一个直观的认识。

Q 易贷：降低购房门槛，提供息低放款快的购房贷款金融服务。

Q 房团：将买房首付款存至汇理财平台，边买房边赚钱。

Q 房通：提前锁定优质房源、获得高收益回报并享受购房折扣。

Q 房筹：众筹抢购特价房源，获得购房折扣及分红。

Q 再贷：“以旧换新”抵押旧房 + 购买新房，轻松改善住房一条龙服务。

Q 送房、Q 家居、Q 旅游、Q 咖啡：投资定期理财产品，获取相应的买房券、家居券、旅游体验等。

而腾讯的“智慧家”概念的内容还远不止智慧金融这一点，还包含了智慧工程、智慧社区、智慧客厅以及其他互联网生活服务版块。在“智慧家”的战略方案中，我们甚至还能看到这样的设计：

“‘智慧家’战略同样覆盖了娱乐、运动、旅游度假、汽车等方面。方兴智慧娱乐，与腾讯经典儿童网游、天天系列手游、QQ 游戏社区赛联手，打造线下观影、社区趣味竞赛等亲子互动环节；QQ 会员方兴专属特权，享受购房折扣、VIP 专区、专属美女客服等华丽特权；方兴智慧运动，联合 QQ 天天酷跑游戏打造绿跑中国健康长跑活动；方兴智慧度假，用互联网式的旅游方式通过微信一手掌控旅游交通、住宿、支付、消费查询等功能；方兴智慧汽车，专线专车直达楼盘，微信停车场实时查询车位情况。”

在如此全面的社区解决方案中，腾讯的目的绝不仅是进入传统房地产行业，而是在“下一盘很大的棋”。

在方兴地产与腾讯的合作中，在方兴地产看来，这只是“房地产 + 互联网”的一种全新模式，但腾讯做得却是以互联网为核心、以房地产为载体的“互联网 + 房地产”。

二者之间又有何不同呢？如图 2.2.3-5 所示。

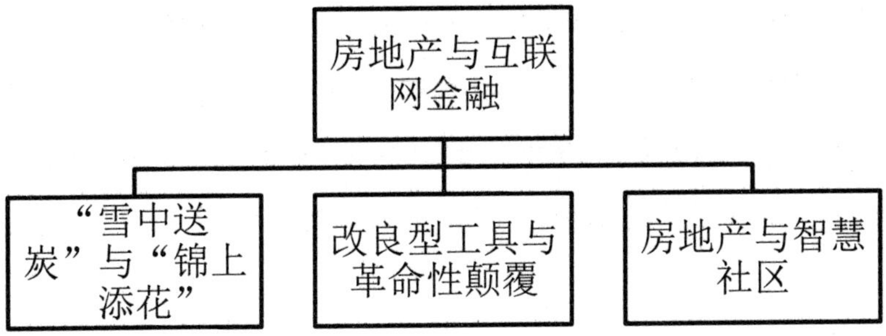

图 2.2.3-5　房地产与互联网金融

首先，从背景上来看：眼下房地产行业正处于集体性的“焦虑”当中，在房地产开发商纷纷希望通过互联网金融寻求新出路时，互联网金融对于房地产而言无异于“雪中送炭”；但在互联网金融的大发展中，房地产行业只是诸多传统行业中的普通一类，基于房地产行业的复杂性，其改造收益率也并不突出，因此，房地产对于互联网金融而言不过是“锦上添花”而已。

其次，从目的上来看：房地产开发商之所以与互联网金融合作，并非为了让其对房地产行业进行改造，事实上，如果可能的话，房地产开发商更愿意回到过去，既然这已经成为奢望，那么，在房地产开发商眼里，互联网金融就只是一种改良工具；而在互联网金融眼里，几乎所有传统行业都是其创新与颠覆的对象，因此，当房地产行业找到互联网金融时，互联网金融的目的当然不仅是改良，而是对房地产进行彻底性甚至是革命性的创新。

最后，从思维上来看：随着越来越多的房地产行业开始拥抱互联网金融，互联网思维也开始得到认可，房地产开放商希望能够借助互联网思维对产品和服务进行创新，从而提高自身的市场竞争力，并逐渐实现转型；而互联网金融的思维则已经突破了传统房地产行业的束缚，其产品开始由纯粹的房产转变为“实体+虚拟”的智慧社区，将社区作为互联网金融的重要场景进行全新的设计。

虽然眼下房地产行业与互联网金融的合作大多还停留在“表面”，但随着方兴地产与腾讯合作的“智慧家”成为现实，符合互联网金融发展需求的智慧社区也必将成为现实。到那时，房地产开发商也将逐步成为智慧社区的“工程师”，而在互联网金融的协调下，购房者与居民将成为房地产市场真正的“话事人”。

2.3 互联网金融带来智能出行

2.3.1 商务用车，共享经济

衣食住行是每个人生活的主要组成部分，在电子商务的发展中，关于服饰、餐饮的生活方式早已被颠覆，曾经的新模式也逐渐成为新时代的常态，而随着互联网金融开始冲击房地产行业，出行自然也不会脱出互联网金融的布局范围。

互联网金融选择的突破点就是传统的出租车市场，这也直接引发了2013年快的打车与滴滴打车的“烧钱大战”。然而，从两个平台的发展模式而言，大把烧钱的目的，更多的是为了借助生活服务推广“幕后老大”的移动支付工具，即支付宝钱包与微信支付。而从颠覆传统出行模式的角度来看，其效果着实有限，仍然停留在市场教育阶段。

随着国家相关政策的逐步出台，打车APP开始遭到地方政府“抵制”，使用打车APP接单的司机甚至被传统出租车司机所排斥，再加上快的打车、滴滴打车的相互竞争也以二者的合并走向终结，很多人甚至开始疑惑这场轰轰烈烈的“烧钱大战”的意义究竟何在，难道真的只在于移动支付工具的推广吗？

事实当然并非如此。当你看到互联网打车与传统打车发生冲突时，网友选择支持何方时，你就能够明白，阿里巴巴与腾讯以及其他互联网企业的资金并没有“白烧”，传统打车市场的旧格局已经被悄然打破。而在打车APP的低调发展中，其发展目标已经转变为开拓新市场。

出租车作为传统出行市场的代表，其发展模式早已根深蒂固，互联网金融想要对其进行彻底的颠覆，难度不小。在取得一定的市场份额和市场占有率之后，互联网出行行业也终于回到共享经济的正轨。

其实，互联网企业最初进入出行市场，所选择的正是以“共享价值”为核心理念的共享出行服务。按照易到用车对市场的理解，汽车服务领域的共享经济模式应该是：“通过互联网平台高效组织和交换冗余的车辆和司机资源，包括知识、经验、思想、时间和物品”，也就是说，在真正意义的互联网出行市场，分享的应该是产品和服务，而非出行 APP 单方面的补贴。

然而，以这样的理念想要对传统市场进行突破却并非易事，这才导致快的打车、滴滴打车作为后来者却能够拥有更大的市场影响力，成为互联网金融进军出行领域的代表。但在这场热火朝天的补贴大战中，互联网与出行的结合却真正得到了市场的认可，这也使得真正符合共享经济的商务用车模式得以顺势而起。

所谓商务用车，其服务对象当然更多是针对拥有更高消费能力的商务人士。如快的打车、滴滴打车相继推出的专车服务正是商务用车的一种模式，相比于传统的出租车服务，专车提供是更加高端的私人用车体验，让打车者能够通过移动互联网拥有更加舒适的用车体验，也让有私家车主得以在闲暇时间能够依靠车产获得收入。

以一号专车为例，打开一号专车 APP，只需输入手机号码，获取验证码并输入之后，即可完成注册，其注册流程极为简便。整个 APP 的界面设计也极为简洁，在一条道路的贯穿中，一号专车提供出行服务的主旨也得以体现。

进入打车 APP 之后，一号专车也并没有添加过多的功能，仍然以商务、简洁为主题，打车者只需在预约用车、接机、送机、跨城以及现在用车五个选项中选出自己所需的服务即可，如图 2.3.1-1 所示。

图 2.3.1-1　一号专车“界面”

从一号专车主打的三项特殊服务，即接机、送机、跨城中，我们就能看出，一号专车的服务对象并非普通出行者，而是有着更多商务出行需求的中高端人士，或者说是有着更高消费能力的出行者。

当然，互联网共享经济并不会把自己的服务范围局限在中高端人士，事实上，互联网的共享正是在于不分对象的全共享，无论是用户处于哪种层次、哪种群体都能够享受到互联网带来的红利。

因此，滴滴打车、快的打车的专车服务则更加亲民。滴滴出行的专车服务分为优选型、舒适型、商务型、豪华型四个档次，其服务价格也相应有所增加。以上海市的服务价格为例，上海市出租车的日间服务价格为：0 ~ 3 公里，14 元；3 ~ 15 公里，2.5 元每公里；15 公里以上，3.6 元每公里。另外，出租车速度低于 12 公里时，每 4 分钟加收 1 公里超起租里程单价。相比较而言，滴滴优选型专车的价格还略有下降（见图 2.3.1-2），其他档次的服务价格也增加不多，完全在普通人的可接受范围之内。

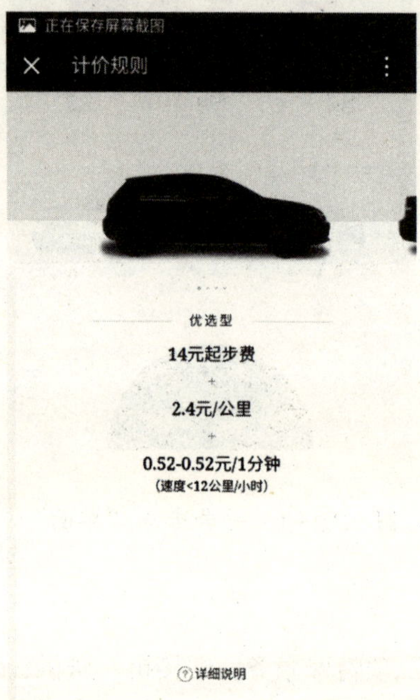

图 2.3.1-2　滴滴专车优选型计价规则

专车服务即商务用车可以说是共享经济在出行领域的真实体现，在专车服务之下，快的打车、滴滴打车的出租车补贴大战或许只能说是互联网出行领域的一次大规模“炒作”。在“炒作”之后，快的打车与滴滴打车的合并则让二者终于能够结束恶性竞争，逐渐回归互联网出行的本质，开始推广专车服务。

虽然二者入场较晚，但凭借其背后的雄厚资本以及补贴大战所培养出的用户黏性，其在进入专车领域之后表现出了极强的竞争力，尤其是在二者合并之后，快的滴滴的竞争力也得到了进一步的增强，如合作车辆数的增多以及对汽车租赁公司谈判能力的增强等。

目前，商务用车领域有着极多的服务者，除了滴滴快的之外，还有作为先来者的易到用车、AA专车，拥有大量自有车源的神舟、一嗨以及得到百度支持并赢得良好口碑的Uber等，不同的服务商也正在为打车者提供完全不同的出行服务。

但对于专车的政策限制仍然没有松绑，尤其是伴随着原本定位于中高端人群的专车服务逐渐大众化，开始触及传统出租车行业的利益，相关政策监管也变得更加严厉。眼下，上海交通委已经对滴滴快的的联合成立工作组，其上海“专车”试点方案也正在紧急策划中，这也将成为商务用车进一步拓展共享经济模式的突破口。

2.3.2 P2P租车，按需服务

出行永远是人们生活中无法避开的一个问题，公共交通的拥挤让舒适、自由的汽车出行得到很多人的喜爱。然而，在国内社会下，私家车对于许多人而言仍然是一种高消费产品，尤其是其“买到手就开始贬值”的特性更是让一些人觉得买车有些亏。

如今，中国机动车驾照拥有者数量已经超过3亿，但汽车拥有量却只有1.54亿。也就是说，在我国拥有驾照的人当中，有50%的人没有汽车可供驾驶。辛苦拿到驾照却还是只能坐公交、打车，无疑是一件十分糟糕的事情，但汽车的购置成本、油费以及维护成本，却成为这些人拥有自有汽车的巨大障碍。

为了应对这种市场需求，租车行业也顺势而生。那些有驾照却没有汽车的人，得以通过租车享受自驾的快感；那些出差在外地的人，也能够借助租车获得更方便的出行体验。然而，事实却是，传统租车行业在我国早已发展多年，但愿意接受租车服务的人却并没有多少，原因何在？

在不断的发展过程中，传统租车行业的服务模式虽然已经逐渐简化，但租车者仍然需要去实体店填写大量表格、提供身份证复印件、支付租金……繁杂的租车手续使得很多人望而却步，除此之外，可选车型不多、保险形式有限等缺陷也制约着传统租车行业的发展。

既然传统行业无法满足消费者的需求，互联网就要来颠覆，租车行业同样如此。伴随着互联网出行模式的普及，人们的需求也不再局限于互联网打车或商务用车服务，很多人开始希望能够通过一个手机 APP 就可以租到满意的汽车，来享受自驾的乐趣或便利。

互联网金融给出的解决方案就是 P2P 租车，通过建立一个覆盖面广的租车平台，将有限制车辆的车主以及有租车需求的人群连接在一起，在这样的直接对接中，让车主的限制车辆不再成为“纯消费品”，也让租车者的需求能够得到极大的满足。与传统租车模式相比，P2P 租车模式的优势如图 2.3.2-1 所示。

传统B2C模式	P2P模式
1天起租，门槛较高	小时短租，灵活结算
网店有限，取还车不便	就近取车，随借随还
车型有限，选择有限	车型丰富，满足各类需求

图 2.3.2-1　传统租车模式与 P2P 租车模式对比

PP 租车就是 P2P 租车模式中的先行者。与传统租车模式不同，PP 租车无需上门登记、办理手续，也无需身份、驾照验证，只需一个手机 APP 就可以完成租车，甚至能够实现就近取车。

1. 注册会员

租车者在使用 PP 租车时，第一步自然是下载 PP 租车 APP 并注册会员。在注册会员过程中，PP 租车需要租车者提供身份证和驾驶证的照片以供验证（见图 2.3.2-2）。另外，根据 PP 租车的要求，租车者的驾龄必须超过六个月，且其驾驶证的罚分不超过九分，并且是租车者本人亲自使用，才能够在其平台上租车。

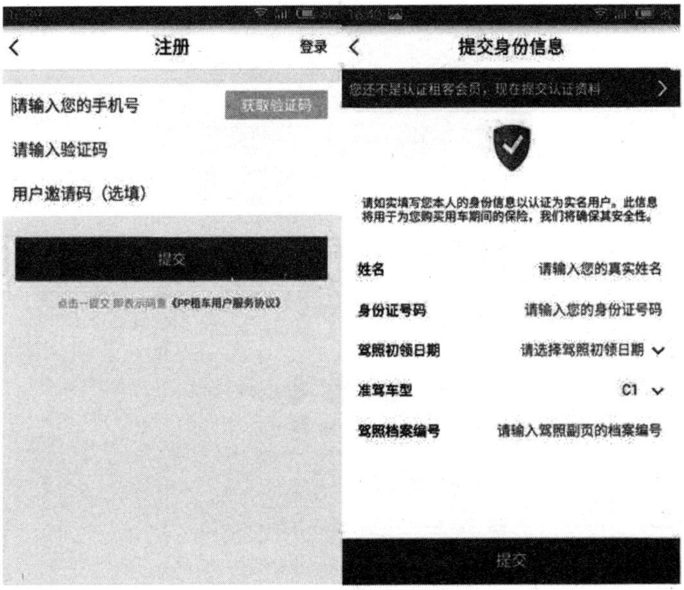

图 2.3.2-2　PP 租车注册验证流程

只需要经过账号注册以及身份验证两步，会员注册就已完成，租车者就能够使用PP租车APP开始租车。与传统租车服务的各种表格、复印件、验证相比，这样的注册环节无疑简便许多。

2. 开始找车

在PP租车首页，租车者就能够看到各种不同的找车功能，包括精准找车（见图2.3.2-3）、特价专区、价格选车、热门品牌、热租车型等多种找车方式。租车者完全可以按照自己的用车需求，在不同的专区里进行找车。

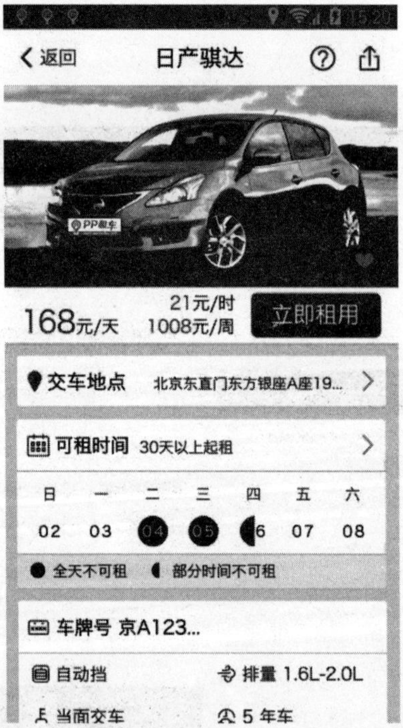

图 2.3.2-3 PP 租车找车

当你使用精准找车时，可以对取车、还车时间、取车地点、日均价、品牌、车型等多个要素进行限定，从而精准地找到自己所需的车型。设定好筛选条件之后，租车者就可以得到符合要求的结果，再根据价格、距离、评价等因素从中进行选择。

需要注意的是，如 PP 租车这样的 P2P 租车平台上的服务价格并不统一，平台只会提供一个官方指导价，至于具体定价则由车主自行决定。另外，由于 PP 租车平台上的车源都是私家车，因此，私家车主往往会因为需要自用而标出“不可租时段”，租车者需要关注其是否与自己的用车时间产生冲突。

3. 支付费用

当租车者确定了自己所需的车型之后，则需要开始下单并付费了。在 PP 租车平台上，租车者除了需要支付私家车主每日租金之外，还需要支付小额的平台保障费，这笔费用包括了车辆保险服务以及事故保障服务等。

除了租车所需的租金及平台保障费之外，租车者还需要支付一定金额的押金，押金会以信用卡预授权的形式收取，在订单结束后 48 小时内，将会取消预授权。这一点相比于传统租车行业无疑有着极大的改善，要知道，传统租车超长的押金退还期一直饱受诟病。

PP 租车在对于油费的收取上也为租车者提供了两种方式：第一种是常见的原油位还车，租车者与车主自助协商取车时的油量，租车者只需保证还车时油量相同即可，无需再支付费用；第二种则是按行使里程计费的方式，在该模式下，PP 租车根据不同的汽车排量制定了不同的里程单价。这两种方式中，前者适合租期较长的订单，后者则适用于短租者，能够免去加油的麻烦，租车者可以按照自己的需求进行选择。

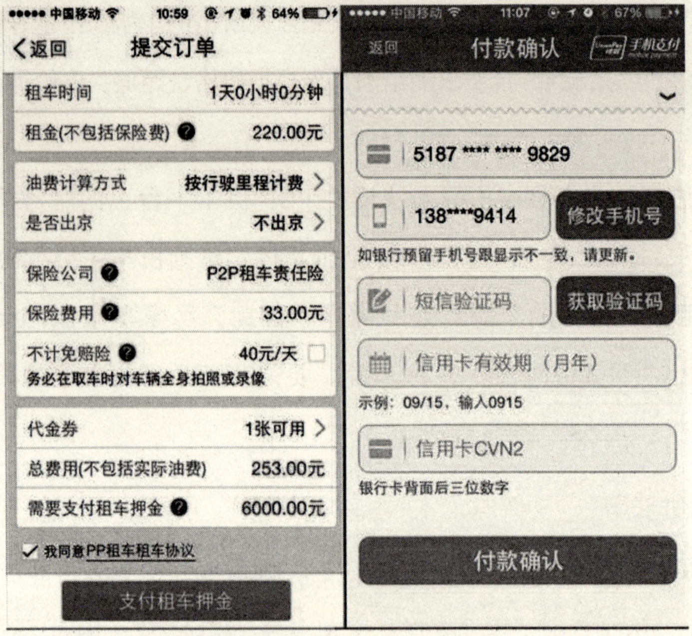

图 2.3.2-4　PP 租车付款

在确定完各项费用之后，租车者就可以使用绑定的信用卡进行支付押金，从而完成下单环节的工作，如图 2.3.2-4 所示。

4. 取车还车

在租车者下单之后，车主就会根据租车者的需求决定是否接单。在车主同意之后，二者就可以自行商量取车、还车时间及地点。商定之后，租车者就可以就近取车进行自驾体验了。当然，在取车时，租车者一定要注意对车辆状况、证件、保险等进行检查，以免在租车过程中出现不必要的麻烦。在约定租车时间到期时，如果租车者不再续租的话，就可以进行支付结算。

值得一提的是，PP 租车还为平台上的每辆车安装了一个电子模块，借助于该功能，当车主有事无法与租车者见面时，可以直接授权租车者使用 PP 租车 APP 上的“打开车门”取车，在用车结束之后，租车者也可以直接将车开到约定还车地点，点击“关门还车”进行还车。在该功能的支持下，租车者甚至可以在不与车主见面的情况下完成整个租车流程。

与传统租车服务相比，PP 租车的租车体验极为便捷，整个租车流程所用时间甚至不足一个小时，这与传统租车模式相比，大大地缩减了时间成本。另外，PP 租车等 P2P 租车平台在制定官方指导价时，都会参考神舟、一嗨等传统租车价格，从而制定更为优惠的官方指导价，车主在定价时虽然拥有一定的自主权，但这个官方指导价却是其上限。

优质服务、优惠价格是 P2P 租车模式颠覆传统租车模式的重要手段。而从模式内涵来看，P2P 租车模式之所以能够在服务、价格上完胜传统租车模式，正是因为 P2P 租车实现了租车者与车主的直接对接，从而缩减了服务时间和服务成本，让租车者的个性化需求能够得到满足，其出行体验也因而得到大幅度的提升。

2.3.3 拼车服务，智慧出行

越来越多的人希望能够感受到自驾的舒适与便利并付诸行动，也有越来越多的人开始感受到城市拥堵的烦恼。很多人终于能够掌握到汽车方向盘时，拥堵的交通带来的只是数不尽的低速与等待。

随着社会经济的高速发展，城市拥堵的问题在各大城市日益凸显。近几年来，我国城市道路交通拥堵问题已逐渐成为人们感触最深、影响最大、积怨最多的问题。即使在全球最拥堵城市排行榜中，我国也有十大城市位列前 30 名，北京、上海更是少有的高速公路比普通公路更拥堵的城市。

在如此严重的城市拥堵中，很多自驾者偶尔也会被朋友吐槽：“每天上下班，你开车得一小时，我骑车 30 分钟就到了，何必还要开车呢？”自驾或者乘坐汽车的出行体验无疑极佳，舒适的乘坐环境、自由的出行时间等，这些都是人们希望通过购车或租车而体验到的。但城市拥堵却让这种体验化为泡影。

互联网则有办法将出行变得更有智慧。其实，造成城市拥堵的一个重要原因就是资源浪费。仅以上海为例，上海常住人口为 2 500 万左右，与此同时，上海小汽车保有量达到 304 万辆，上海出租车数量为 5 万辆，上海公交线路总数达到 1 354 条、公交车数量达到 2 万辆，上海轨道交通共开通线路 14 条，如此强大的运载力量难道承载不了不到 2 500 万人口的出行？要知道，如果每辆汽车都承载四个人的话，仅 304 万辆小汽车就解决了 1 216 万人的出行问题，若真能如此，所谓的早、晚高峰也将不再出现地铁挤爆、公路堵停的现象。

然而，每辆小汽车都承载四个人是很难实现的事情。在很多两口之家中，其汽车拥有量也达到两辆，原因何在？一个在城东上班，一个在城西工作。事实上，这种情况并非个例，在早高峰、晚高峰时，太多的私家车承载的都只有司机一人，太多的出租车的乘客也只有一人而已。试问，如果将四辆私家车的人集中到一辆车上，将三辆出租车的乘客集中到一辆出租车上，道路拥堵问题还会存在吗？

为了推动人们的智慧出行，让人们能够享受到更为优质的出行体验，互联网开始打起了拼车的主意，通过拼车解决道路拥堵问题（见图 2.3.3-1），使得出行不再成为每个人心中的痛。

拼车并不是一个新鲜的概念，在传统出租车市场上，拼车情况并不罕见，只是很多情况都是乘客的被迫拼车。拼车在很多人的概念中并非一件好事，尤其是在汽车站、火车站，由于出租车成为“稀缺资源”，很多人不得不接受“拼车不拼价”的霸王条款。

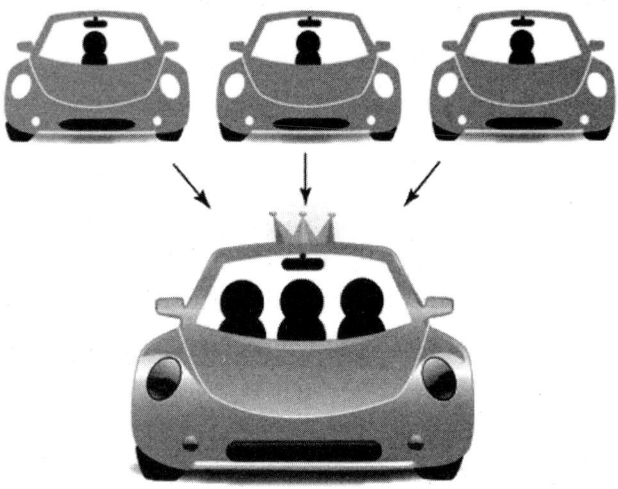

图 2.3.3-1　拼车减少交通压力

被人们所接受的拼车体验是怎样的呢？比如三五好友一起出来聚会，聚会散场大家打车回家时，两个好友正好家住附近或同一方向，一起打车、车费平摊；比如下班回家，作为有车一族的你与几位同事家住很近，你顺道送他们回家，或许他们会每个月付你一些油费，或许请你吃顿大餐。

但这到底都只是朋友圈里的拼车体验，如何将之扩展开来，并得到大众的认可呢？ Uber（人民优步）作为“外来的和尚”，却将互联网拼车模式带入了中国。正如大多数交通规划专家所支持的那样，Uber 认为，在人口密度不断增加的城市中，为了避免拥堵，最好的方法就是说服人们较少地使用自有汽车，更多地使用公共交通或拼车。

根据 Uber 的统计数据显示：“全球许多大型城市中的用车需求存在高度

重合。市民会在相近的时间、临近的地点上下车，出行高峰时段与城市重要活动期间的出行需求高度重合，这些选择私家车出行的用户，通常一辆车会有2～3个空位。”该研究发现，一般而言，18辆出租车或私家车的运载量只有27人，但在拼车模式中，最多只需10辆车即可达到相同的运载量。因此，为了助力智慧城市建设，Uber已在北京、上海、广州、深圳等多地推出名为“人民优步+”的拼车服务。

Uber本也是与滴滴快的相似的互联网约车平台，为用户提供打车或专车服务，在全球范围内展开了对传统打车行业的颠覆，赢得了无数的口碑与支持，但也遭到不少地方政府的抵制。为此，人民优步顺势推出“人民优步+”服务，以更环保的出行体验减轻城市的交通压力。

Uber拼车服务的推出迅速得到了市场的认可，原因就在于其绿色出行的主题以及更加优惠的出行价格。相信很多人在一个人打车时都有这样的感受：“一个人打一辆车太浪费了，可是让司机再带人的话，司机是能收两份钱，自己可能还得为了等其他人耽误时间。”

“人民优步+”的拼车服务则有效打消了乘客的这种顾虑。在使用“人民优步+”服务时，整个使用流程与一般打车APP无异，用户只需注册账号并登录，就可以输入目的地呼叫车辆，唯一的差别就在于确认叫车前又多了一个选择——找人拼车还是自己乘车（见图2.3.3-2）？

Uber首先会根据出发地到目的地之间的距离，为用户预估出自己乘车的价格，如果是自己乘车的话，用户最多携带三位乘客上车，这也是一辆车除司机外的满载人数。如果你选择“找人拼车”的话，你所需要支付的车费则会在“自己乘车”的价格上缩减30%，但由于是“找人拼车”，你自然无法直接把车坐满，你最多就只能再带一位乘客上车，从而为其他人空出位置。

图 2.3.3–2　Uber 找人拼车或自己乘车

“人民优步 +”的使用体验无疑极佳，如果你原本就只有一人或两人需要乘车的话，使用拼车服务就能够享受一个七折乘车的优惠。但也有人会觉得虽然价格优惠很好，但为了等其他拼车的乘客可能会耽误许多时间。

为此，Uber 也做出了相关规定，如果你在叫车时选择的是“找人拼车”，那么在你乘车的过程中，当行程中有其他用户发出拼车需求时，你就会收到系统发送的通知，司机也会到约定地点顺路接上第二组乘客。为了避免耽误第一组乘客的时间，司机到达约定拼车地点之后，会等候两分钟的时间，如果第二组乘客在两分钟内无法上车，司机则不会继续等候。如果第二组乘客在约定时间五分钟后取消行程，那么其预估拼车车费则仍然会被收取，具体流程如图 2.3.3–3 所示。

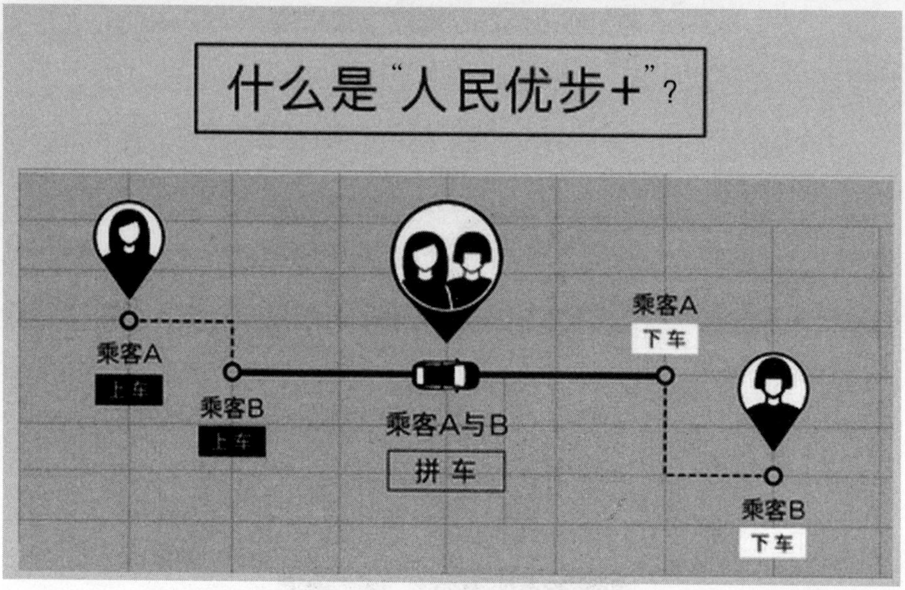

图 2.3.3-3 "人民优步 +"流程图解

拼车出行服务仍然处于摸索阶段，其在使用过程中可能还会存在一些问题，但基于拼车服务在方便出行、提高交通资源利用效率、缓解城市拥堵、促进节能减排、缓解"打车难"等方面具有的积极意义，这样的模式却已经得到交通部的认可。拼车服务所带来的智慧出行体验，也必将有着更大的发展空间。

互联网金融如何让出行更加便捷

在快的、滴滴的相互竞争中，我国移动出行市场也取得了长足的发展。自从 2013 年下半年双方开启补贴大战开始，仅仅一年的时间，我国移动出行用车用户规模就达到 2.11 亿人，到了 2015 年，这一数字再次上涨 27.5%，达到 2.69 亿人。用户使用移动出行软件的频率如图 2.3.3-4 所示。

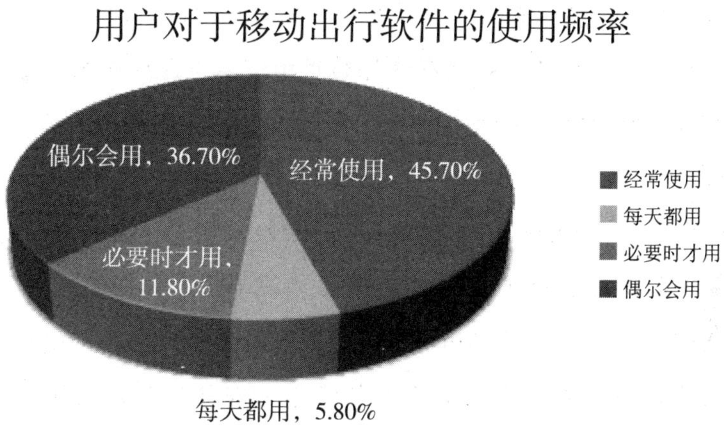

图 2.3.3-4　用户对移动出行软件的使用频率

2015 年以来，随着快的滴滴走向合并，移动出行市场格局已经基本趋于稳定，我国移动出行市场也在互联网金融的支持下开始向垂直化发展，出现了商务用车、P2P 租车、移动拼车等细分领域“百花齐放”的新局面。

王强早年就已经从河北邯郸来到北京，成为“北漂一族”的一员。如今，王强在北京拥有一份稳定且薪酬不错的工作。但面对北京的高昂房价，他一家老小也只能定居在河北燕郊，每天往返于北京与燕郊，他的朋友也经常笑称他的生活为“东食西宿”。

已经逼近不惑之年的王强，早就认清现实，没了在北京买房的奢望。但一天天的挤公交、拼黑车，却让他感到无奈，也感到厌恶。然而，社保还没有交够五年的王强，虽然有了一些积蓄，却很难摇到一个号，作为地道的“老司机”，王强却苦于无车可开。

如今，北京的汽车保有量早已超过500万辆，这也使得首都成为“首堵”。据相关机构调查数据显示，北京汽车闲置率高达90%以上！这也使得北京开始加速研究关于共享出行、错时出行的交通策略。P2P租车、拼车等互联网出行服务正是在这样的市场需求下应运而生。但这些服务仍然无法很好地满足王强的出行需求——每天P2P租车成本高、拼车又太麻烦。

一直关注着移动出行服务的王强就曾经设想过这样一种出行体验：

有一家公司能够拥有大量的汽车只租不卖，然后开发出一款移动出行APP，他只需打开APP输入自己需要使用的时间，APP就会马上发消息告诉他，在多久之后有一辆汽车可以被送到他的手中，车牌号12345。而根据使用时间的长短，租车的价格也有不同，比如10元每小时、40元每6小时、100元每天、500元每周等，他就可以根据自己的需求租车。当然，按照王强的需求，他觉得自己大多会选择500元每周的租车方式。

而在这种服务模式中，租到的汽车也与传统汽车不同，应该是十分智能化的汽车，比如当他在导航中输入目的地之后，导航会自动为他推荐几条路线，如最近、最快、不堵等。在选择好路线之后，车载系统会主动问他早饭想吃什么，得到答复之后就可以在各大团购、外卖平台中找到评价最高、最优惠或是最快提供的食物，以供王强选择，在确认之后就可以自动下单并使用信用支付。在快到达公司时，车载系统会查询附近的停车场信息，帮助王强找到车位。

而在一次用车结束之后，车载系统也会对王强对后视镜、座椅位置、方向盘角度的调整完整记录下来，待到下次王强再次租车时，即使不是同一辆车，车载系统也会在同步数据之后，将一切都调整到让王强感到舒服的位置……

但就目前而言，这一切仍然是王强的想象而已，每当他提起这些设想时，他的朋友都会说一句：“想太多。”

从目前的移动出行市场来看，P2P 租车、拼车以及商务用车等服务模式更多的是针对临时性的出行需求，对于王强这样有着长期用车需求的人而言，这些创新服务仍然不够。就在 2015 年年初，王强得知一个好消息：易到用车、奇瑞、博泰三方将合资成立“易奇泰行”，并以“生而共享”的精神着手打造“易奇汽车 by iVokaOS”（见图 2.3.3-5）。

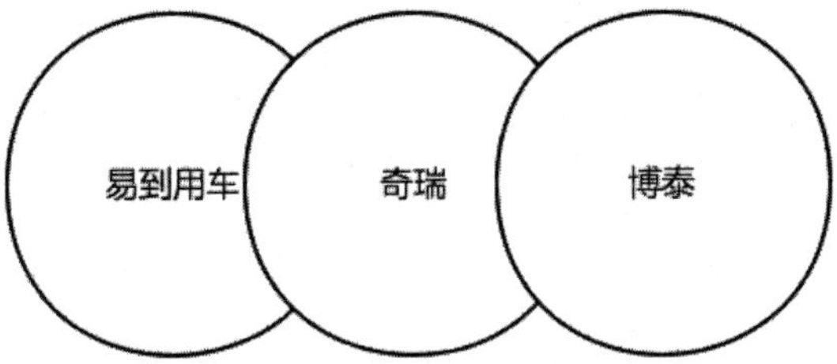

图 2.3.3-5　易到用车、奇瑞、博泰“三结义”

易奇泰行的首款产品看起来像是一款 APP，又像是一款汽车，实际上，它正是一种电动汽车共享服务，其内容包括以下几个方面。

1. 易奇汽车，即易奇泰行出行服务的交通载体，这辆以奇瑞 QQ 电动版为原型打造的纯电动车，将成为易奇泰行共享服务的实体产品，其续航达到 150 千米左右，外观则尚且未知。

2. 生而共享，这一词汇被易奇泰行作为自身的企业精神，其含义就在于，易奇泰行的诞生就是为了共享经济的需求，而其设计中的易奇汽车也将专为共享而造。

3. 只租不卖，如何体现易奇泰行生而共享的决心呢？其产品模式就是明证，易奇泰行的汽车产品将只用于平台租赁，而不对外出售。

4. 智能化，博泰作为国内车联网产业的领航者，其参与到这次合作中的最大作用就在于易奇汽车的智能化系统，包括语音控制、自动选择路线、故障自动诊断维修、违章查询等功能都可能被添加到 EV 汽车中。

5. 移动互联网，以移动互联网为市场背景的易奇泰行，也将移动互联网融入到了其产品服务当中。据称，易奇汽车将成为“轮子上的手机，为用户提供令人激动的互联网驾乘体验”，提车、停车、还车等流程都可通过手机 APP 实现。

如图 2.3.3-6 所示，按照易奇泰行的发展规划：“易奇汽车 by iVokaOS”经过 2015 年的研究、设计，将于 2016 年正式诞生，其首批产量为 5 000 台，经过三年的发展，到 2018 年，易奇泰行将以 15 万台的规模位居世界电动汽车榜首。

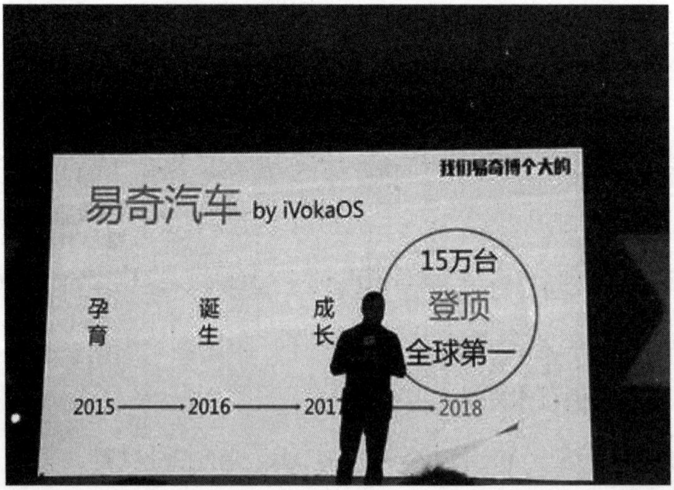

图 2.3.3-6　易奇汽车发展规划

如果一切都能够按计划展开，王强最早于2016年就能享受到易奇泰行的电动车出租服务。相比于其他模式，易奇泰行无疑更加符合王强的出行需求，电动汽车出租的实惠、智能化汽车的实用、移动互联网的便利等因素的融合，将使得王强能够无需买车就摆脱公交、黑车的“折磨”。

在“互联网金融+”出行的进一步发展中，其必然会走向更多的细分市场，到那时，王强当初的设想将很可能成为现实，而关于出行领域的变革也绝对会不止于此，未来将给人们带来更多的惊喜。

Part 3 互联网金融颠覆消费习惯

支付不用钱？在一些电影中都存在类似的场景，或是指纹支付，或是虹膜支付，或是芯片支付，现金已经被取代。而如今，互联网金融将未来提前带进了现实，当银行卡、NFC支付都无法取代现金的支付地位时，扫码支付却从商超、餐馆开始，一步步地融入人们的支付生活，让现金开始变得可有可无。与此同时，“历史悠久”的电子商务也正在经历新一轮变革，大数据带来的精准营销、互联网金融带来的信用支付，都将使得人们获得全新的网购体验。

3.1 移动支付取代钱包

3.1.1 “无钱包”时代已经来临

没有钱包的时代很多人都难以想象这样的生活，甚至于很多人都坦言：“现在出门身上没有一两百块，没有安全感。”随着物质水平的不断提升，国人的消费水平也大大上涨。确实，如今即使是简单地出一次门，都可能花掉一百块钱。敢于不带钱出门的人要么是“勇士”，要么就是同伴带了钱……即使钱带不多，银行卡或信用卡总是必须要带的。

然而，很多人却越来越发现：钱包不够用了。很多人出门随身挎着一个背包，背包里有一个钱包、一个卡包还有一个零钱包。无处不在的消费需求，各种各样的会员卡、银行卡，使得钱包开始变得尴尬——不带钱包只带钱和卡容易弄乱或丢失，带着钱包即使不带其他东西也得背更大的包。

如果说全世界都有同一个梦想的话，“无钱包”时代的到来无疑是其中之一。在很多的科幻电影里，我们都可以看到这样一个场面：人们只需要刷下指纹、眼膜，或者在身体里植入一个芯片就可以到处消费。虽然如今的科技还无法让这样的技术普及，但为了引导“无钱包”时代的到来，传统金融在相关领域投入了大量的精力，并一步一步地打开了“无钱包”时代的大门，如图 3.1.1-1 所示。

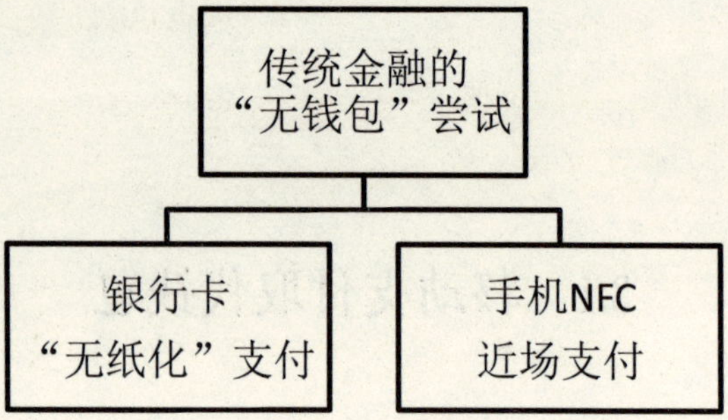

图 3.1.1-1　传统金融的“无钱包”尝试

1. 银行卡背后的“无纸化”支付

纸币的出现，无疑极大地促进了商品经济的发展。正是因为纸币的存在，商品得以实现自由的流通，购物也变得前所未有的便利。但在纸币出现的几百年间，防伪成本的不断增加，使得传统金融纷纷开始发力于“无纸化”支付时代。随着磁条与芯片技术的发展，银行卡被寄予了厚望。

然而，虽然银行卡已出现了许多年，但其仍然无法扛起“无钱包”时代的大旗。究其原因，仍然在于银行卡支付的不便利。消费者对于支付的最大需求就在于便利性，但使用银行卡支付却需要经过刷卡、输入密码、签字三个步骤才能完成。很多人情愿使用现金支付也不愿刷卡，尤其是在大排长龙时，别人现金支付只需几秒，你刷卡支付却要几十秒，这往往会让人感到尴尬。

除了便利性不足之外，由于每家银行都有自己的银行卡，再加上信用卡与储蓄卡的区分，消费者钱包里的银行卡越来越多。银行卡的推广，不仅没能将钱包变薄，反而使得钱包变得越来越厚，最终甚至出现了专门的卡包。这对于以改善消费者支付体验为己任的银行卡而言，近乎是一种嘲讽——它们所设想的“一卡走遍天下”不仅没能实现，反而使得消费者在随身携带钱包的同时还需要再带一个卡包。

而从商家的角度来看，消费者在使用银行卡消费时，商家还需要为此向银行支付一定的手续费，这就使得很多小型商家不愿安装 POS 机，原本就利润有限的他们不愿再让银行来分走自己的收益。

因此，即使在银行卡出现了许多年之后，银行卡支付仍然局限于大额支付或某些特定场景。银行卡的出现确实提高了支付的安全性，但其实现“无纸化”支付的初衷却一直没能得以真正实现，现金支付仍然在消费领域占据主导地位，“无纸化”支付只是银行卡背后一个美好的梦。

2. NFC 支付实现的手机近场支付

刷手机支付，过去这在很多人看来是一个不可能的事情——手机就是用来通信的，与支付有什么关系呢？但随着移动互联网的迅猛发展，以及移动智能终端和 4G 网络的普及，手机也能够成为一种支付工具。在移动支付方面，各大移动电信运营商无疑有着更为敏感的需求。

在移动互联网的发展中，移动电信运营商所扮演的角色开始变得尴尬：短信服务已经全面被手机 QQ、微信等移动社交应用所取代，随着相关政策的放开，移动社交应用也纷纷推出了“网络电话”服务，移动电信运营商最核心的短信和通话业务开始被各种 APP 所取代，它们的作用似乎只剩下为用户提供网络而已。然而，待到 Wi-Fi 遍布的那一天，移动电信运营商所提供的网络也将变得可有可无。

因此，为了挖掘新的盈利点，移动电信运营商将“赌注”押在了 NFC 支付所代表的近场支付技术中。所谓 NFC 技术就是一种短距离高频无线通信技术，允许电子设备之间进行非接触式点对点数据传输交换。说白了，就是安装了 NFC 芯片的设备之间无需触碰，就可以实现支付与转账（见图 3.1.1-2），如支付宝的“声波付”所采用的就是这一手段。

图 3.1.1-2　手机近场支付

然而，虽然 NFC 技术已经成为主流手机的标配，但其仍然没有实现完全的普及。消费者想要使用 NFC 支付，就必须更换新一代的手机，而想要实现 NFC 近场支付，还需要商家安装专门的 POS 机。在智能手机、银行、芯片厂商、POS 终端商、卡组织及行业监管机构等多种因素的影响下，各方利益错综复杂，使得 NFC 支付普及门槛较高。

支付宝 NFC 支付业务负责人就曾经坦言：“NFC 的产业链实在是太长了，整合难度巨大。在整个生态里，有 NFC 芯片厂、安全芯片厂、手机厂、TSM 平台、一卡通公司、系统集成商、卡组织或行业监管机构、POS 终端厂，还有支付宝钱包这样的大型入口。这就意味着，让用户无感知地把手机“变成”各种卡来用，作为支付宝钱包这样一个整合的角色，必须与产业链的各方达到无缝协作，平衡各个利益方，还要创造出新的商业模式。”

因此，即使中国三大移动电信运营商早在 2013 年就开始布局 NFC 支付，即使传统金融也纷纷与移动电信运营商或智能手机厂商开展合作，但直到如今，效果仍然有限。即使是在支付宝等第三方支付平台入场之后，在各种支付领域无往不利的第三方支付，也难以力挽狂澜。

银行卡与 NFC 支付的相继失利，使得很多人对于“无钱包”时代的可能性产生了质疑。然而，这些努力并没有白费，正是因为吸取了银行卡与 NFC 支付的普及经验，正是因为有它们的努力作为基础，在互联网金融的创新发展中，如今，我们终于得以宣告：“无钱包”时代已经来临。

3.1.2 出门不带钱，用手机付

早在移动互联网发展之初，支付宝就率先将支付搬到了手机中。此后，为了扳回财付通在第三方支付市场的失利局面，腾讯也依靠微信推出了微信支付功能，手机开始成为第三方支付平台的最新战场。

在第三方支付平台转战移动互联网市场时，各大传统金融企业也纷纷推出了“手机银行”功能，移动电信运营商也开始布局 NFC 支付技术……小小的一部手机，竟成为所有企业的争夺焦点，而所有人的落脚点也都在于支付领域。移动互联网究竟有着怎样的魅力呢?

互联网时代造就了一大批互联网企业，如 BAT 等互联网企业也开始颠覆并蚕食线下市场。在将电子商务发展到“极致”之后，互联网企业开始布局 O2O 领域。所谓 O2O，简单来说，就是线上消费线下体验，如图 3.1.2-1 所示。比如在美团上买电影票去万达看电影，在大众点评团购美食去餐厅就餐，在饿了么购买外卖等待送餐……

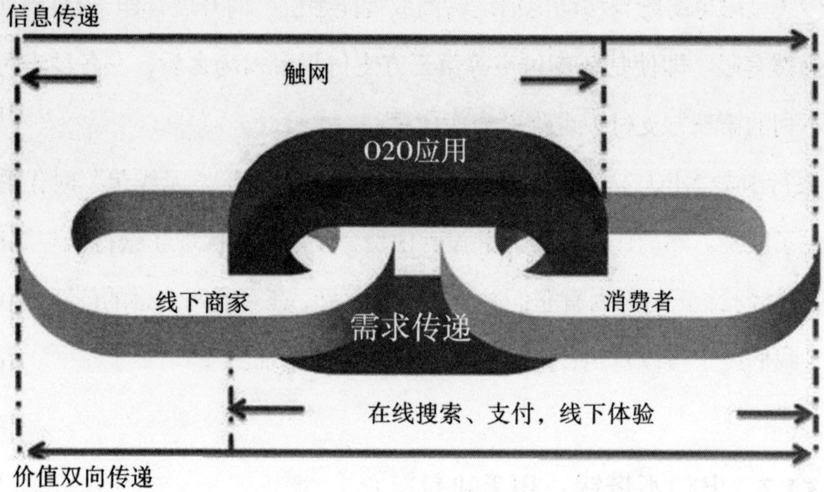

图 3.1.2–1 O2O 应用模式

对于 O2O 布局的大规模展开而言，最关键的就在于支付。据统计，2015 年第三季度中国网民经常使用的支付方式中，第三方移动支付和第三方互联网支付以占比 27.1% 和 25.4% 分别位居第一、二位，而网上银行占比 18.3%，手机银行更是只占 15.8%。毋庸置疑，在移动支付的“三国争霸”中，最终获胜的仍然是以互联网起家的第三方支付平台。也正是由于第三方支付平台的创新发展，“无钱包”时代终于到来，“出门不带钱，都用手机付”成为现实（见图 3.1.2–2）。

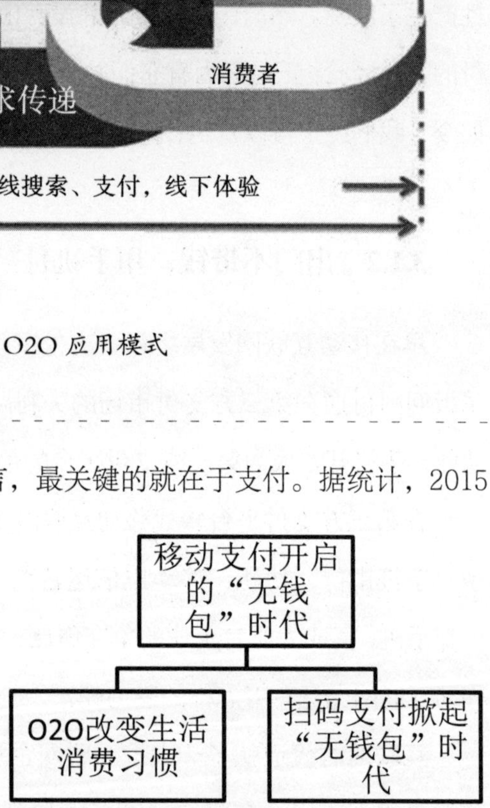

图 3.1.2–2 移动支付开启“无钱包”时代

1. O2O 布局改变生活消费习惯

想要实现“无钱包”时代，就必须从改变消费者的消费习惯开始。在居民仍然习惯于使用存折储蓄时，银行卡的普及用了五六年的时间；在电子商务的发展中，第三方支付为了获取消费者信任，也使出浑身解数。而在电子商务的线下布局中，如何让移动支付替代现金支付以及银行卡支付，对于第三方支付平台而言则是最大的挑战。

为此，电子商务在布局 O2O 时，选择了生活服务作为自己的突破点。每个人的生活都离不开衣食住行等各种生活消费需求，而只要逐步改变消费者在这些领域的消费习惯，移动支付也就能够真正融入到消费者的生活当中。

无论是在团购、出行还是外卖领域，各大电商平台都展开了“烧钱大战”，各种各样的优惠、抢购、红包，让消费者深深感受到了电商的“公益精神”。如图 3.1.2-3 所示，打开美团界面，消费者可以看到美食、电影、酒店、KTV、周边游、火车票等多个分类，这些分类几乎囊括了人们日常生活娱乐的方方面面。而进入这些分类之后，消费者则可以看到附近的各个美团合作商家，这些商家也推出了各种优惠，以吸引消费者团购消费。

如在美食分类中，我们可以看到周边的各种餐厅，商店名称、饮食分类、人均消费、距离等信息一览无余。而最为关键的则是，消费者可以看到店家提供的各种优惠，如满减、优惠套餐或是代金券等，如图 3.1.2-4 所示。消费者选定心仪的餐厅之后，就可以在美团中提交订单，并使用支付宝、微信、网银等各种支付方式付款。

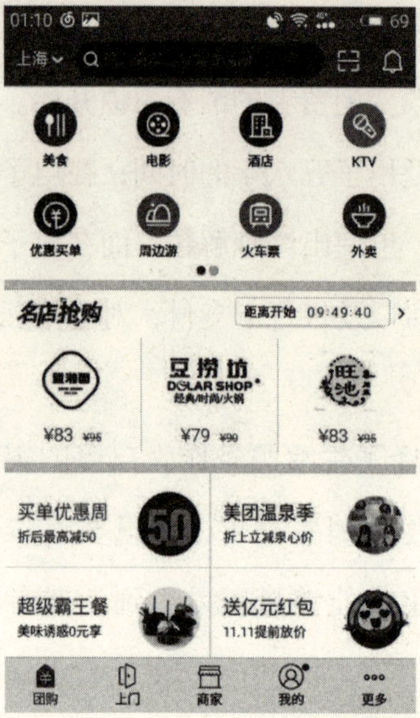

图 3.1.2-3　团购服务类别不断拓展

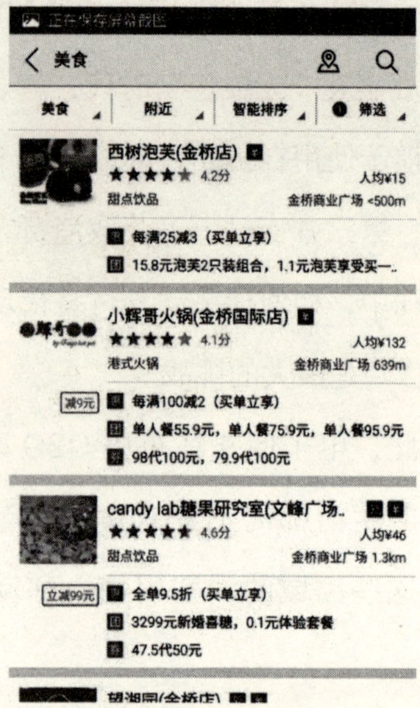

图 3.1.2-4　团购优惠多

在出行领域，2014 年快的打车与滴滴打车所展开的“烧钱大战”更是让消费者大呼过瘾，在阿里巴巴与腾讯的支持下，两款打车软件给予了出租车司机以及乘客大量的补贴。在“战争”最为激烈的时候，乘客每天都可以使用红包免费乘车，司机也能在收取车费的同时获得奖励。

如今，各大生活服务平台则将竞争转移到了外卖领域，美团外卖、百度外卖、饿了么等各种外卖平台纷纷为消费者提供大量优惠，除了在团购平台已经成为标配的满减等优惠，外卖平台还为消费者提供了大量的分享红包。

消费者在消费之后就可以在微信中发红包，自己与好友都可以领取红包。这些红包动辄七八元甚至十几元（见图 3.1.2-5）。更为贴心的是，这些红包是可以在最终结算时使用的。比如你有一张“满 20 减 4”的红包，而你在订外卖时选择了“满 35 减 10”的店家，如果你点餐总额达到 35 元，在店家优惠减免之后，你所需支付的金额就是 25 元，再使用一个红包，你最终的消费金额就是 21 元。也就是说，仅仅是一顿午饭，你就省下了 14 元钱。

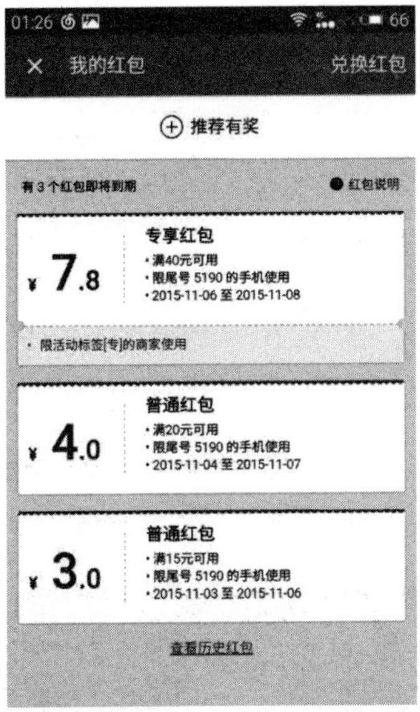

图 3.1.2–5　红包补贴刺激移动支付市场

每个新兴生活服务的拓展，都伴随着大量的优惠活动。而在这些 APP 的背后，我们也不难看到阿里巴巴、腾讯等互联网巨头的身影。他们之所以如此大力支持生活服务平台，正是为了将自身的移动支付工具与生活服务平台进行“捆绑营销”——在生活服务平台的推广中，消费者也逐渐习惯使用移动支付工具支付。

2. 扫码支付掀起“无钱包”时代

生活服务平台并没有涉及消费者所有的支付领域，毕竟，没有人会每天都去餐厅吃饭、去影院看电影或是点外卖，那么，如何让手机支付能够进入所有支付场景呢？答案就在于扫码支付。

在NFC支付兴起的初期，支付宝也曾经推出过基于NFC技术的“声波付”功能。但NFC支付普及的难度，却使得声波付功能并没有得到广泛认同，很多人只是抱着尝鲜的心态与朋友体验一下，但至于真正用来消费，则没有太多的场所可供使用。

为了让移动支付可以进入所有支付领域，支付宝推出了扫码支付功能。支付宝为每个用户配备了一个专属的“付款码”，而在付款时，消费者只需打开支付宝钱包，向收银员出示自己的“付款码”，在收银员使用扫码器或手机扫一扫之后，就可以完成支付，如图3.1.2-6所示。在整个支付流程中，消费者所要做的就仅仅是出示付款码而已，无需输入密码，也无需等待找零，支付体验变得前所未有的便利。

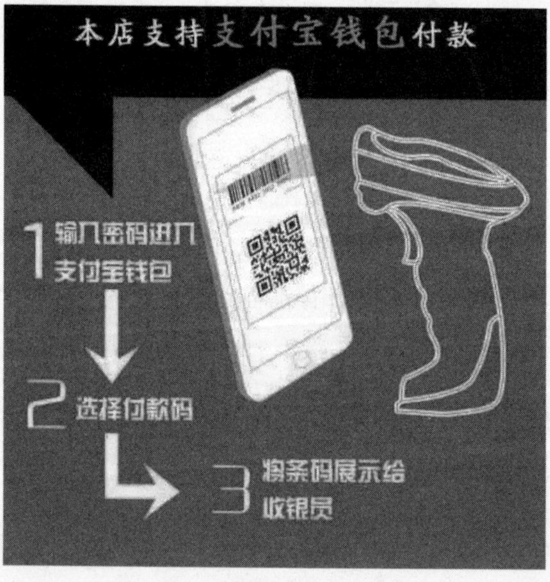

图3.1.2-6 “本店支持支付宝钱包支付”

在支付宝的大力推广下，如今，各大商超、商店以及便利超市都已经支持扫码支付功能。也就是说，无论消费者处于何种消费场景之下，只要你的支付宝、余额宝或是银行卡账户中有足够的余额，你就可以使用扫码支付功能。

相比于银行卡支付的烦琐以及NFC支付的门槛，扫码支付无疑有着极大的优势：在简便的支付流程下，商家所要做的仅仅是安装一台小小的扫码器而已。

经过电子商务在生活服务领域多年的市场培育，消费者早已习惯于使用移动支付工具支付。几乎每个人的手机里都有支付宝钱包或微信支付，这些移动支付工具中也都会有些余额，也都绑定了常用的银行卡，因此，当扫码支付被大多数商家所支持时，移动支付无需再投入过多的营销成本，就可以让消费者自然而然地接受这种支付手段。

在吸取了银行卡以及NFC支付的失败经验之后，经过多年“砸钱”之后，移动支付终于得以被广泛接受。随着扫码支付功能的出现，“出门不带钱，都用手机付”就这样悄无声息地成为了现实。

互联网金融让支付变得更快乐

互联网金融对于消费习惯的颠覆，并没有什么轰天动地的标志性事件，一切其实都如春风一般润物细无声。在电子商务与O2O多年的市场培育中，新型支付模式已经悄无声息地融入到了每个人的生活当中。

然而，即使在今天，如果说起“现金将会消失”，仍然有很多人会表示怀疑，但从世界范围来看，现金确实远离人们的日常支付生活。

作为欧洲第一个使用纸币的国家，瑞典却正在大踏步迈入“无纸币时代”。在瑞典，从公交售票到街边报亭，数字支付几乎无处不在，瑞典贸易联合会甚至公开宣称：“这是一个受数字支付领导的时代”。瑞典皇家理工学院教授尼古拉斯还做出了这样的描述：“在瑞典的街头，你很难找到一个必须使用现金的地方。在这个国家里，到处都是数字支付。甚至，当你到一家银行尝试使用现金交易时，他们会用奇异的目光看着你，更有可能会报警。”

无独有偶，根据英国支付委员会发布的数据显示，在这个欧洲老牌经济强国中，实物货币也正在走向衰亡。据统计，从业务笔数来看，2014 年，英国各种非现金支付手段所占比重达到 52%，首次超过现金支付。近年来，英国的消费者和企业一直都在减少现金使用，而 2014 年则达到了历史峰值。

另外，丹麦政府也于 2015 年 5 月 6 日作出提议：“从 2016 年开始，允许服装店、加油站和餐馆等商家不接受顾客的现金。”据丹麦政府介绍，这一提议旨在以非现金交易降低商家交易成本并提高生产率，从而达到提振经济的目的。丹麦财政大臣科里登甚至坦言：“使用现金会带来不少行政上和财务上的负担。”

在美国，谷歌、PayPal 和万事达卡等企业也正在努力改变消费者支付手段，大力推广在线支付和移动支付。根据 Quartz 网站 2015 年 4 月发布的一份统计数据显示，“在美国，按支付笔数看，现金交易的占比为 40%，领先于借记卡（25%）和贷记卡（17%）；不过若考量交易额，现金的占比只有 14%，低于借记卡（18%）和贷记卡（16%）等。”

“实物货币的必然消亡只是个时间问题”，这已经成为全世界经济领域的共识。而当欧美传统金融强国正在从银行卡转向移动支付时，我国的支付市场则开始尝试从“无纸币”时代到“无钱包”时代的大跃进。

在传统金融领域，我国同样希望能够借助银行卡减少现金的使用率，但多年来，这一努力的收效仍然甚微，甚至在很多人看来，银行卡只是携带更方便的存折。而当中国传统金融在“无纸币”时代苦苦寻找方向时，互联网金融则直接将我国支付市场从“无纸币”时代引导向“无钱包”时代。

二者之间又有怎样的区别呢？在传统的“无纸币”时代中，银行卡将成为日常支付的主要手段，也正因如此，在美国，借记卡、贷记卡（即储蓄卡和信用卡）在支付市场上相比于现金占据了优势。然而，既然要用银行卡支付，钱包在日常支付中仍不可或缺。而互联网金融所开启的“无钱包”时代则不再需要钱包，一切支付都将可以通过手机中的移动支付工具实现，如图 3.1.2-7 所示。

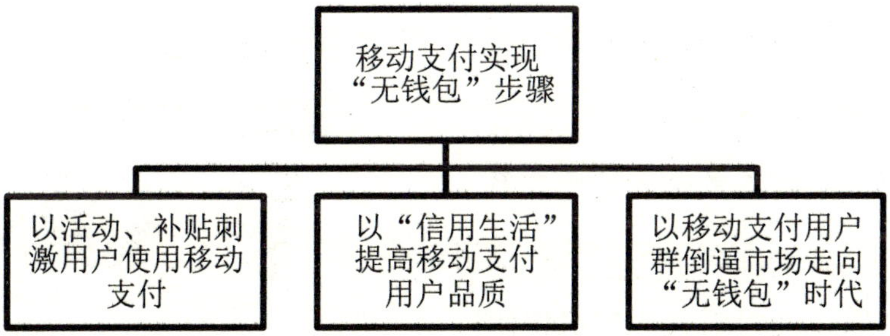

图 3.1.2-7　移动支付实现“无钱包”的步骤

1. 以活动、补贴刺激用户使用移动支付

据报道，在 2015 年 6 月的“支付宝日”，全国约 2 万家超市、便利店引入支付宝扫码支付，其支持的商家涵盖了华润万家、家乐福、欧尚、物美、屈臣氏、全家、十足、7-11、喜士多、美宜佳、好德等几乎所有主流超市便利店，而覆盖范围也囊括了北京、上海、天津、广东、浙江、江苏、湖北、安徽、福建、山东、河北等二十多个省市。与此同时，各种关于移动支付的活动也逐步展开，吸引用户使用移动支付付款。

基于在团购、外卖、出行等历次生活服务领域的补贴大战，支付宝早已熟知如何才能最快将新产品、新服务推广出去。因此，支付宝钱包的推广也少不了各种补贴活动，如支付抽红包、免费吃早餐等，都吸引了大批用户前来体验。

2. 以“信用生活”提高移动支付用户品质

正如传统支付市场与借记卡伴生的贷记卡一样，在移动支付市场，随着移动支付的逐渐普及，信用支付也开始进一步发力。如果说京东白条只能算是京东商城内部的信用支付的话，那么，蚂蚁花呗则早已突破了阿里巴巴的局限，开始借助支付宝“走遍天下”。

图 3.1.2-8　芝麻信用生活

蚂蚁金服打造的个人信用体系，让每个用户都能拥有自己的芝麻信用分。而在移动支付时代，信用将比过去值钱，不再只是银行贷款的资质证明材料。在蚂蚁金服的金融产品体系中，芝麻信用分达到不同档次的用户，可以享受不同的金融服务，如蚂蚁花呗、蚂蚁借呗以及免抵押租车、住酒店等各种优惠，如图 3.1.2-8 所示。

仅以其中的蚂蚁花呗来说，在移动支付的快速普及中，蚂蚁花呗这样的类信用卡同样起到了重要的作用。很多白领每个月都有那么几天处于“财务危机”当中，由于工资发放之后的花销大增，很多白领到拿工资的前几天也就只能“吃泡面、啃馒头”，而当支付宝钱包进入各大商超，蚂蚁花呗支持扫码支付之后，白领们就可以靠自己的信用，直接使用蚂蚁花呗度过危机，而不至于因此降低生活品质。

3. 以移动支付用户群倒逼市场走向“无钱包”时代

事实上，在移动支付的使用人群中，白领正是其中的主要群体。白领的支付需求大多比较简单，基本局限于商场、餐馆、超市、便利店等地，而这正是移动支付推广的第一站，这就使得白领的支付需求能够在第一时间得到极大的满足。另外，年轻的白领也更容易接受新事物，事实上，他们也是最先使用第三方支付、互联网金融的人群，因此，移动支付就能够很好地被白领接纳。再加上白领的固定收入以及受教育程度，这一群体的信用情况也大多较好，他们也就能够享受到更多信用带来的福利。

而作为社会中的主要消费群体，当白领们都已经习惯于使用移动支付时，在这一支付习惯的倒逼中，也将会有更多支付场景支持移动支付。

在这样的“三步走”战略中，移动支付已经开始在白领阶层中普及开来。很多人已经发现，生活中的现金需求量越来越少：“每天的三餐，可以用移动支付在商超解决，也可以使用团购、外卖 APP；日常生活缴费可以用支付宝、微信支付；购物大多靠电商……在生活中，还要使用现金的地方，就只剩下买煎饼果子了。”而在互联网金融与支付的进一步融合发展中，每个人都将走进“无钱包”时代。

3.2 虚拟的线上，真实的线下

3.2.1 网购代替逛街，商户比你更懂你

经过多年的发展，电子商务早已涵盖各行各业的产品。正如人们所说的，“在万能的淘宝上，只有你想不到，没有你买不到”。在淘宝、天猫、京东等电商平台上，消费者可以买到自己所需的一切。而在网购的盛行中，传统的商场也变得可有可无。

无论是买衣服、买饰品，还是买车、买房，甚至是买菜、买水果，如今，这一切都可以在网上进行。在传统的电子商务模式中，消费者在网购时，商家可能遍布全国各地，消费者在选购商品时，或多或少还需考虑商家的所在地，以免耗费太多的时间在等待物流配送上。此时，京东的大仓储、大物流则让其在同行内占据了极大的优势。

每当曾强需要购买电子产品时，都会选择京东。对于曾强而言，京东的配送实在是“太给力了”，如图3.2.1-1所示，只要是京东自营的商品，都可以在一天内到货，有时早上下达的订单，晚上就能到货。这样的配送速度为曾强带来了极佳的消费体验：“去商店购买，还得特意跑一趟；在淘宝买吧，得等上两三天甚至更久。京东不仅能一天送到，而且可以送货上门。如果我觉得产品不好，还可以让京东配送员上门退货。”

图 3.2.1-1　“双 11，怎能用慢递？”

正是凭借如此强大的配送速度，京东才可以在传统电子商务市场与阿里巴巴分庭抗礼。然而，随着电子商务的蓬勃发展，在 O2O 布局的深入展开中，如今，线下的商场、超市甚至菜场都被搬到了线上，美团外卖、百度外卖、饿了么等外卖 APP 的服务范围已经从餐饮拓展到了蔬果、药品、超市。

曾强在安装了饿了么之后，更是感到吃饭变得前所未有的便利。每天快要下班的时候，曾强都会想好晚上要吃什么菜和水果，然后在饿了么上下单购买，并设定好送达时间，等到他下班回家时，蔬果就已经送到了家里。当他准备靠在沙发上准备看上一部电影时，他则会在饿了么上买些零食；当他身体感到不适时，饿了么上也有药店，只需打开饿了么，就有人将相应的药品送上门……

而最让人感到不可思议的是，服务于亿万消费者的电子商务平台，却表现得比你更懂你自己。如今，很多消费者在打开电商网站时，可能都会有这样的感受，电商平台做特价的产品正好是自己所需的。很多消费者都会有这样的疑问，如此贴心的服务究竟是如何做到的呢?

这得益于大数据技术的应用所实现的精准营销（见图 3.2.1-2）。顾名思义，精准营销就是将消费者所需的产品或服务推送到消费者面前。在电子商务发展的初级阶段，这样的营销方式很难实现，但如今，这样的营销手段却被应用到了电商、搜索、广告等各种领域。

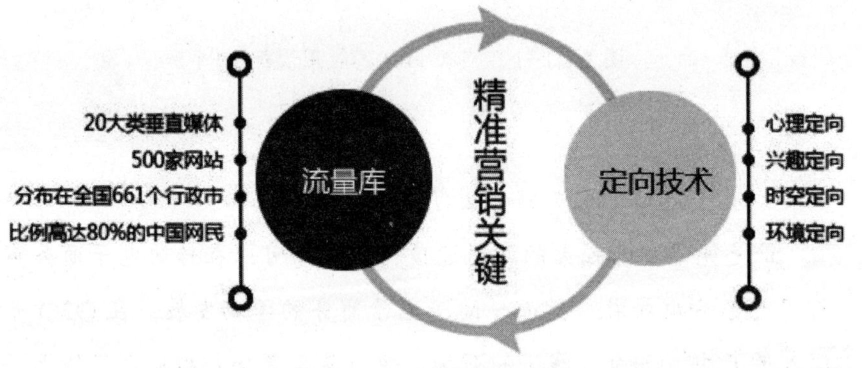

图 3.2.1-2　精准营销关键

利用电子商务、社交网络以及搜索引擎多年来积累下的大量数据，互联网企业只需要对其进行交叉分析，就可以精准地定位到个人。尤其是在账号高度统一的当下，你只需一个 QQ 号、微信号或是微博账号就可以登录几乎所有网站，而无需每个网站都注册独立的账号，这就意味着，你在互联网上的所有操作产生的数据可能都会被归集到以你的名字命名的数据库中。

在大数据的应用以及各大互联网平台的数据共享中，所有人最终都会拥有自己的数据库，而互联网企业则能够据此建立起一个个有针对性的模型，从而了解你的消费需求、消费偏好、消费能力等各种信息。这在互联网技术发展之初是很难实现的，但在大数据、云计算等互联网技术的普及下，如今，这样的技术已经得到实际应用。当然，在互联网企业的相互竞争中，数据已经成为各大企业的重要资产，目前，没有哪个企业可以掌握消费者的所有数据，但仅就眼下各大电商平台积累的数据量而言，精准营销的实施并不困难。

精准营销为消费者所带来的是怎样一种体验呢？比如你大学毕业之后，想要到上海闯荡一番。初到上海的你，在 58 同城或其他租房网站上寻找各种租房信息，或是发布了自己的租房需求，于是，在经过一番选择之后，你终于找到了一个属于自己的小窝。这时，面对一个新的家，你想要布置一番，你打开淘宝，想要买些家居用品，突然发现淘宝上的家居用品正在做促销——“满 500 减 100”，你在家居类产品中仔细删选，最终凑足了 500 元的订单。正在你收到货准备布置自己的小家时，手机京东突然给你推送了一个路由器特价的信息，转念一想，家里确实还需要一个路由器，于是，你又买了一个路由器……

依靠对于数据的收集与分析，电子商务可以轻易地感知消费者潜在的消费需求。通过获取你经常上网的 IP 地址，可以得知你的常住地；看到你发布的租房信息，能够明白你的目前所在地；再通过对你过往的消费数据、社交数据进行分析，电子商务就能够据此对你的消费需求进行准确的判断；此后，基于涵盖一切产品与服务的电子商务平台，互联网就能够向你推送极具诱惑力的产品；再接下来，就产生了你的购买行为。

如今，如果说逛街还有什么作用，大概也只是满足部分消费者的休闲娱乐需求。很多时候，线下商铺甚至变成了单纯的试衣间或体验店：消费者在线下对服饰等产品进行体验之后再去线上进行购买，或是在线上购买产品或服务后在线下进行体验。

虚拟的线上与真实的线下之间的高度结合，使得网购能够全面替代逛街，商家也能够通过大数据技术准确把握消费者的消费需求。而在互联网金融的进一步推动下，电子商务的发展将进入一个全新的发展阶段。在电商 4.0 时代到来之际，互联网与移动互联网对于市场的广泛拓展，使得消费者的消费习惯再度被颠覆。

3.2.2 感情深，发红包

红包是中华民族的独特文化传统，在过年过节或是过生日、升学之际，给人发上一个红包，早已成为饭桌上必不可少的“节目”。而在互联网金融的颠覆下，连这传承几百年的传统都开始改变。

2014 年春节之时，微信红包横空出世，发红包也自此进入了“2.0 时代”。2014 年 1 月 25 日，新版微信中出现了“抢红包”的功能。在微信红包中，每人每天最多只能包出 8 000 元的红包。用户在设定了一定的金额和人数之后，微信就会将这些金额按照人数随机分配，最高不会超过 200 元，最低则不过 1 分钱。虽然微信也有一对一的普通红包，但前者显然更受微信用户的欢迎。

每当一个用户在微信群中发出一个微信红包时，都会迎来群里亲友们的疯抢。虽然抢到的可能只有几毛钱甚至几分钱，但在春节的喜庆气氛中，抢到多少钱又有谁在乎呢？大家抢的其实只是一种喜悦，而这也是中国人过年最在乎的。

用户只需要点击“我要发红包”，输入金额、人数、祝福语，即可用微信完成支付，将其发到微信群中。方便简洁的操作，使得微信红包不再成为年轻人的游戏，甚至很多老人都乐此不疲。图 3.2.2-1 是某用户发红包的总数，可见该活动的受欢迎程度“从没这样疯狂地抱着手机玩过，像小孩子找到了心爱的玩具。”2014 年，北京的王先生真是被自己年过六旬的父亲吓到了：“过去他有些传统、保守，对新事物不太感兴趣，谁知自从给手机装上微信，他就迷上了这个，在群里和老同事聊天、开玩笑，把他自己的书法作品发给朋友鉴赏。”

图 3.2.2-1　某用户发红包总数

借助春节发红包的传统，微信支付得以迅速推广，成为移动互联网时代一大重要的支付工具，从而帮助腾讯与阿里巴巴在移动互联网金融市场分庭抗礼。也正是在微信支付的推广中，红包大战、打车之战、电影票之争等一幕幕“大戏”不断上演。

在腾讯与阿里巴巴的“掐架”中，消费者也得以享受到一波又一波的福利。发红包对于二者而言，只是推广自身移动支付工具的营销活动而已，但对于消费者而言，微信红包、支付宝红包、QQ 红包却得以延续至今，仍然散发着独特的魅力，成为亲友之间感情交流的重要工具，甚至演变出红包微信群这样的社交群组。

在互联网社交蓬勃发展的这些年中，原本因为各种社交工具而火热起来的社交，逐渐冷却下来。很多以前讨论火热的群组如今已经变成“死群”，甚至有很多人都将这些群组屏蔽，以防打扰。但在发红包的刺激下，这些群组却重新变得热闹。

发红包成为“钓出潜水者”的诱饵，在许多人习惯在线隐身的当下，只需发出一个红包，就能将这些人“钓”出来，在此之后，交流与讨论也就伴随着一个个红包得以展开，原本疏远的关系也在发红包过程中得到拉近。

而在亲朋好友之间，发红包也成为感情升华的重要手段，红包的形式掩盖了金钱的俗气。在传统的社交关系中，朋友付了一顿简餐的钱是否要还？生日礼物送来送去怎么才有新意？这些都是日常社交中的一些小问题，但有了红包之后，一切却变得更简单（见图 3.2.2-2）。

李华与同事的关系很好，他们经常一起在公司食堂吃午饭。但偶尔也会出现饭卡没带、余额不足的情况，这就难免出现同事代付的情况。一顿饭钱只有20元左右，同事经常会说：“就不要啦，下次你请我好啦。”但李华却总是感觉不好意思，有时候会给同事现金，有时候却身上没有零钱，李华更觉得尴尬：不给吧，自己不好意思；给吧，难道还要同事找零吗？而在微信红包出现之后，李华的尴尬很简单地消除了，直接给同事发个红包就好，一切都很简单，没有丝毫的“烟火气”。

在发红包成为习惯之后，李华还发现，社交中的另一个难题也得到了解决。在过去，亲戚朋友过生日时，李华总是要花大量的时间为亲友挑选礼物，有的亲友在其他的城市，李华又觉得简单的一句生日快乐没有什么分量。如今，每逢亲友过生日时，若非明确知道亲友所需的礼物，李华都会直接发去一封备注“生日快乐”的红包。

图 3.2.2-2　微信红包成为社交工具

有人说发红包让人与人之间的关系变得俗气，但事实上，发红包却让社交变得简单。在中华民族的文化传统中，“谈钱伤感情”，但红包的外衣却让金钱变成一种祝福，互联网金融中的红包更是如此。尤其是在传统红包变得越来越厚，甚至成为很多人生活中的负担时，互联网红包却有效减轻了这一负担。互联网红包在有效缩减人们社交时间成本的同时，也让人们得以在更“薄”的红包中享受到更厚的情感。

“感情有多深，红包有多厚”本是一句戏言，但在过去的社交关系中，戏言却成为了现实：不熟的亲友结婚生子要发红包，相熟的亲友结婚生子要发更大的红包……在中国的古老传统中，发红包只是长辈给予晚辈的一种祝福，一个铜板、一元硬币即可，但在我国经济飞跃发展的这些年间，红包的厚度也逐年上涨。在春节、国庆等“红包频发期”，人们更是感受到沉重的负担，可能一个假期过来，一两个月的工资都被包进了红包中。

但互联网与红包的结合，却让发红包回归了本意，成为单纯的祝福。发红包真正成为了感情交流的辅助手段，让人们的关系得以在红包中升华，而非让红包成为人们的负累。尤其是互联网红包的形式，也让金钱的俗气得以被有效化解，让社交关系不至于因为一些小钱而出现不必要的裂痕，也让社交关系得以在一些小钱中得到巩固。

对于互联网红包的“始作俑者”而言，促进社交关系的发展并非其本意。微信、支付宝更多的是希望借助社交关系以实现推广，但在社交关系对移动支付的推动中，发红包也切实成为一种有效的社交手段，这或许就是所谓的“无心插柳柳成荫”。

3.2.3 不刷脸不刷卡，刷信用

“一手交钱一手交货”是传统商业关系中的“普适法则”，除非有着极多交易历史积累下的信任关系，赊购在一般的消费关系中只是一种奢望。而就在“没钱就别买”成为惯例的传统消费市场，却出现了“不刷脸不刷卡，刷信用”的新型消费模式。

在传统金融的大力推广下，银行卡虽然没能实现其引导“无纸化”支付的梦想，但银行卡支付已经成为人们日常生活消费必不可少的金融工具。刷卡支付在大多数消费场景中都得以使用，但如果储蓄卡里没有钱、信用卡里没有额度，支付也无从实现。尤其是在商业银行的信用卡审批中，很多人的资质都被认为不符，即使资质符合，整个审批、寄卡流程也需要将近一个月的时间。

1. 微众银行

然而，在日常生活中，人们经常会遇到一些力有未逮的消费需求，比如一部高端手机、一台笔记本、一部平板电脑，或是一次出国旅游、一次专业培训。对于大多数消费者而言，这些产品或服务并非真的买不起，只是他们无法一次性拿出足够的资金。

因此，这就衍生出各种各样的小额贷款需求，也促使了 P2P 网贷以及普惠金融的出现及发展。而在互联网金融的快速发展中，我国金融逐渐向民间资本放开，2014 年 7 月，银监会正式批复五家民营银行的筹建申请。而深圳前海微众银行股份有限公司则是国内第一家开业的互联网民营银行。与传统商业银行不同的是，由微信支付及支付宝在背后“站台”的微众银行没有柜台、没有网点、无需抵押，有的只是互联网及大数据技术的支持（见图 3.2.3-1）。

图 3.2.3-1　微众银行

2015 年 1 月 4 日，在李克强总理敲下回车键之后，微众银行的第一笔贷

款被发放给了一位卡车司机。这笔3.5万元的贷款无需抵押，也无需担保，这位卡车司机只是“刷了一下脸”，就得到了微众银行的信任。其实，微众银行的资质审核正是基于人脸识别技术和大数据信用评级。

如图3.2.3-2所示，在微众银行申请贷款时，用户只需拿起手机打开APP，在申请贷款时将摄像头对准自己的脸部，软件就会自动根据公安部身份数据库进行匹配。在匹配成功的同时，微众银行则会根据用户的电子商务、社交媒体、银行征信等各种数据进行分析评分。“第一个吃螃蟹”的卡车司机在“刷脸”认证后，获得的信用评分为83分，微众银行据此给予了他3.5万元的授信。

在获得自己的授信额度之后，用户则可以根据自己的资金需求申请相应的款项。也就是说，当你获得3.5万元的授信时，如果你的资金需求只有500元，那你就申请500元，但如果你的资金需求为4万元，你所能申请的贷款金额也只有3.5万元。

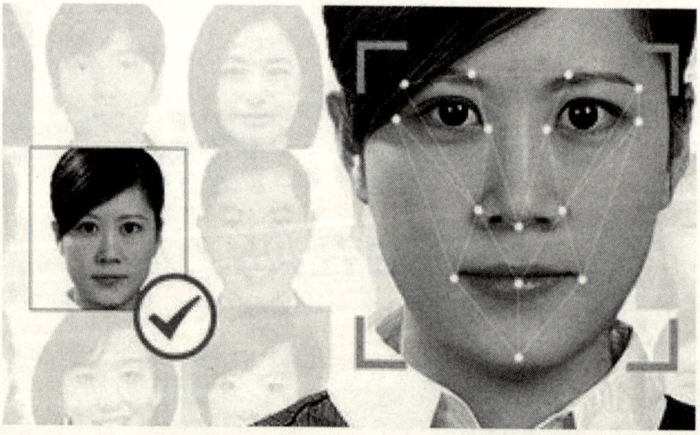

图3.2.3-2　“刷脸”贷款

微众银行的相关负责人在介绍自身的贷款服务时说道：“我们的大数据系统，汇集了40万亿条数据信息，因此我们不需要调查信用、上门担保，整个服务完全依托于互联网，省下的人力成本又全部返还给企业。”因此，微众银行所设定的贷款利率也只有7.5%而已，相比于其他融资渠道，“刷脸”贷款的成本无疑极为低廉。

作为第一家互联网民营银行，微众银行承载了太多的期待与厚望。但在“刷脸”贷款惊艳了世人之后，这项服务却并没有被推向大众，其APP主打功能仍然只有理财、转账等“烂大街”的功能而已。而在微众银行的“刷脸”贷款失利之后，其他金融机构推出的如“刷脸”取钱、“刷脸”支付等“刷脸”技术，也都因为识别成功率低、改装成本高等问题最终未能普及。

2. 京东白条

互联网金融并没有上述问题因此停下前进的脚步。2013年，关于支付宝要推出“虚拟信用卡”的消息一直甚嚣尘上，但在其信用支付功能的长时间内测中，2014年年初，京东白条正式上线。顾名思义，京东白条的服务就是让消费者在京东商城“打白条”购物，先消费后付款，如图3.2.3-3所示。

图3.2.3-3　京东白条

基于用户在京东的消费数据以及其他数据，京东白条最多可以给予用户 1.5 万元的授信额度。当用户选择使用“京东白条”购物时，可以选择两种付款方式：为该笔消费进行 30 天内的延期，选择延期付款；对该笔消费进行 3 ~ 12 个月的分期付款。延期付款的付款方式可以获得免息优惠，而分期付款则需要支付每月千分之五的利息。

根据京东金融负责消费金融的总监许凌介绍：“‘京东白条’可在一分钟内在线实时完成申请和授信过程，分期付款标准利率在每期千分之五，仅为银行类似业务的一半。而违约金是万分之三，在免息到期日之前，通过短信、邮件等各种方式提醒消费者还款。同时，用户信用记录、逾期记录，京东也有条件地计入到央行信用系统。”

对于京东的目标消费者而言，1.5 万元的授信额度足以满足他们的消费需求。而 30 天的“免息期”则更是一条巨大利好消息：对于大部分消费者来说，两个月的工资足够他们买下一款 3C 类电子产品。因此，京东白条一经推出，就获得了广泛的好评，得到消费者的一致认可。

3. 蚂蚁花呗

然而，相比于京东白条的使用范围一直局限于京东内部，在经过漫长的等待之后，阿里巴巴的蚂蚁花呗则为人们带来了更大的惊喜，也再度成为互联网金融新模式的开拓者。

如图 3.2.3-4 所示，蚂蚁花呗的开通过程极为简便：在手机上，用户只需登录支付宝钱包，进入“财富”界面点击“花呗”，就可进入签约页面，在输入支付密码、点击“确认开通”即可；在电脑上，用户只需登录支付宝首页找到“花呗”，点击开通，在填写信息、输入密码后就可确认开通。在花呗签约完成后，用户再次点击“花呗”则可以查看剩余额度及使用情况。

图 3.2.3-4　蚂蚁花呗

与京东白条相似，蚂蚁花呗同样是一种虚拟信用卡服务，为消费者提供“当月购物，下月付款”的服务。虽然蚂蚁花呗最初的使用范围只有淘宝、天猫的大部分产品，但如今，支持蚂蚁花呗付款的电商平台已经超过 40 家，包括唯品会、聚美优品、一号店、当当网、亚马逊、银泰网、麦包包、海尔商城、国美在线、楚楚街、折 800、饿了么、美团网、百度糯米、拉手网、大众点评、优酷、中文起点、小米网等各类互联网平台，甚至如华为商城、乐视、魅族、OPPO、联想、vivo 等电子产品官方商城也支持蚂蚁花呗付款。

蚂蚁花呗之所以能够取得如此傲人的成绩，就要从它的名字说起。与京东白条以京东命名不同，蚂蚁花呗的名字里没有阿里巴巴，没有淘宝天猫，也没有支付宝……事实上，为了整合自身的互联网金融业务，早在 2014 年 10 月 16 日，阿里小微金融服务集团以蚂蚁金融服务集团的名义正式成立，旗下的业务包括支付宝、支付宝钱包、余额宝、招财宝、蚂蚁小贷和网商银行等。

在对互联网金融的深入开发中，蚂蚁金服的业务体系也十分健全。支付宝负责转账、余额宝类似活期存款、招财宝作为定期存款，早已得到用户的广泛认可。而为了完善风控体系以推出更健康的贷款服务，蚂蚁金服又推出了芝麻信用分系统，对每个用户的信用进行全面系统的评估，并据此推出蚂蚁花呗、蚂蚁借呗服务，前者为虚拟信用卡，后者则是小额贷款。在如此系统的布局下，蚂蚁金服也成功继余额宝之后，再次成为互联网金融实现突破性发展的开拓者。

蚂蚁花呗的成功，真正实现了“刷信用”支付的梦想。如今，在各大电子商务平台，用户都可以使用蚂蚁花呗付款，而随着支付宝在移动支付市场的再度发力。可以想象的是，蚂蚁花呗就能够真的如信用卡一样，适用于大部分支付场景，但相比于信用卡，蚂蚁花呗的使用体验无疑更加便捷。

互联网金融创造消费奇迹

在我国整个消费市场，尤其是零售业消费市场已经被互联网金融颠覆的今天，消费是否能够直接与金融连为一体呢？2015年，国务院常务会员正式决定将消费金融试点扩大至全国，自此，微众银行、阿里巴巴等各大互联网金融机构纷纷高调进入消费金融领域，展开一场全新的“厮杀”。

作为拉动经济发展的三驾马车之一，随着我国出口贸易逐渐萎缩，消费开始得到各方重视。而消费金融并非一个新词，传统消费金融就是通过向消费者提供消费贷款，从而扩大内需，传统消费金融的主要实现模式就是信用卡以及小额贷款。由于我国个人征信系统的不够完善以及风控体系的缺陷，传统金融对于消费金融并未给予足够的重视。

但在互联网金融颠覆一切的时代背景下，消费金融的内涵也得到了更新。在互联网金融时代，消费金融不仅指借钱消费，更是一种边消费、边赚钱的全新模式。在融入互联网金融的高效、便捷和平等属性之后，互联网消费金融也将打造出投资者、融资者、生产者和消费者的共赢生态圈。

2015 年，随着国家政策的放开，我国消费金融市场进入井喷阶段，迅速成为互联网金融市场中的新蓝海。根据艾瑞咨询公布的首份消费金融报告数据显示："预计到 2017 年，中国消费金融整体市场将突破千亿，三年复合增长率高达 94%。"

目前，我国互联网消费金融领域最具代表性的产品就是蚂蚁花呗和京东白条。天猫与京东之间的电商之争由来已久，二者也被称为电商界的"猫狗大战"。随着互联网金融的发展，天猫与京东之间的竞争也从电子商务拓展到互联网金融领域。

2015 年的"双十一"则是二者消费金融产品的第一次强力碰撞。根据当天的统计数据显示，在"双十一"开启的第 35 分钟，京东白条交易额就成功破亿，这一数字甚至超过去年"双十一"京东白条全天的交易额。与此同时，首次与"双十一"对接的蚂蚁花呗，在当天更是实现了 6 048 万笔支付记录，而仅在"双十一"开场的 30 分钟内，蚂蚁花呗的交易额就达到 45 亿元！

在京东与天猫激烈的"猫狗大战"中，众多互联网金融企业也纷纷推出自身的消费金融产品。

以 P2P 理财起家的有利网 CEO 刘雁南就再次创业，打造出以消费金融为主要产品的美利金融，并迅速获得高达 6 500 万美元的 A 轮融资，成为互联网金融业近一年最大 A 轮融资规模纪录。之所以选择消费金融作为自己的二次创业的方向，刘雁南给出了解释——"频次高、黏性大、规模化效应强、非标准化程度高、产业链条长”。因此，美利金融的核心用户群也被锁定在 18 ~ 35 岁的年轻人，从而覆盖中国多达 4 亿人的消费主力人群。

除此之外，2015 年，积木盒子也与芝麻征信合作推出“读秒”，小牛在线则宣布将于 12 月战略发布会上推出消费金融相关产品，而刚获得 3.5 亿元融资的付融宝也即将推出“麦芽金服”进军消费金融……

其实，从我国消费市场来看，由于我国消费者的消费习惯大多趋于保守，传统金融的信用卡服务已经能够满足大部分消费者提前消费的需求。但随着国家全面放开消费金融试点，消费金融仍然瞬间成为互联网金融争夺的焦点之一，原因何在？每个角逐者对此都有着自己的认知。

在掌众金融联合创始人首席战略官谭春看来，“未来中国移动互联网消费金融发展空间巨大，因为三四线城市小额信贷需求旺盛，潜在市场容量高于一二线城市；三四线城市信用卡额度低，几乎没有其他消费金融形态；个人信用记录缺失多，未来可释放极大信用价值。”

而以我国首家线上线下结合的互联网消费金融公司自居的“马上消费金融”副总经理吴宇健则认为，“互联网消费金融与传统消费金融最大的区别是消费场景、支付手段、风控数据、获客渠道和服务等的互联网化。”

正如吴宇健所说，在消费场景中，基于互联网金融受众的大数据技术，互联网金融可以将消费金融接入更多的消费场景中。图 3.2.3-5 是银行、电商等四种互联网消费金融平台差异化比较。就以一款面向大学生消费需求的“名校贷”产品来说，大学生可以直接在电脑或手机上完成借款，而借到的资金也会被直接打入学生账户，而非线下商户。没有固定的消费场景，却有着强效的社群传播效应，“名校贷”如今已经拥有超过 100 万注册用户，其借款用户也已突破 30 万。

在传统消费金融中，其都有着固定的消费场景。消费者拿着信用卡消费时，都是刷卡消费，资金被直接从银行转入商户，这就导致信用卡支持的消费场景中必须有 POS 机的存在。另外，传统的个人消费性贷款所支持的领域则更加狭窄。然而，作为刺激消费的有效金融产品，消费者对于消费的场景需求却远非如此。

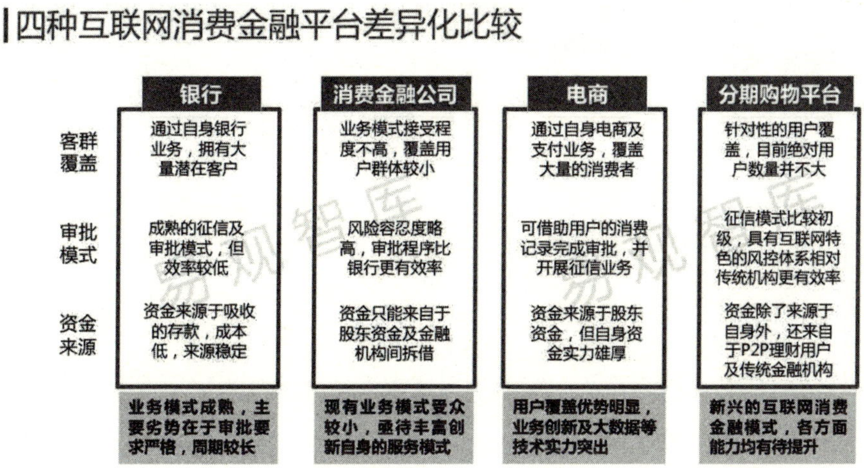

图 3.2.3-5　四种互联网消费金融平台差异化比较

举个例子来说，张三过去想在淘宝买个杯子，卖家也是小商户，所以不支持信用卡付款，张三就只好使用自有资金付款；后来，蚂蚁花呗出来之后，淘宝、天猫上的商家几乎都支持蚂蚁花呗，张三就觉得挺方便的；再后来，蚂蚁花呗接入了太多电商平台，甚至支持线下扫码支付，张三认为这已经是极限了；但现在，蚂蚁借呗又升级了，张三拥有一万元的借贷额度，也就是说，如果张三需要的话，只要申请之后，这一万元就会被打入张三的账户，至于之后要怎么消费都没关系，取现出来买煎饼果子当然也没问题……

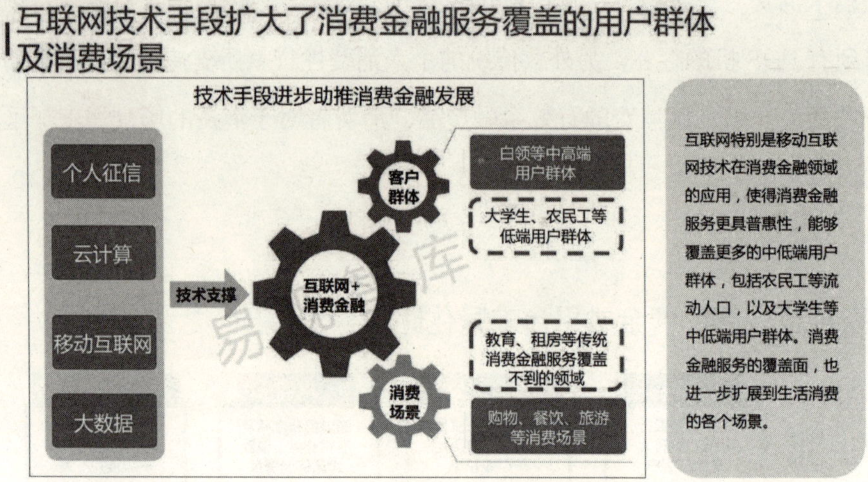

图 3.2.3-6　互联网技术扩大消费金融服务群体及场景

伴随着移动支付的普及，在大数据技术不断完善个人信用体系的今天，消费金融的服务范围得到了极大的拓展，如图 3.2.3-6 所示。而正如官谭春所说，在消费者信用价值的释放中，互联网金融将能够挖掘出更多的消费金融需求，这也是消费金融迅速成为市场热点的原因所在。

Part 4 互联网金融改变理财方法

金融最重要的作用在哪？正在于对社会财富的再分配，而理财则是实现社会财富再分配的重要手段。然而，传统理财方式动辄上百万的门槛，使得普通人只能选择“负利”的银行储蓄。2013年，余额宝横空出世，作为互联网金融的开创性产品，通过满足人们对于“低门槛、较高收益”理财产品的迫切需求，余额宝迅速获得了巨大成功。而在此之后，腾讯、百度等互联网巨头企业的相继入场，P2P网贷平台的迅速崛起，则赋予了互联网金融更加丰富的内涵。然而，在纷繁复杂的互联网金融市场，理财者也要学会防范潜藏的风险。

4.1 不可不知的互联网理财产品

4.1.1 余额宝—阿里巴巴

随着互联网金融的发展，大量的网络理财产品不断涌现，随着“各种宝”等理财产品的火热推出，互联网销售理财产品开始接连掀起“抢钱”活动。

2013 年 6 月 13 日，余额宝悄然上线，背靠拥有 8 亿多用户的支付宝平台，“让投资变得简单”的余额宝迅速发展壮大。

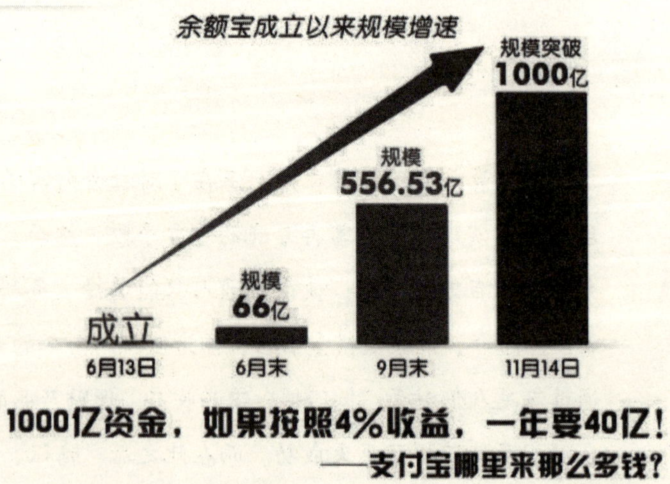

图 4.1.1-1 余额宝 2013 年 6 月 13 日至 2013 年 11 月 14 日的规模增速

如图4.1.1-1所示，2013年6月30日，上线十多天后，客户数达251.56万户，规模66亿元；2013年11月14日，凭借“双十一”活动带来的巨大用户流量，余额宝规模突破1 000亿元，成为我国基金史上首只破千亿基金；2014年2月底，余额宝用户数达到8 100万户，资金规模超过5 000亿元，成为全球四大货币基金；2014年3月31日，余额宝管理规模达到5 413亿元；截至2014年6月，余额宝用户数量已经超过1亿户。

余额宝规模快速扩张的同时，全民理财也跟着风生水起。各种理财工具竞相推出，互联网金融百舸竞流。

为什么余额宝可以获得这么多人的青睐呢？

“余额宝”将基金公司的基金直销系统前置到支付宝网站里，一元起买，用户购买很方便，门槛相对较低。也就是说，真正为用户提供收益的，并不是余额宝，而是支付宝背后的货币基金，如图4.1.1-2所示。

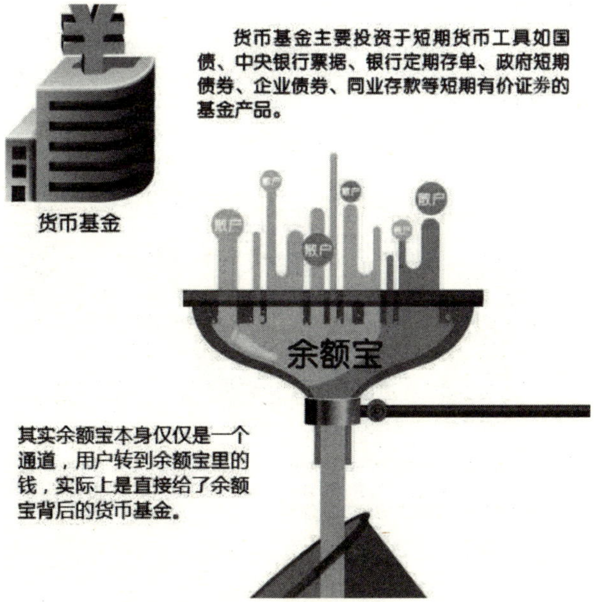

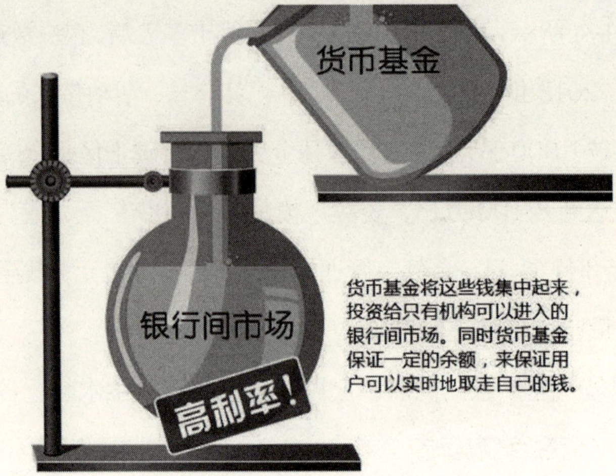

图 4.1.1-2　货币基金的流向

那么，货币基金到底是怎么赚钱的？这就需要我们对银行间市场进行了解，如图 4.1.1-3 所示。

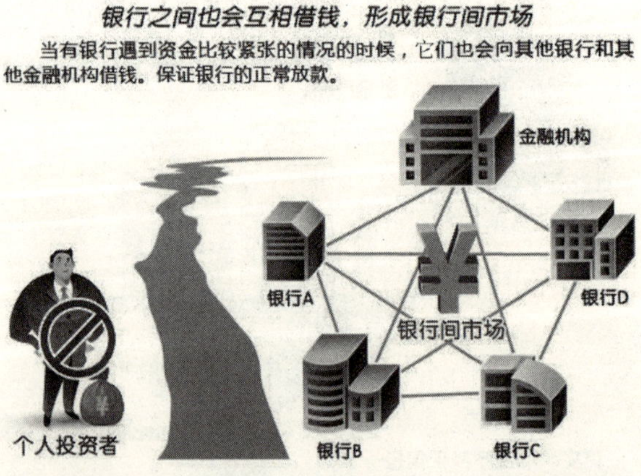

图 4.1.1-3　银行间市场的形成

银行间市场虽然利率高，但是只允许机构参与，个人是无法参与银行间交易的。所以，余额宝便是利用货币基金给散户和货币市场之间搭建了一座桥梁，如图 4.1.1-4 所示。

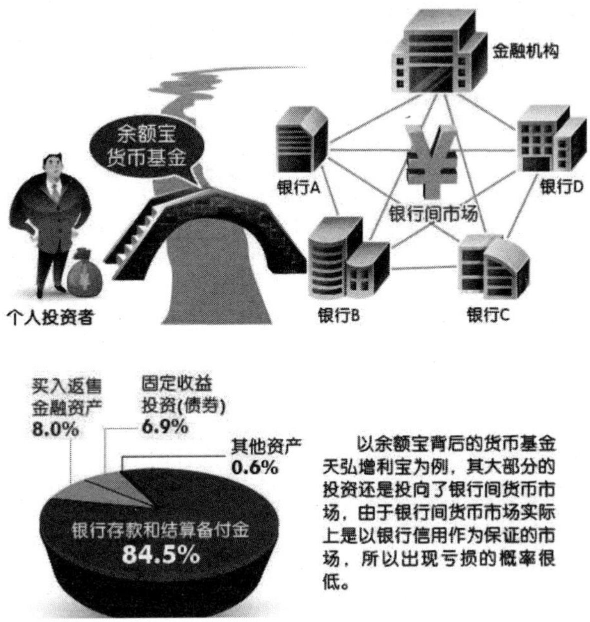

图 4.1.1-4　余额宝的桥梁作用

然而，货币基金对于银行的影响又是什么？

其实，对于银行来说，需要从储户那里吸纳存款也需要一定的成本，比如银行需要维持网点的运转，比如银行需要聘请专门的销售人员去找大客户。而余额宝的好处是它通过互联网，可以低成本吸纳散户的小额资金，凝聚起来通过货币基金投向货币市场，成本并不高。

于是，银行只需要付出足够多的利息，就可以获得资金。对于网点较少、存款较少的银行来说，这种方式可以帮助其获得更多资金，如图 4.1.1-5 所示。

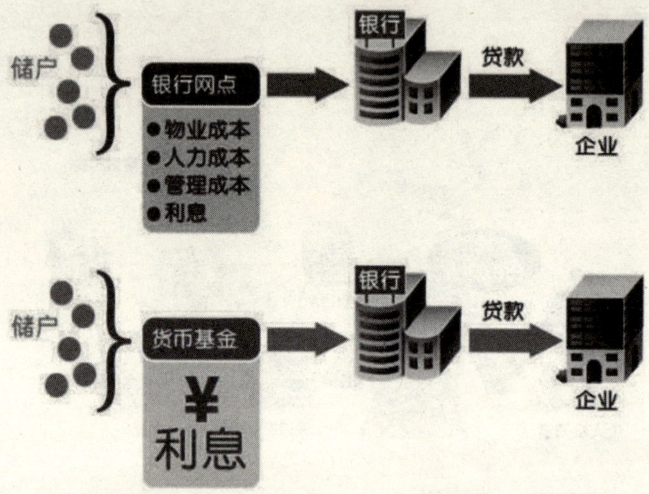

图 4.1.1-5　货币基金对银行的影响

本质上，余额宝是通过互联网的方式把大量散户的资金收集起来，通过货币基金参与银行间市场投资的一种方式，是一种传统金融与互联网渠道相结合的金融创新模式。

而且，就平台实力来讲，阿里巴巴与天弘基金的强强联合势必会“扰乱传统”的理财模式。以其平均利率保持在 5.22% 的优势而言，基本上也甩开了传统的银行低利率模式。更重要的是，人们更看重余额宝的灵活性。

例如，你在 2013 年 10 月 1 日把 1 000 块钱转入余额宝，自动购买了 1 000 块钱的货币基金。基金经理拿这 1 000 块钱到银行存了一年定期。与此同时，每天都有成千上万的用户也把钱转入余额宝，最终基金公司手里有 N 个一年定期（不同金额，开始于不同时间）。

一个月（2013 年 11 月 1 日）后，你把钱从余额宝里提出来了，而你之前存的 1 000 块钱定期还没到期（要到 2014 年 10 月 1 日才到期），那么基金公司怎么给你收益?

此时,刚好有一笔2012年11月1日存入的3 000块钱的一年定期到期了(一年前某个用户向余额宝转了 3 000 块钱。当然，一年前还没余额宝，这里是举个例子）。基金公司拿到了 3 000 块钱 + 利息。用这个钱给你支付了 1 000 块钱 + 收益（1 000 块钱一年定期的利息 ÷12），剩下的钱给了其他从余额宝提现的用户。

最终，你拿到了相当于定期的收益（当然，你只操作了一个月，不可能给你一年的收益）。

上面仅为很不准确的描述，实际上货币基金除定期外还会购买短期债券、票据等，所以能够取得比定期高的收益，同时也相对更灵活。

4.1.2　P2P 网贷平台

阿里巴巴开创的“余额宝”所引发的“宝宝”狂潮，让人们的理财需求得到了极大的满足，人们找到了一个流动性相差无几、收益性相对更高的“活期存款”方式。但在互联网金融的神奇魔法下，人们是否能够找到收益性更高的理财方式呢?

互联网中的金融产品从本质上来看都不是什么新鲜事物，套用某饮用水品牌的说法——“我们不生产金融产品，我们只做金融产品的搬运工”。事实上，只需要对互联网金融产品进行简单地剖析，你就会发现，每个互联网产品都可以从传统金融产品中找到它们的原型。而所谓的互联网金融实质上就是将互联网的高效率与传统金融产品相结合,让它们焕发出全新的风采。正如余额宝一般，通过将传统的货币基金与互联网相结合，阿里巴巴就这样撬动起传统银行业的存款业务，让大量资金流入到原本不受重视的货币基金市场中。

1. 互联网对 P2P 金融的创新型改造——从朋友圈到网络空间

P2P 其实是英文 Peer-to-Peer 的缩写，它的意思就是个人对个人，所以 P2P 网贷也被称为点对点网络借款。在传统的 P2P 金融中，业务只是局限在一个很小的圈子内，或是朋友圈，或是地域圈。但随着 P2P 金融模式的不断发展，在经过互联网的改造后，P2P 网贷最终成为一种将小额资金聚集起来借贷给有资金需求者的民间小额借贷模式。这样的模式究竟是如何发挥作用的呢？如图 4.1.2-1 所示。

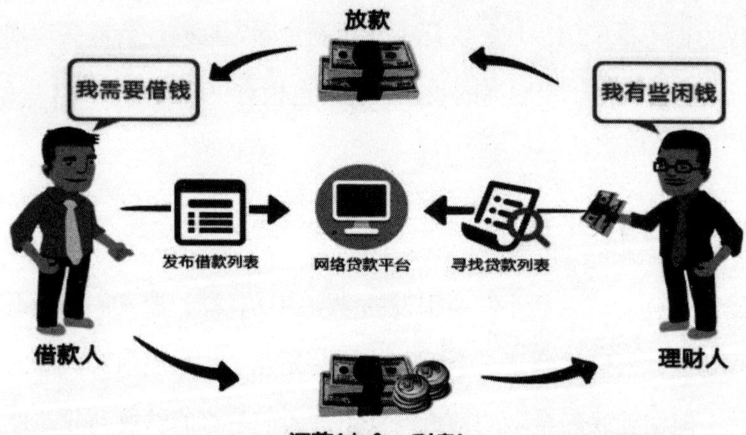

图 4.1.2-1　P2P 网贷的运作模式

例如，你与张三是多年的好友，张三现在需要 10 000 块钱来创业，他找到了你，但他需要一年之后才能还给你。张三也不好意思白借你的钱，就决定一年后还你这 10 000 块钱的本金之外，还给你 1 000 块钱的利息。你信任张三的信用，也看中了这 1 000 块钱的利息，正好还有 10 000 块钱的存款没什么用，你就把 10 000 块钱借给了张三。这就是一种点对点的借贷，但它只是局限在朋友圈中进行的。如果是一个陌生人李四，即使他说给你 2 000、3 000 甚至更多的利息，你也不敢借给他，怕到时候利息没收回来，本金都没了。

然而，在整个商业社会中，有闲置资金和有资金需求的人都是很多的，但他们又不会都处于同一个朋友圈中，如何实现这两种人的对接呢？或者说如何让李四被人信任呢？这就是 P2P 网贷平台的作用。有资金需求的人可以直接将自己的需要发布在 P2P 网贷平台上。

比如李四需要 20 000 块钱，要用一年，他愿意为此付出 2 000 块钱的利息，但李四身边的人都没钱，去银行贷款又太麻烦，他又没有合适的抵押物，就可以在 P2P 网贷平台上寻求帮助。而 P2P 网贷平台则负责对信息的维护并进行初步的筛选，在收集到李四的家庭住址、资产状况、收入来源等各种信息之后，P2P 网贷平台就会将李四的借款信息发布到平台上，包括借款用途、借款期限以及利息等，吸引投资者投资。这时候，你正好手头又有些闲钱想要投资。你来到 P2P 网贷平台上，看到李四的借款信息，觉得李四很值得信任，利息也很可观，你就可以将钱借给李四，坐等一年之后收取本金和利息。

2. 互联网为 P2P 金融带来高效与高收益——从面对面到点对点

在过去的 P2P 金融模式中，总是少不了实体机构的影子，即使是在最简单的 P2P 金融模式中，借款者与投资者都必然需要见面。而在这样的运作模式中，投资者也会对借款者的各方面资质进行全方位的考察，来保证本金的安全，但在 P2P 网贷中，一切都只在于点击鼠标、敲击键盘之间而已。事实上，为了吸引素未谋面的投资者为其提供借款，借款者大多会开出极具吸引力的利率。

如图 4.1.2-2 所示，相比于银行存款以及如“余额宝”这样的理财项目，P2P 网贷平台上的借款者动辄会开出高达 9% 甚至是 12% 的年利率。P2P 网贷平台通常会将借款年利率、投资期限、投资金额等主要信息放在首页，如果投资者对之有兴趣，则可以点击进去了解详情。

图 4.1.2-2　P2P 网贷平台项目列表

投资者在了解借款者的详细情况（见图 4.1.2-3）之后，则可以决定是否投资，并根据剩余金额以及自己的闲置资金决定投资多少，从而点击马上投资，为借款者提供贷款，至于付款方式则可以选择网银、支付宝、微信支付等各种在线支付方式。一切办妥之后，投资者则可以在到期后收取本息。

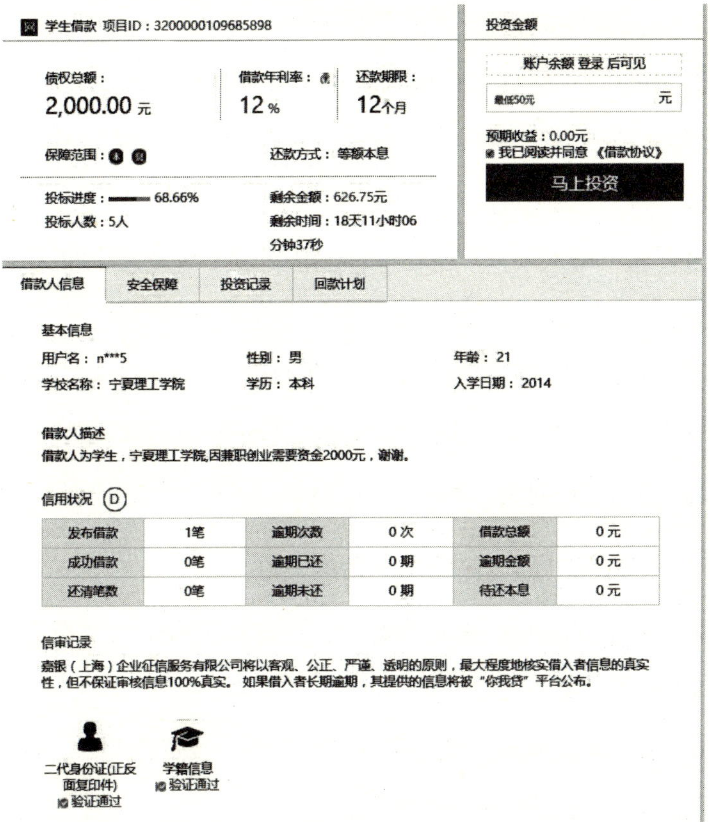

图 4.1.2-3　借款人详细信息一览

其实，早在 2006 年，P2P 网贷平台就已经进入我国，但在随后的几年间，国内的 P2P 网贷平台发展都极为有限。在国外发展得如火如荼的 P2P 网贷，为什么在国内的发展就步履维艰呢？其实也很容易理解，从 P2P 网贷模式中就

可以看出，P2P网贷实际上是一种纯粹的信用贷款，而我国却一直缺乏完善的信用体系，单纯的银行征信很难反映出人们真实的信用情况。在这种情况下，无抵押的信用贷款自然也得不到投资者的认可，而没有投资者自然也就无法满足借款者的需求。

直到2010年，P2P网贷平台开始被很多创业者所看中，纷纷试水网贷市场；2011年，P2P网贷平台进入快速发展期，大批网贷平台蜂拥而起；到了2012年，我国P2P网贷平台进入了爆发期，国内网贷平台数量已达到2 000余家。据不完全统计，仅2012年，国内含线下放贷的网贷平台全年交易额已超百亿。进入2013年之后，P2P网贷平台更是以每天1 ~ 2家的数量迅速增长。

之所以我国的P2P网贷平台于2010年得以开始迅速发展，正是因为国内P2P网贷平台摸索出了一套有中国特色的P2P网贷平台经营模式，以解决我国信贷市场上的信用不足问题。

3. 安全保障是选择P2P网贷平台的关键

在质量参差不齐的P2P网贷市场中，投资者在选择P2P网贷平台时，最重要的参考点并非收益，而是安全。每个P2P网贷平台上借款项目所开出的年利率都十分可观，但究竟如何选择呢？对于大部分投资者而言，他们最希望实现的是安全，即使收益低些也没有关系。

以我国P2P网贷平台的先行者——“你我贷”为例，在其新手导航的首页就详细介绍了“你我贷”的安全保障计划，如图4.1.2-4、图4.1.2-5所示。

风险备用金、账户实名制、财险承包已经成为P2P网贷平台保障投资者安全的常规手段。为了进一步提高平台的安全性，保证投资者到期可以连本带息一起收入囊中，每家P2P网贷平台也有着不同的手段。

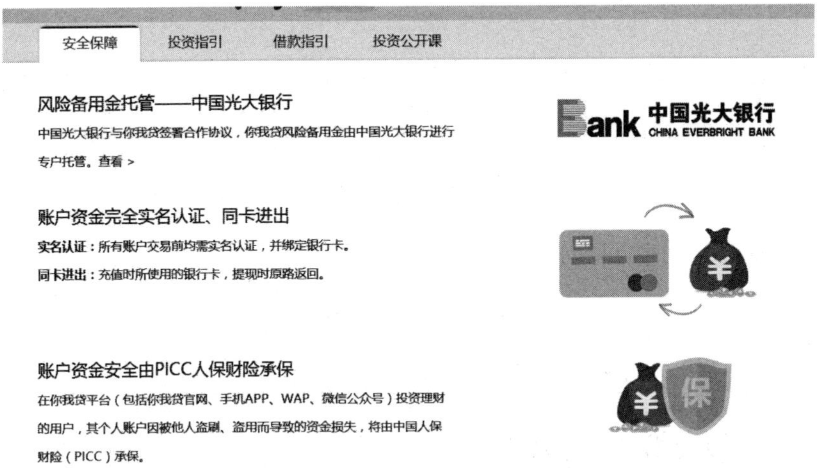

图 4.1.2-4　“你我贷”以安全保障为先

图 4.1.2-5　“为什么选择‘你我贷’？”

然而，说到底，这些都只是一种贷前风控手段，如果借款者真的拿钱跑路了，投资者的收益又该如何得到保障呢？虽然说投资就意味着风险，但 P2P 网贷平台为了吸引更多的投资者在自己的平台投资，就必然需要降低投资者所需要承担的风险。为此，积木盒子就专门推出“穹顶计划”（见图 4.1.2-6），来化解平台项目可能出现的贷后风险。

图 4.1.2-6　积木盒子的“穹顶计划”

随着我国的金融体制改革逐渐深化，在我国巨大的借贷市场和落后的传统银行服务下，P2P 网贷平台有着极为广阔的发展前景。在刚刚过去的 2014 年，我国 P2P 网贷平台发展势头仍然势头强劲，根据网贷之家的统计，2014 年网贷行业整体规模突破 2 500 亿元，较 2013 年上涨接近 140%！

4. P2P 网贷从互联网金融中脱颖而出——监管政策的相继出台

国内各大 P2P 网贷平台为了大踏步发展，都在不断创新自身运作模式，以在这个越发广阔的市场空间中占据更大的份额。但在 P2P 网贷平台的蓬勃发展中，监管政策却迟迟无法出台，这也导致 P2P 网贷平台乱象频出。在 2015 年央视 3·15 晚会上，也以《五号热点——血本无归的 P2P 网贷》为专题曝光了 P2P 网贷平台缺乏监管、问题频出的状况。2015 年，银监会也终于开始制定出台关于 P2P 网贷平台的各项监管原则和政策。

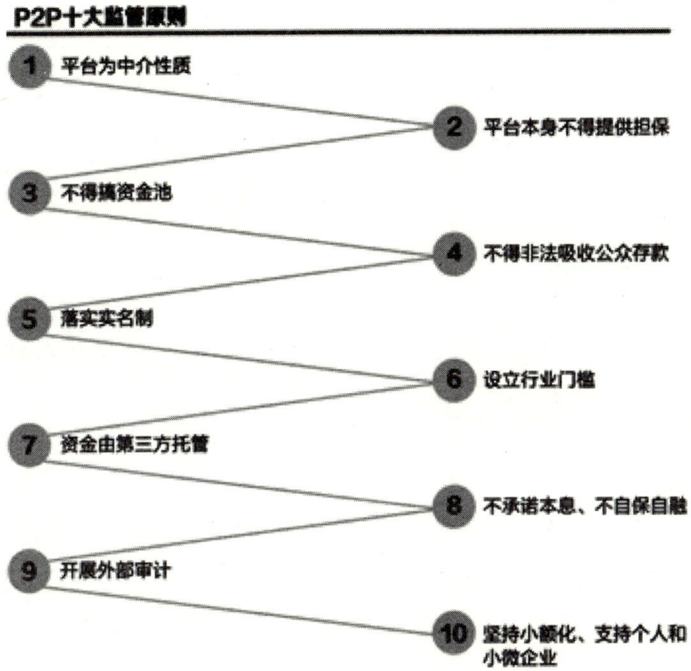

图 4.1.2-7　我国 P2P 监管十大原则

2015 年，关于 P2P 网贷平台的各项监管政策都将陆续出台，而在监管政策的完善中，我国 P2P 网贷平台也将实现健康发展。中国银监会创新监管部主任王岩岫在谈及 P2P 行业的十大监管原则（见图 4.1.2-7）时就强调："P2P 机构不是信用中介，只是信息中介，不承担信用风险；投资人和融资人要实名登记，资

金流向要清楚，避免违反反洗钱法规等。具体细则等待出台。”处置非法集资部际联席会议办公室主任刘张君则表示：“银监会已启动 P2P 监管细则的研究工作。P2P 网络借贷平台是新兴的金融业态，在鼓励其创新发展的同时，应合理地设置业务边界。刘张君表示，P2P 网络借贷平台作为一种新兴金融业态，在鼓励其创新发展的同时，要明确四条边界：一是要明确平台的中介性质，二是要明确平台本身不得提供担保，三是不得将归集资金搞资金池，四是不得非法吸收公众资金。”

随着各项监管政策的出台和完善，国内 P2P 网贷平台的乱象也将得以缓解并最终解决，而当国内 P2P 网贷平台进入良性发展状态时，P2P 网贷平台也得以从互联网金融产品中脱颖而出，成为投资者的一项优质选择。

4.1.3 微信理财

在余额宝与 P2P 平台开始搅乱理财市场时，作为阿里巴巴的老对手，互联网三巨头中坐拥最大用户基数的腾讯，自然不会放过互联网金融这样一个巨大的新兴市场。早在 2013 年 8 月 5 日，腾讯就推出微信 5.0 版，正式启动微信支付功能。

在支付宝刚刚开发出第三方支付市场时，腾讯就曾经推出财付通以与支付宝相争。但这么多年下来，我们可以看到，支付宝已经成为线上支付乃至移动支付领域当之无愧的“一哥”，而财付通早已淡出人们的视野。伴随着互联网金融市场的打开，腾讯也不甘示弱，决定重整旗鼓，与阿里巴巴以及众多 P2P 企业争夺互联网金融这块大蛋糕。

如何扳回第三方支付市场的劣势？

腾讯的倚仗就是微信。随着 4G 网络以及移动智能终端的普及，突出的高效性和便携性，使得移动互联网市场成为各家争夺的新阵地。而腾讯则依靠微信成为移动互联网市场上最有竞争力的 APP——截止到 2015 年，微信已覆盖 90% 以上的智能手机，每月活跃用户数量高达 5.5 亿，成为人们日常生活工作不可或缺的移动工具。

因此，微信也顺势成为腾讯进占互联网金融市场的前沿阵地。随着微信支付的诞生，微信理财的到来也就变得水到渠成，并最终演变为融合货币基金、定期理财、保险理财、指数基金为一体的理财通（见图 4.1.3-1）。

微信打开互联网金融市场的落脚点与支付宝相同，都是货币基金，其原因就在于货币基金的灵活性、安全性以及较高的收益性。

但与余额宝所不同的是，微信理财为用户提供了更多的选择，用户的选择不是唯一的，而是可以自主选择货币基金项目，从而进行投资。在微信理财中，用户能够清楚地知道自己所购买的是哪家货币基金公司的产品（见图 4.1.3-2），而不像在余额宝中，用户只知道自己购买的是余额宝，而无法获取更多的信息。

图 4.1.3-1　微信“理财通”

图 4.1.3-2　理财通产品简介信息

微信理财为用户推出多种货币基金产品，用户在打开理财通货币基金界面后，就可以看到这些产品的主要信息，包括产品名称、近七日年化收益率、万份收益预计以及起购金额和随买随取等。对于自己感兴趣的产品，用户还可以点击进入了解更多的详细信息。具体如图 4.1.3-3 所示。

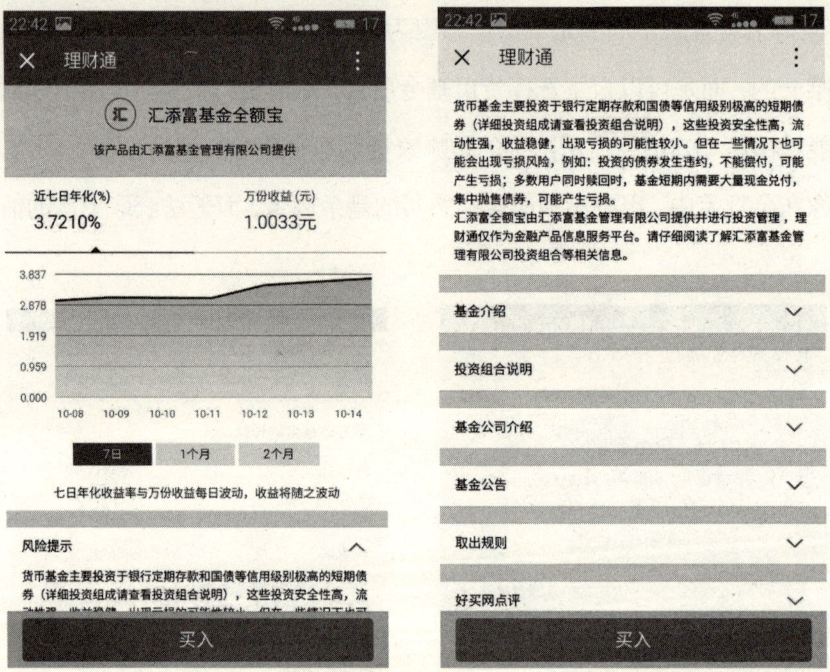

图 4.1.3-3　理财通理财产品详细信息

在每个货币基金产品类目中，用户可以看到该基金产品近七日、一个月以及两个月的收益变化情况，并详细了解诸如风险提示、基金介绍、投资组合说明、基金公司介绍、基金公告、取出规则、好买网点评等多种信息。用户想要了解的信息都可以从中获取，用户自然也就买得放心。

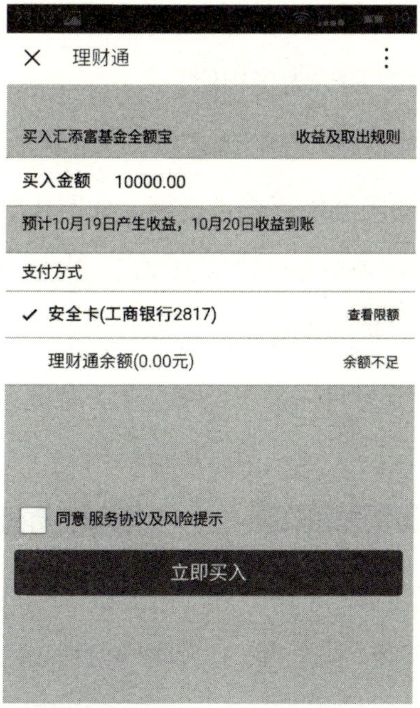

图 4.1.3-4 理财通认购

当用户看中某款货币基金产品之后，则可以点击买入，在输入买入金额，并选择“安全卡”作为支付方式之后，就可以勾选“同意服务协议及风险提示”进行购买，如图 4.1.3-4 所示。当然，在买入之前，用户一定要详读“服务协议及风险提示”，了解自己的权利与风险所在。

经过微信红包、滴滴打车、京东支付等一系列的微信支付推广活动，微信理财也得以随着微信支付开始被用户接触和认可，透明化的货币基金产品也迅速赢得了许多用户的喜爱。而微信理财的野心自然也不会局限于货币基金产品，因此，在获得了初步的成功之后，微信理财终于转变为集各大互联网理财产品为一体的理财通。

在理财通中，用户除了可以选购货币基金产品之外，还可以选购定期理财、保险理财、指数基金等产品。与货币基金相同的是，每种理财产品都保持了极高的透明化程度，其购买体验也大多相似。

如果说货币基金就好像银行的活期存款，那么理财通的定期理财则就是银行的定期存款，但定期期限远短于银行定期。如图 4.1.3-5 所示，定期理财的期限一般为 1 ~ 2 个月，而受益却可以达到 3% 以上。虽然收益率看起来并不高，但要知道，银行 3 个月定期存款的利率只有 1.35%，只有 3 年期的定期存款才会超过 3%。相较而言，定期理财的收益率自然有着极大的吸引力。

图 4.1.3-5 “定期理财”

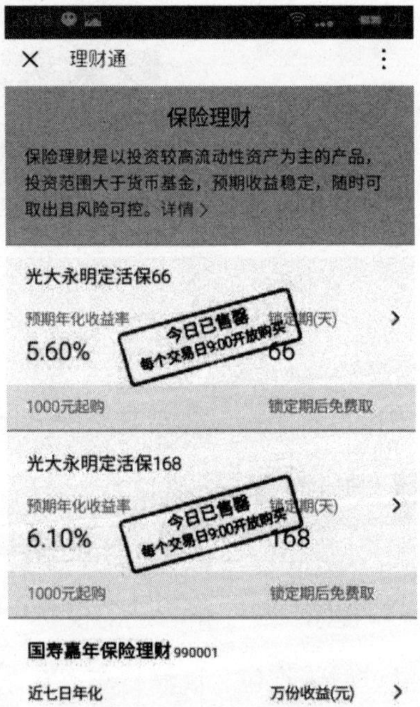

图 4.1.3-6 保险理财

保险理财的收益相比于货币基金和定期理财更高，理财通的保险理财产品包括投连险和养老险两种。如图 4.1.3-6 所示，投连险的收益更高，能够达到 5.6%

甚至6.1%，但其都有固定的“锁定期”，分别为66天和168天，而且具有一定的风险；而养老险理财产品收益则只有3.8%左右，但可以如货币基金一般随买随取。值得注意的是，保险理财的收益虽然更高，但其都有起购金额的限制，一般为1 000元。

指数基金则是与沪深300指数、中证500、HK恒生指数以及HK国企指数相联结的理财产品，该理财产品的涨跌随着股市指数的上下波动而波动，风险性高。在牛市中，指数基金可以说是相对稳健的高收益理财产品，但在熊市中，指数基金则较难实现翻身。如图4.1.3-7所示，在本轮股市下跌中，理财通中的指数基金同样难以幸免于难，其近6个月涨跌幅大多达到-20%。

图4.1.3-7　指数基金

借助于微信在移动互联网市场的突出优势，再加上别出心裁的透明化服务，微信用户自然乐意在微信上寻找一款“知根知底”的理财产品进行投资。腾讯也终于得以在互联网金融市场扳回一城，拥有了与阿里巴巴分庭抗礼的可能。尤其是集货币基金、定期理财、保险理财、指数基金的理财通，更是能够让不同投资偏好的用户都集中到微信理财中，寻找适合自己的产品。

4.1.4 百发—百度理财

随着阿里巴巴与腾讯纷纷推出自己的理财利器，互联网三巨头的最后一位自然也不甘落后。以搜索引擎起家的百度，又要如何投入到互联网金融理财这个大战场中呢?

阿里巴巴作为中国电商市场的龙头，能够通过支付宝快速地为消费者提供投资理财服务；腾讯坐拥中国互联网最大的用户基数，能够以 QQ 推广微信，再以微信为互联网金融护航；而百度拥有什么呢？——搜索引擎带来的大数据。

很多投资者都有这样的习惯：在选择投资项目之前，到网上去搜索项目相关或行业相关的信息，从而找到最适合自己的产品。既然提到了搜索，就离不开百度。百度一直拥有超过 50% 的国内搜索引擎市场占有率，无论是 360 搜索还是搜狗搜索，都很难真正瓦解百度的市场霸主地位。

因此，当百度进军互联网金融理财时，其突破口也与阿里巴巴、腾讯有所不同。2013 年 10 月 28 日，百度理财平台正式上线，面对余额宝、微信理财的先后入场，最后入场的百度，却凭借首款互联网理财产品“百度理财 B”获得了绝佳的成绩——四小时募集规模达 10 亿元，创下基金历史销售之最。

实际上，“百度理财 B”就是一款为期 60 天的短期理财产品，之所以这款理财产品能够获得这样的成功，就在于其“8%”的收益率。而在“百度理财 B”首战告捷之后，百度又陆续推出了“百赚”、“百发”（见图 4.1.4-1）、“百赚利滚利版”等多款理财产品，开始以“精选”的力量向余额宝、微信理财发起挑战。

图 4.1.4-1　百度“百发”

百度理财的后来者居上正是源于搜索引擎带来的大数据。依靠百度搜索积攒下的庞大数据，百度不仅能够实时了解理财市场的产品信息，并与之进行比对，还可以抓取用户的搜索数据，分析市场的投资偏好，从而设计出迎合市场需求的理财产品。这样的精准定位，自然能够让百度理财在互联网金融市场中发展得顺风顺水。

当百度成功在互联网金融理财市场站稳脚跟之后，原来的百度理财平台也升级为百度金融中心，并推出保险理财、指数基金、众筹等类型的理财产品，希望能够将自己打造为专业、全面、安心的综合金融服务平台。

当我们打开百度理财官网界面，扑面而来的就是百度理财精心挑选的理财产品。百度理财的官网首页被简单地分为众筹推荐、投资推荐等多个栏目，投资者可以从中看到百度精心挑选的多款理财产品，如图 4.1.4-2 所示。

图 4.1.4-2 百度理财“投资”

如果没有看到如意的理财产品，投资者也可以进入“投资”获取更多的选择。无论你是想要投资定期、活期、指数基金，还是百度独特的“团购理财产品”——百发，都可以在这里找到让你满意的产品。

除了这些互联网金融理财市场的“常规武器”之外，以“精选”为主旨的百度理财还有一大特色理财产品——消费众筹，如图 4.1.4-3、图 4.1.4-4 所示。随着互联网金融的迅猛发展，众筹开始得到越来越多投资者的认可，而百度理财的消费众筹实际上就是一种产品式众筹。

图 4.1.4-3　百度“精选”

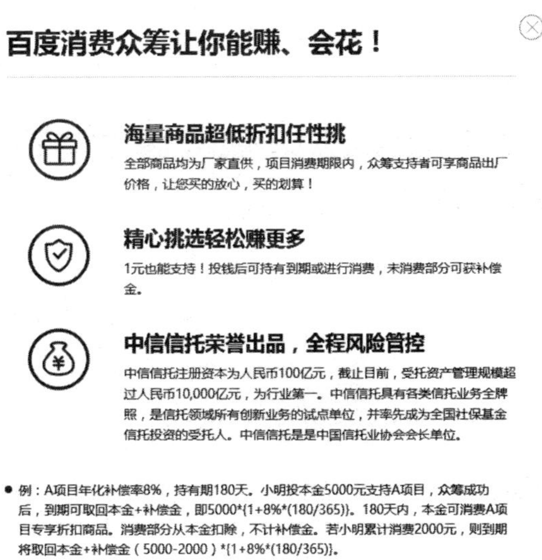

图 4.1.4-4　百度消费众筹

投资者投资众筹产品，既能够享受到优惠购买商品的特权，也能够享受高达 8% 的“年化补偿率”。而其众筹产品往往也能够深入人心，如荷兰奶粉、进口牛肉、概念影城、国安 VIP 球票等。无论是消费还是投资，百度消费众筹都能够极大地满足用户的需求。

既然想要打造“专业、全面、安心的综合金融服务平台”，仅仅着眼于理财，对于百度理财而言，还远远不够。百度理财又将目光投入到了贷款市场中。事实上，贷款与理财从来就是无法分开的统一整体。正如很多企业会选择贷款来进行项目投资一样，对于投资者而言，如果操作得当，贷款同样会为个人理财带来很好的助力。

百度理财中的“贷款”则为投资者提供了极为便利的贷款服务，只需简单五步，就可以“等钱来”（见图 4.1.4-5）。尤其是，百度提供的贷款服务均为无抵押信用贷款，用户只需要提供身份证明、征信报告、近六个月工资流水以及其他证明文件，则可以等着客户经理上门提供贷款服务。

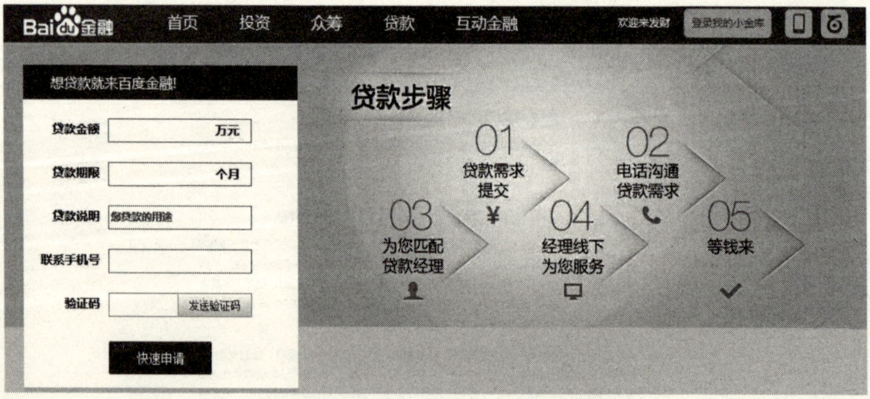

图 4.1.4-5　百度理财“贷款”

最后，百度理财为投资者带来的就是互动金融服务。百度在进军互联网金融理财市场时，自然不会忘记发挥自家搜索引擎的强大实力。除了依靠深挖大数据对理财产品进行精准设计之外，百度还以“互动金融”的形式（见图 4.1.4-6），为投资者答疑解惑，解决投资者在理财中所遇到的各种问题，并为我们提供一个讨论的空间。

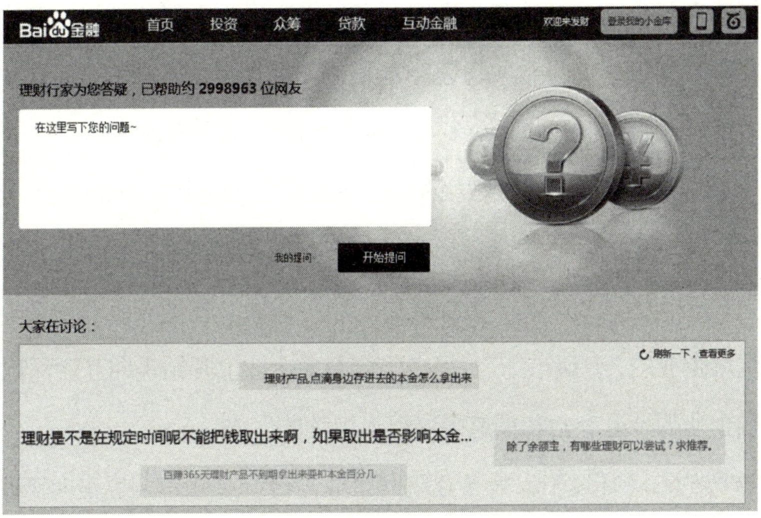

图 4.1.4-6　百度理财“互动金融”

如果说余额宝的成功在于便利，微信理财的成功在于社交，那么，百度理财的成功就源自于数据。因此，三者所提供的理财产品虽然大同小异，但其品牌特色却有着天壤之别。相较于余额宝与微信理财，百度理财无疑体现出更加出色的专业性，而其“精选”的各种理财产品，自然能够赢得投资者的喜爱。

互联网金融理财哪家强?

随着余额宝的强势入场，金融已经不再是银行、证券、基金等传统金融公司的专属，理财也不再是精英、高层、富豪等高层次人群的特权，互联网金融理财的突破性发展，使得金融与理财真正“飞入寻常百姓家”。而这块被新开辟出来的市场蓝海，也迎来了众多互联网与金融企业的抢夺。

在互联网金融市场，最先发力的自然是各大互联网企业，如阿里巴巴、腾讯、百度等，凭借多年的互联网企业经营经验，它们能够迅速把握用户需求，从而设计出更加诱人的理财产品、更加优质的服务体验。但随着互联网企业开始挤压传统金融企业的“专属市场”，很多传统金融企业也开始走向互联网化。此时，传统金融企业的金融经验和渠道则展现出极大的优势。

在这样的市场环境下，很多互联网企业与传统金融企业也走向了联合。如今，当我们上网搜索互联网金融或者理财时，我们能够得到成千上万个结果。如果无法分辨各家理财产品的区别，投资者的收益就可能受损，甚至本金安全都可能存在风险。那么，我们又要如何从中进行选择呢?

1. 产品太多迷人眼? 首选宝宝最稳妥

在众多互联网理财产品中，最受投资者欢迎的自然是“宝宝类”产品，也就是类似余额宝的货币基金理财产品。由于这种理财产品大多具有“零门槛、低风险、随买随取”的特性，对于投资者而言，这些产品自然就具有极大的便利性和收益性。

虽然在余额宝推出之后，众多互联网企业或金融企业都推出了自己的“宝宝类”产品，很多产品的收益也高于余额宝（见图 4.1.4-7）。但在投资者选购此类产品时，最佳的选择仍然是余额宝。

所有基金宝 *输入本金和时间，可以查看历史区间收益 输入投资本金 元 2015-10-20 至 2015-10-20 确定

对比	产品	对接基金	万份收益	7日年化	购买门槛	取现限额	变现速度	申购状态	规模(亿元)	区间收益
	余额宝	天弘增利宝	0.8008	3.029	1元	5万	实时(有条件)	可申购	6133.81	-
	零钱宝	广发天天红	1.0388	3.331	1元	14.99万	实时(有条件)	可申购	204.2	-
	零钱宝	汇添富现金	0.9528	3.139	1元	14.99万	实时(有条件)	可申购	368.59	-
	汇添富现金	汇添富现金	0.9528	3.139	0.01元	500万	实时	可申购	368.59	-
	微信理财通	华夏财富宝	0.8405	3.403	0.01元	6万	延时	可申购	487	-
	百度百赚利	嘉实活期宝	0.8425	3.712	0.01元	5万	实时(有条件)	可申购	206.4	-
	平安盈	南方现金增	0.73492	3.326	0.01元	100万	实时	可申购	542.32	-
	平安盈	平安大华日	0.9554	3.132	0.01元	100万	实时	可申购	135.87	-
	华夏活期通	华夏现金增	0.8877	3.419	0.01元	20万	实时	可申购	772.41	-
	南方现金宝	南方现金增	0.73492	3.326	100元	50万	实时	可申购	542.32	-
	现金快线	工银货币	0.855	3.623	0.01元	100万	实时	可申购	1353.31	-
	众禄现金宝	银华货币A	0.8379	3.025	100元	50万	实时	可申购	17.57	-
	众禄现金宝	海富通货币	0.7443	2.543	100元	50万	实时	可申购	9.89	-

图 4.1.4-7　基金宝排行

相较于其他货币基金理财产品，余额宝的收益虽然不高，但作为“第一个吃螃蟹的人”，余额宝有着得天独厚的市场优势，那就是支付宝这一支付利器。在互联网时代，支付已经发生翻天覆地的改变，而支付宝正是引发这种改变的导火索。如今，支持支付宝消费的网站与商家也正在与日俱增，无论是网上购物还是线下购物，支付宝都已经成为极为便利的一种支付工具。

当随买随取的余额宝与支付宝融为一体，就意味着，投资者可以将自己的流动资金全部放到余额宝中，需要消费时，直接选用支付宝消费即可。而不至于如其他基金宝那样，需要提现到银行卡中再进行刷卡消费，有的甚至需要提

现到银行卡再取现进行现金消费。

除此之外，曾经放出豪言要“改变银行”的马云，其布局也并不局限于一款简单的余额宝。在支付宝“财富”中，投资者除了投资余额宝之外，还可以投资定期类理财产品“招财宝”、娱乐众筹类理财产品“娱乐宝”。随着阿里巴巴旗下蚂蚁金服的成立与发展，芝麻信用、蚂蚁花呗、蚂蚁借呗等多种理财产品，将与余额宝一起，构建出一个完整的阿里巴巴金融体系，而这一切也都将融于支付宝当中。

因此，对于闲置资金较少，或者更看重流动性的投资者而言，余额宝无疑是绝佳的“懒人理财神器”。事实上，对于众多互联网理财者而言，余额宝也是一款“入门级”的理财产品。

2. 高收益＝高风险？从网贷之家看评级

当然，很多投资者在选择互联网金融理财产品时，看重的并非流动性而是收益性。对于这部分投资者而言，余额宝等基金宝理财产品则不是最佳的选择，即使是收益最高的基金宝——京东小金库，其七日年化收益也只有5.38%而已。

在如今的互联网金融理财市场，收益率最令人满意的就是P2P网贷。在P2P网贷市场，其预期收益率几乎都超过10%，有的甚至能够达到18%，如图4.1.4-8所示。这样的收益率相比于“宝宝类”理财产品而言，实在高出太多。尤其是在P2P网贷市场，投资周期一般也都在1个月到6个月之间，投资门槛也很低——大多都只需100元起投，因此，对于追求高收益的投资者而言，P2P有着极强的诱惑力。

然而，截至2014年年底，P2P网贷平台数量已经达到1 613家，每月新增数量更是在百家左右。再加上P2P提现困难、恶意诈骗、跑路等多种负面新闻频出，投资者要如何在追求高收益的同时，能够保证自身的财产安全呢？投资者可以到网贷之家寻找答案。

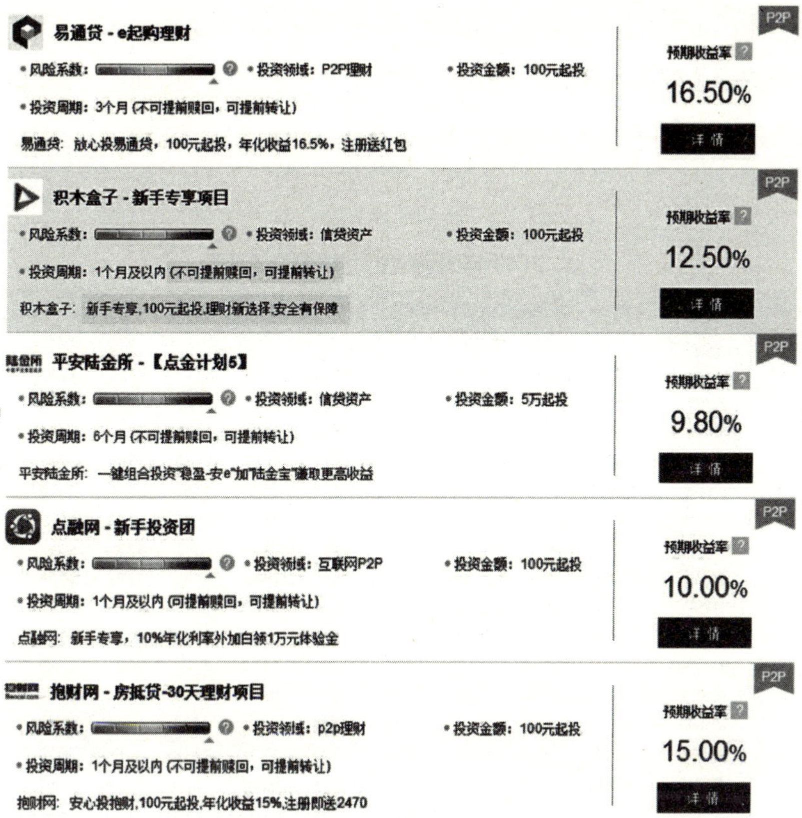

图 4.1.4-8 P2P 理财收益高

网贷之家是国内首家权威 P2P 网贷行业门户网站，一直致力于为投资者提供全方位、权威的网贷数据。网贷之家每个月都会发布上月的“网贷平台发展指数评级表”，根据成交、营收、人气、技术等多个指标，对各大 P2P 网贷平台进行评级并排名。

根据如图 4.1.4-9 所示的评级表，投资者可以对各大 P2P 网贷平台有一个直观的了解。对于想要选购 P2P 网贷产品的投资者而言，最重要的指标自然就是透明度、分散度以及杠杆积分，在这三个指标中，前两者说明了平台的安全性，而后者则体现了平台的收益性。投资者可以根据这份评级表，从两千家 P2P 网贷平台中选择心仪的几家，再进入它们的官方网站，进行详细的了解与对比，从而选出最适合自己的 P2P 网贷产品。

2015年9月网贷平台发展指数评级表

9月排名	排名升降	平台名	成交积分（7%）	营收积分（6%）	人气积分（15%）	技术积分（4%）	杠杆积分（14%）	流动性（5%）	分散度（15%）	透明度（15%）	品牌（19%）	发展指数
1	–	陆金所	100.00	97.40	100.00	77.98	18.86	63.94	88.48	42.30	81.67	71.94
2	–	人人贷	92.15	82.36	95.15	62.97	18.08	63.98	94.21	47.34	70.62	68.56
3	↑	拍拍贷	75.22	61.09	86.00	73.35	18.62	91.68	91.41	52.11	64.79	65.80
4	↓	宜人贷	95.58	83.23	94.20	62.12	19.75	59.39	91.56	36.94	64.91	65.64
5	↑	开鑫贷	83.81	61.22	48.88	75.72	72.55	40.50	59.65	37.80	70.18	60.04
6	↓	投哪网	76.36	65.03	84.73	53.27	13.86	96.12	69.30	54.90	54.30	59.78
7	–	积木盒子	72.85	56.15	80.98	76.74	19.97	79.84	76.07	52.34	50.98	59.42
8	↓	微贷网	81.63	62.44	86.68	38.50	6.59	76.42	93.20	42.21	50.56	58.67
9	–	有利网	91.79	65.36	98.36	64.86	2.82	61.93	84.39	27.85	53.90	58.26
10	↑	易贷网	74.24	61.65	64.81	69.82	33.01	64.58	65.48	50.13	55.05	57.06
11	新	京东金融	85.83	81.05	75.22	86.41	36.92	30.54	42.86	20.52	74.49	55.97
12	↓	鑫合汇	77.37	48.11	66.89	80.51	38.79	85.00	58.35	45.52	39.76	54.37
13	↑	爱钱进	81.07	67.27	84.91	73.46	11.05	58.90	93.00	21.13	36.74	53.98
14	↓	和信贷	62.17	50.73	62.66	53.91	23.34	81.81	72.18	46.66	50.25	53.68
15	↓	翼龙贷	84.60	55.58	72.64	56.23	1.00	61.44	90.99	13.94	63.67	53.45
16	–	你我贷	88.01	76.10	76.60	54.98	1.00	71.41	87.00	35.09	36.70	53.41
17	↓	银客网	68.83	49.86	67.14	69.03	30.96	82.04	49.78	52.02	46.35	53.15
18	↓	生菜金融	43.64	45.93	42.87	68.13	87.68	78.48	42.41	48.60	43.66	53.11
19	↑	PPmoney	82.60	58.36	97.24	58.25	1.00	92.55	54.60	28.14	47.81	52.46
20	↓	红岭创投	37.49	77.31	95.20	63.20	1.00	100.00	65.11	23.49	51.84	52.35

图 4.1.4-9　网贷之家评级表

在互联网金融蓬勃发展的今天，投资者面临着太多的选择。想要从如此多的选择中找到最适合自己的产品，并非易事。在互联网理财中，收益性并非第一位，由于互联网理财的一切都发生于线上，安全性才是投资者需要考虑的第一要素。究竟什么是互联网理财？如何选择互联网理财平台？又该如何进行操作？这些都是投资者在互联网理财之前首先需要解决的问题。

4.2 别样理财，别样人生

4.2.1 互联网理财的内容

理财从来不是新鲜的词汇，每个人在生活中都或多或少地有理财的经验，如股票、基金、保险等，严格来说，银行活期或定期储蓄实际上也是一种理财方式。然而，在互联网理财出现之前，理财从来没有像今天一样得到普通人如此的重视。

在过去，普通人对于理财并不重视，原因很简单——“无财可理”。理财有一个必然的前提，那就是有财产可以打理。但在传统金融领域，理财的门槛很高，股票的高风险不是普通人可承受的，基金的高门槛和长周期也让很多人望而却步，保险也只有人寿保险受到广泛的认可，至于信托、股权、债券、期货更是与普通投资者无缘。对于大多数人的闲置资金规模和风险承受能力而言，并没有合适的理财渠道可供选择，因此，他们只能将资金投入到银行储蓄中。

然而，在互联网理财出现之后，普通人也终于因为这别样的理财方式，享受到别样的人生。

若说互联网理财与传统理财有什么区别，关键就在于互联网的媒介作用。为什么只是媒介的改变，就能带来如此巨大的变化？只要看看电子商务对传统零售业的颠覆，互联网媒体对传统媒体业的挤压，我们就能清晰地感受到互联网的媒介作用之强。

互联网以及信息技术为人们带来了全新的生活体验，信息传递速度得到前所未有的提高，信息量更是达到惊人的程度，其跨越时空的传播特性让互联网开发、共享、创新的思维成为当今时代的最大特征。

而在互联网与理财结合之初，互联网只是成为传统金融网点的替代品，投资者不再需要辛苦寻找金融网点，只需在互联网上就可以转账、炒股、购买基金……但这并没有为理财带来根本性的改变，如果你没有足够的资金或风险承受能力，这些理财渠道仍然与你无缘。

余额宝的诞生使得互联网理财进入了全新的领域，理财终于得以摆脱“高大上”的枷锁，让普通人能够享受到我国金融蓬勃发展的巨大红利。之所以产生如此作用，正是因为互联网的分享精神融入到了理财当中。

在互联网理财中，门槛与风险都被大幅降低，让普通人可以在获取更高理财收益的同时，面临更小的风险。举例来说，在传统金融领域，信托产品的投资收益在6%～10%，而且由于中国信托的“刚性兑付”特征，其风险几乎为零，但如此优质的投资产品却不是普通人买得起的，其投资门槛大多在一百万元左右，投资期限也多为三到五年，甚至更久。为了享受如此收益，很多信托基金纷纷成立，散户的资金通过基金整合到一起，从而得以凭借庞大的资金规模撬动更高的收益，但普通人仍然难以抢到这些抢手的基金产品。在互联网理财中，互联网将更多的人联结到了一起，也将更多的资金联结到一起，尤其是在信息高速传播的互联网中，这些资金能够迅速找到最优选择，在风险最低的情况下得到最大的收益。

因此，在互联网理财中，我们看到了比活期储蓄方便、比定期收益更高的“宝宝”们，我们看到了保险的别样投资方式——保险理财，我们看到太多原本只有高端人士才可享受的理财产品……互联网理财让理财终于变得亲民。

除了分享与开放之外，互联网还为人们带来了更加广阔的创新空间。互联网时代让人类得以在创新之路上大踏步前行，理财也同样如此。正是因为互联网的创新作用，P2P 网贷得以诞生以满足大众的借贷需求，货币基金得以演变为“宝宝”产品迅速普及，定期理财、保险理财、指数基金等创新性理财产品相继出现,更多的互联网理财创新也正在酝酿之中。互联网理财让理财更加丰富。

理财是资产保值、增值的必要手段，互联网理财的内容并不局限于理财产品。互联网理财的蓬勃发展为投资者提供了极为丰富的投资选择。而在选择这些理财产品之前，投资者首先要对自己的财产状况有一个清晰的了解。在过去，投资者只能使用纸笔；再之后，有些人开始使用 Excel 表格；而如今，互联网理财则为人们提供了更为便利的理财工具。

众多记账软件的出现与发展，使得人们可以依靠互联网快速地记账，并得到全面详细的分析结果。

挖财原本只是一个简单的记账工具，为用户提供记账以及账务分析处理服务。但如今，挖财已经实现记账与理财的无缝连接，真正地开始成为用户的资产管家，如图 4.2.1-1 所示。

图 4.2.1-1　挖财首页

打开挖财官网，用户就可以看到挖财的四大服务模块：投资、记账、贷款以及社区。挖财的这四大功能几乎涵盖了用户理财的一切需求，而前三者的统一，也使得挖财用户的各项账务情况能够实现自动同步记录。即使是对站外网站如支付宝、信用卡的数据，用户也能够进行导入操作，挖财则会对这些数据进行整理分析，并制作周度、月度、季度、年度报表，让用户对自己的账务情况有一个详细的了解。

互联网理财的蓬勃发展，使得人们对于理财越发重视，这也让更多人认识到记账的重要性。因此，各种记账软件随之发展起来，如支付宝这样的金融工具，也推出了“记账本”功能，从而为用户提供更为便利的记账服务。

互联网理财极大地丰富了人们的金融生活，普通人有限的闲置资金得以依靠互联网理财实现保值、增值。在互联网与理财的深度结合中，互联网理财究竟会呈现出怎样的全新特征呢？如图 4.2.1-2 所示。

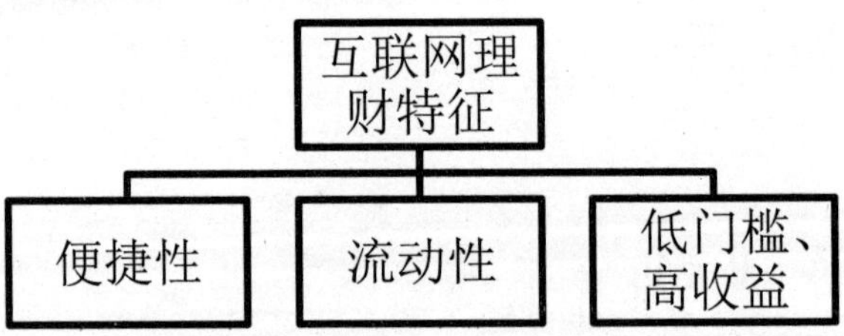

图 4.2.1-2　互联网理财特征

1. 互联网的便捷性

任何互联网理财的操作都可以简单归纳为三步：注册、投资与赎回。而所有操作几乎都可以在网上完成，投资者足不出户就可以根据自身的财产状况，选购合适的理财产品，甚至于可以直接在线咨询理财专家，让他们为自己量身打造合适的理财计划。

2. 互联网理财较强的流动性

在互联网理财中，投资者很少会看到投资期限超过一年的理财产品，事实上，投资期限过长是很多人忽视理财的关键原因——他们的闲置资金大多也是各种人生风险的备用金。这也是随买随取的“宝宝”们一经推出，就广受欢迎的原因所在。由于大部分互联网理财产品的期限都被设定在半年以内，投资者可以更加灵活地管理自己的资产。

3. 互联网理财的低门槛、高收益

理财是有门槛的，传统理财的门槛通常都以万为单位，很多普通人都是被这样的门槛拒之于理财门外。但互联网理财的投资门槛都很低，很多互联网理财产品的起投金额甚至只有一元钱，这就让理财真正成为大众、平民可以参与的“游戏”。而互联网最吸引人的就是其高收益，互联网理财的收益普遍高于银行理财产品，有的甚至高出同等投资期限的银行理财产品 1 ~ 2 倍。同样的期限，更低的门槛，却有更高的收益，这就是互联网理财为理财者带来的巨大福利。

除此之外，互联网中高速传播的大量信息，使得投资者得以在互联网中找到更多、更可靠的理财信息，从而帮助投资者在互联网理财中做出最正确的选择，而不至于因为信息不对称，被传统金融机构的理财经理所“忽悠”。

4.2.2 互联网理财平台选择原则

虽然相比于传统理财，互联网理财能够为投资者提供更多的选择，但在大多数投资者的心中，互联网理财仍然让其感到无法信任。对很多人来说，所谓的互联网理财仍然停留在依靠余额宝、理财通赚点小钱的阶段。

余额宝一直是众多普通投资者互联网理财的不二选择，之所以如此，则是

因为在电子商务的蓬勃发展中，正是支付宝解决了买家与卖家之间的信任危机，让“跨越时空”的交易得以最终实现。而在消费到理财的递进过程中，互联网想要与理财相结合，最为关键的就是信任。

即使是在现实世界，投资理财公司卷款跑路的事情也时有发生，签下的合同成为一纸空文，人走楼空。在这种情况下，互联网理财又如何能赢得投资者的信任呢？尤其是在互联网金融市场上，卷款跑路、恶意诈骗的现象更为频繁。很多投资者并不是无法接受互联网理财，而是无法找到一个合适的互联网理财平台，因此，早已赢得消费者认可的余额宝即使收益性不再突出，也仍然是投资者的第一选择。

在互联网理财的飞速发展中，由于缺乏完善的监管体制，市场也出现鱼龙混杂的情况，让投资者的资金安全面临极大的风险。目前来看，国内互联网理财市场主要面临的风险有四点，如图 4.2.2-1 所示。

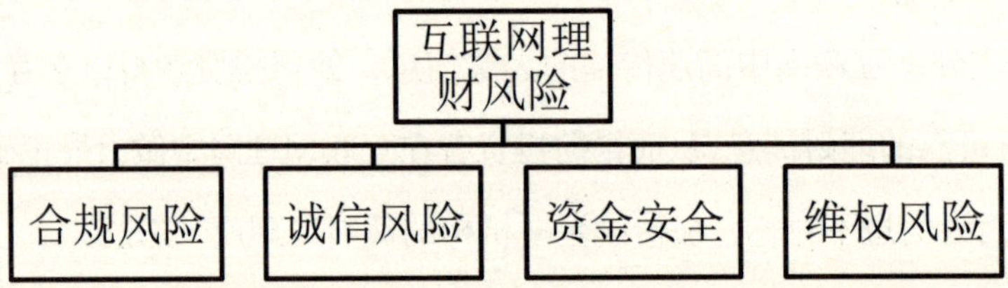

图 4.2.2-1　互联网理财风险

1. 合规风险

由于互联网以及互联网理财监管制度的不完善，很多互联网理财产品并没有对应的法律法规进行规范，这就使得这些互联网理财产品存在极大的合规风险。

2. 诚信风险

互联网理财的便捷性也使得其诚信风险大大增加，即使是在传统理财领域，诚信风险也时有发生，在互联网理财中更是如此。在互联网理财的大潮中，一些投机型企业看中了其中的机遇，就想要进来“大捞一把”，使得诚信风险在互联网理财市场变得尤为突出。

3. 资金安全问题

即使互联网理财已经开始颠覆传统理财，仍然有很多人拒绝互联网理财，正是因为他们认为互联网理财无法保障自己的资金安全。任何理财形式，都需要一个第三方资金托管机构，以保证专款专用，不至于稳健型投资者的资金被用于高风险投资，而造成不必要的损失，但很多互联网理财平台却缺乏这样的自觉和意识。

4. 维权风险

一旦理财公司跑路，投资者最好的方法就是报警。传统理财公司需要经过完善的工商注册程序才能营业，而互联网理财则不同。由于相关监管机构和法律的不完善，缺乏实体的互联网理财平台使得投资者在维权时陷入被动。

虽然互联网理财存在各种各样的风险，但不可否认的是，在国家监管以及行业自律的不断进步中，互联网理财已经成长为十分优质的理财渠道。然而，很多媒体却习惯于夸大互联网理财行业风险以吸引眼球，就如 2014 年甚嚣尘上的“P2P 活不过明年”传言，结果一年过去，P2P 平台不仅没有就此死去，反而发展得更加健康与蓬勃。因此，在选择互联网理财平台时，我们当然不能忽视风险所在，但也不能过于杞人忧天。

在理财界，投资者必须考虑到自身风险承受能力、风险偏好能力以及闲置资金规模。而在选择互联网理财平台时，投资者在顾及这些传统原则之外，还需要注意如图 4.2.2-2 所示的五大选择策略。

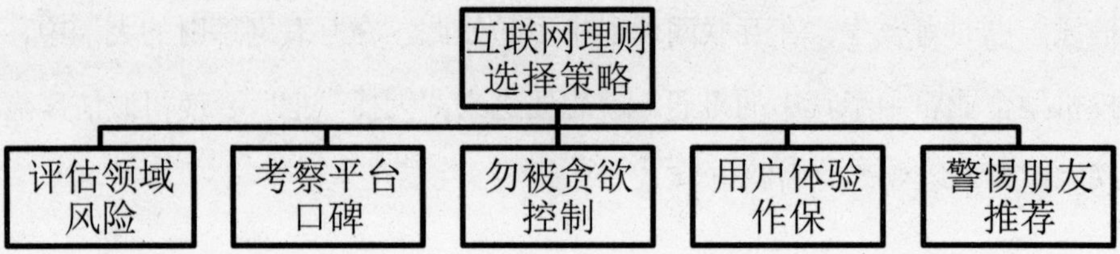

图 4.2.2-2　互联网理财选择策略

1. 评估领域风险

互联网理财并不是简单的“宝宝”或者 P2P，其范畴涵盖了货币基金、P2P 网贷、保险理财、票据理财等多个领域。在选择互联网理财平台时，投资者首先要评估各领域的行业风险。

在如今流行的众多互联网理财方式中，风险最高的自然是 P2P 网贷，而风险最低的则是“宝宝”们。除却有些互联网金融企业在开业之初的特惠活动之外，互联网理财的收益同样是与风险成正比的。因此，在选择互联网平台之前，投资者首先要想清楚：自己想要进入何种互联网理财领域？

2. 考察平台口碑

在互联网金融市场，各种互联网理财平台不下千家，投资者在确定了自己的理财领域之后，自然就要选择该领域综合实力最强的理财平台，而这就涉及注册资金、投资规模、企业背景、风投资金以及风控制度等多个维度。然而，对于普通投资者而言，想要从如此多的维度综合评判出平台的综合实力，实在是力有未逮。

此时，投资者就可以采取最简单的一种方法——口碑。所谓“有口皆碑”，提起互联网“宝宝”必谈余额宝，说到 P2P 网贷少不了陆金所、人人贷，票据理财则以京东金融最为人熟知……这样的选法虽然看上去有些随意，但在互联网时代，“好事不出门，恶事行千里”的效应更加明显，如果平台口碑优异，其综合实力必然不会让人失望。然而，如果有些理财平台自称“注册资金几千万、投资规模过亿、背景雄厚”，但却没人听过，那投资者就要谨慎应对了。

3. 勿被贪欲控制

理财界的诈骗几乎都是针对投资者的贪欲。事实上，谁都想要获得更高的收益，但要谨记“无功不受禄”。如果其他平台的收益都只有 5%，而某个平台却给出 15% 的收益，那投资者就要问问自己：“凭什么他能给出这么高的收益？我又凭什么比别人多赚这 10%？”

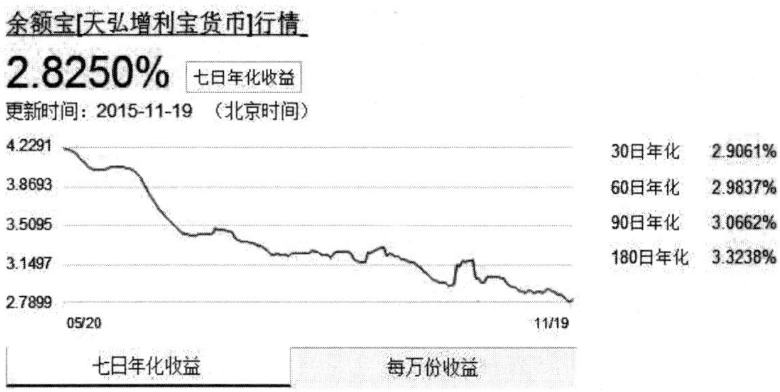

图 4.2.2-3 余额宝收益趋势图

余额宝等“宝宝”们实质上都是货币基金，其风险很低，国内尚未出现过“宝宝”亏损的情况。但随着货币基金市场的冷淡，“宝宝”们的收益也逐渐下降到 3% ~ 4%（见图 4.2.2-3）。即使如腾讯的微众银行在上线之初推出了收益率 5.3% 的“活期 +”，其也在不久之后就迅速下降至行业平均水平。

因此，在选择互联网理财平台时，投资者务必控制住自身的贪欲。理财的目的就在于资产的保值增值，而保值则是每个投资者的底线，千万不要为了“30% 的年收益”让自己的本金打水漂。

4. 用户体验作保

互联网企业想要吸引用户，最重要的就在于用户体验。每个互联网企业都在尽最大的努力给用户最好的使用体验。这样的努力也意味着大笔的成本投入，很多时候，可能辛辛苦苦设计出的新风格却被用户所嫌弃，但这样的成本却是优秀互联网企业所无法避及的。

互联网理财平台同样如此，如果投资者打开某些理财平台官网却发现十分粗糙，下载平台 APP 之后更让人感到毫无设计感可言，这就从侧面反映出该平台对用户并不上心，而这样的平台能否为投资者带来收益或保证投资者资金安全，自然值得商榷。

5. 警惕朋友推荐

如今各种互联网产品的推广都有朋友圈推荐活动，譬如推荐多少好友使用可得多少奖励等。如果只是简单的软件或游戏，我们不妨在朋友的推荐下尝试一下，即使不喜欢也可以事后直接卸载。但理财平台则不同，投资者选择理财平台正是为了赚钱，如果理财平台以不错的收益诱惑用户进行再推广，很多人可能都会分享到朋友圈中。

然而，在普通投资者的周围，大多数人对于理财也都缺乏专业知识，如果朋友推荐，而投资者基于与朋友间的信任，跟风投资。一旦投资失败，就可能面临“人财两空”的结局。因此，面对朋友的理财推荐，投资者同样需要独立自主地对平台进行考察，这不仅是对自己的资金安全负责，也是对朋友的财产安全负责。

相比于传统理财方式，互联网理财的便利性和收益性都十分突出，而且互联网理财也为投资者提供了很多创新性的选择。但任何事物在诞生之初都有缺陷，因此，在选择互联网理财平台时，投资者一定要谨慎、小心，以上述五大原则规避互联网理财风险。

4.2.3　互联网理财的操作流程

当投资者选择了合适的互联网理财平台之后，又该如何利用这些理财平台帮助自己实现资产保值、增值呢？国内互联网理财平台数以千计，每家理财平台的主要理财服务也有所不同，但其基本操作流程却并无太大区别。总体而言，大致可分为以下五步，如图 4.2.3-1 所示。

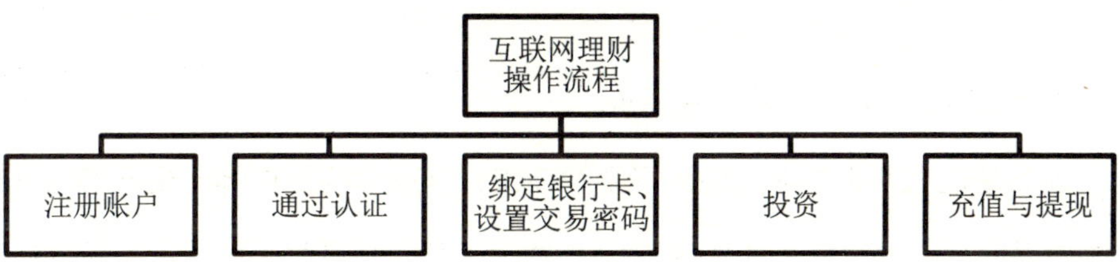

图 4.2.3-1　互联网理财操作流程

1. 注册账户

在任何理财平台进行理财操作都离不开一个属于自己的账户，只有在注册账户之后，用户才能在互联网理财平台上进行各种操作。而一个账户最简单的构成就是账号 + 密码：对于账号设置，每个平台有着不同的要求，有的可以自定义、有的需要用邮箱，有的则是手机号码，用户可以根据平台要求进行设置。密码则是保护账户安全的关键因素，用户在设置密码时，切忌为了方便而设置极为简单的密码，最好是采用字母、数字、符号的密码组合，以提高账户的安全性。

2. 通过认证

由于互联网理财平台涉及用户的资产安全，为了进一步提高用户账户的安全性，大多数互联网理财平台都会对用户身份进行验证，常用的验证包括邮箱认证、手机认证以及实名认证。邮箱、手机是用户在忘记密码之后找回密码的主要凭证，平台也会将一些重要信息发送到用户邮箱、手机中，让用户可以实时了解自己账户的各种操作，其中也包括交易验证码的接收等。

实名认证则是保护财产安全的重要前提。实名认证并不复杂，只需填写自己的姓名、身份证号码，并上传身份证正反面照片或扫描件，就可以等待平台认证。很多人觉得实名认证可能会泄露个人信息，但如果没有实名认证，一旦发生纠纷，就很难证明账户的所属权。

3. 绑定银行卡并设置交易密码

既然是理财就必然涉及各种资金的往来，这就需要用户绑定银行卡以进行充值、提现等各种操作。在绑定银行卡时，一般需要填写开户银行、银行账号以及银行卡绑定手机号等信息。至于选择哪张银行卡进行绑定，用户最好是采取“专卡专用”的方式，每个理财账户绑定不同的银行卡，并在提现之后将资金转入常用银行卡中，以避免信息泄露可能造成的损失。

除此之外，大多数互联网理财平台还会要求用户设置二级密码，也就是交易密码，从而与登录密码实现区分。这样一来，即使别人知道你的登录账号和密码，如果不知道你的交易密码，他们也难以危及你的财产安全。因此，在设置交易密码时，用户切勿将之设置得与登录密码相同，最好降低二者的相关性，不要简单地在登录密码后加几位数字就当作自己的交易密码。理财账户的设置如图 4.2.3-2 所示。

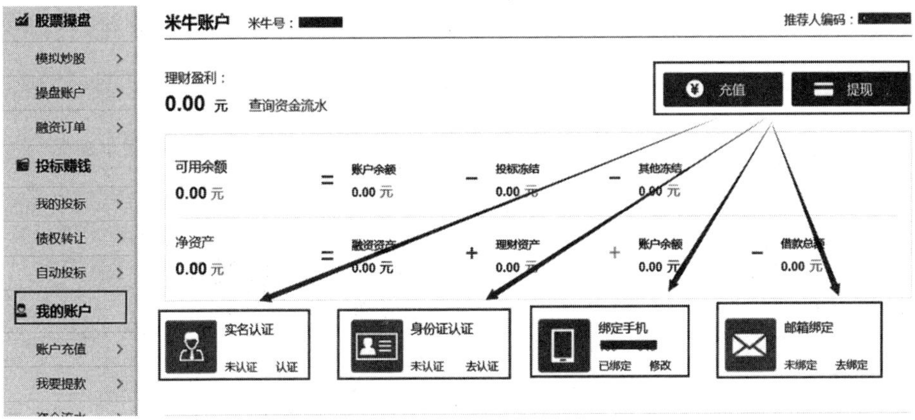

图 4.2.3-2　互联网理财账户设置

4. 投资

经过前面三步操作，账户的注册就已经基本完成，接下来，用户就可以开始进行投资，也就是选购理财产品。在如今主流的互联网理财平台上，用户都可以直接使用绑定的银行卡购买所需的理财产品，只要银行卡里资金足够，就可以按照平台的投资流程进行操作。在确认投资金额、期限等相关信息之后，用户就可以点击“我要投资”之类的选项进行投资，在最终确认时，则需要用户输入自己的交易密码或者手机验证码等安全信息，以确保投资为本人操作。

有一些互联网理财平台则设置了“自动投资”功能，通过该功能，用户可以直接设置自己的投资偏好，在平台上出现符合要求的理财产品时，平台会自动进行投资。比如在支付宝中，用户可以设置将支付宝余额自动转入余额宝中，而在一些 P2P 网贷平台上，用户也可以自定义可投标的利率、期限、评级等信息，一旦平台出现该类产品，则会根据用户的自动标排名，进行自动投标（见图 4.2.3-3）。在设置“自动投资”时，用户一定要谨慎，如果对平台没有足够的信任，或是不想长期在该平台投资，那么最好不要开启。

图 4.2.3-3 “自动投标”

在用户确认投资之后，也有可能因为银行转账失败、网络故障等原因，出现投资失败的情况。因此，在确认投资之后，用户一定要再次确认投资是否成功，如果投资失败，则需要关注资金是否已退回到自己的账户中。如果投资成功，用户则可以坐等到期收取本息。当然，在这期间，用户也要时刻关注理财平台的运营状态，如果购买的是股指基金之类的产品，则需要根据风险判断，进行追投或赎回，以保护自己的财产安全以及收益最大化。

5. 充值与提现

互联网理财平台都会为用户提供一个平台账户，这个平台账户则是一个类似于银行卡的虚拟账户。有些平台为了保护用户资金安全，会限制银行卡直接投资，要求用户首先将资金充值到平台账户之后，再使用平台账户中的资金进行投资，而投资收益和本金最终也会进入平台账户之中。图 4.2.3-4 所示是余额宝的相关操作页面。

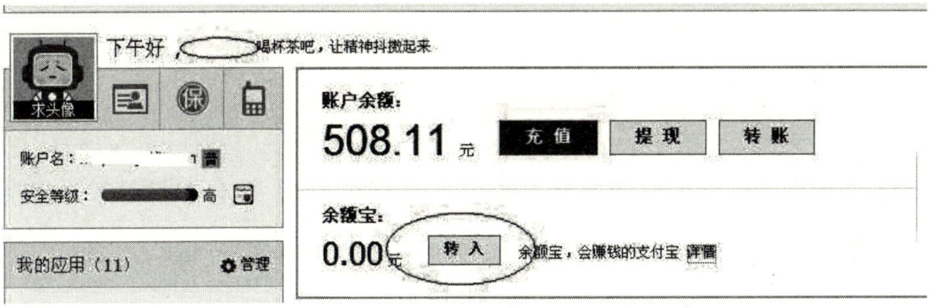

图 4.2.3-4 充值、转入与提现

除了个别如支付宝、微信钱包这样的第三方支付机构，其用户的平台账户资金可以用于站外机构之外，大多数理财平台账户上的资金都只能在平台内部使用。因此，用户在收到投资收益之后，如果想要将之用于其他平台或是进行消费，则需要进行提现，将平台账户中的资金提现到绑定银行卡中。

在充值与提现过程中，理财平台或银行也会设置一定的限额，以免用户账户被盗出现大额损失。因此，用户在有投资或取现需求之前，就要明确限额的多少，如果所需资金大于限额就要提前进行操作，以免在你想要投资或急于取现时，因为限额的问题而造成损失或麻烦。

互联网理财的操作流程其实并不复杂，投资者可以根据网站指示进行每一步的操作。但在这个过程当中，投资者一定要紧抓资金安全问题，尤其是登录密码、交易密码一定要设置妥当，在邮箱、手机、银行卡更换或丢失时，也要及时在自己的平台账户中进行更新或冻结操作，以确保自身的资金财产安全。另外，如果在注册过程中，理财平台向你索取过多个人信息，则要重新审视该平台的可靠性。

互联网金融理财实用四原则

理财的最终目的就在于资产的保值与增值，互联网与理财的结合，使得投资者在资产保值、增值方面拥有更多的选择。如股票、基金、期货等其他理财渠道一样，在选择互联网金融理财时，互联网理财并非毫无风险。

然而，风险与收益永远是并存的，没有哪种理财产品可以说毫无风险，即使是如银行存款，在“银行破产法”实施之后，过往有国家兜底的商业银行也存在倒闭的风险。投资者所要做的，其实就是找到风险与收益之间的均衡点，从而在自身风险承受范围内博得最大的收益。

理财产品并非风险越小越好，因为风险越低必然意味着收益更低，如果收益低于通胀率，那么，这样的理财可以说是失败的。风险的大小并非绝对的，在亿万富翁的眼里，一百万的风险可能也不算什么，但对于普通人而言，没有人敢挑战一百万的风险。因此，投资者在理财前首先要明确自己的风险承受能力，才能以此为基础，实现收益最大化。

互联网理财盛行的根本原因就在于，依靠互联网开放、分享、创新的特性，互联网理财将理财的风险普遍降低到一般人的风险承受能力之内，从而开辟出更加广阔的市场，原本的“升斗小民”也因而得以将富余的少量资金用于投资。而互联网理财则能够将无数的少量资金集中到一起，降低普通人难以企及的优质理财产品的门槛，让他们得以共享收益。

当然，互联网理财也有风险高低之分，存在收益多少之别。当投资者拥有理财的机会以及更多的理财选择时，也要注意使用如图 4.2.3-5 所示的互联网金融理财的四大原则。

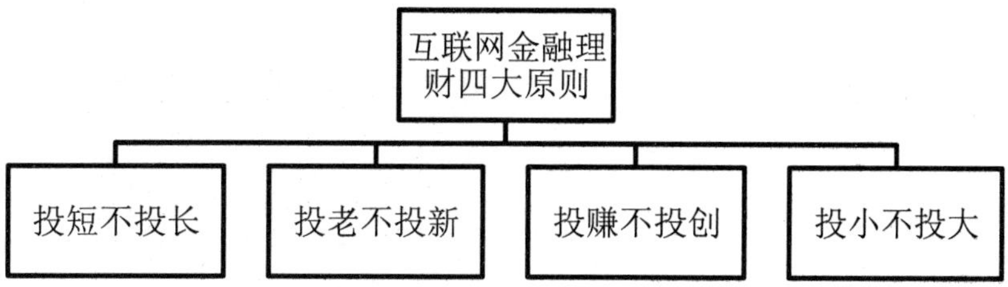

图 4.2.3-5　互联网金融理财四大原则

1. 投短不投长

每个理财产品的投资期限长短不一，多则三五年，少则一两天。一般而言，投资期限越长，投资收益越高，但较长的投资期限，也必然带来更大的风险，包括诚信风险、安全风险以及机会成本、时间成本等。在高速发展的互联网中，投资者最好选择短期理财产品，在确保收益的同时，规避风险并保持灵活性。

2. 投老不投新

在互联网理财的蓬勃发展中，各种理财平台如雨后春笋般出现。互联网的一大特质就是创新，但这并不意味着新生理财平台就要优于老牌平台。在互联网理财中，投资者仍然应该选择老牌的互联网理财平台，因为它们有更好的信誉度和号召力，也因为它们具备更加雄厚的创新实力。

3. 投赚不投创

“天使投资”的超高收益人尽皆知，正是凭借对阿里巴巴的慧眼识珠，孙正义才得以在阿里巴巴上市之后，一跃成为日本首富（见图 4.2.3-6）。互联网理财的出现，使得每个投资者都有可能成为天使投资人，然而，如果投资者没有这样一双慧眼，最好还是远离高风险的创业投资，选择更加稳健的理财产品。

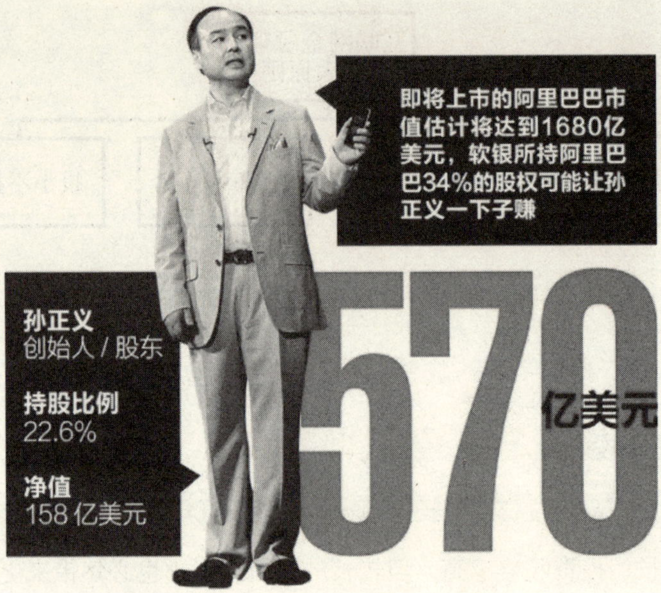

图 4.2.3-6　孙正义因阿里巴巴上市获利预估

4. 投小不投大

在互联网理财中，投资者一定要注意的就是这一原则，切忌将大量的资金投资于单一理财产品。互联网理财的优势很大一部分在于其灵活性和流通性，如果将大量资金投入其中，投资者就丧失了这样的优势，反而有可能一招不慎满盘皆输。

理财最重要的就在于风险分散，互联网理财同样如此。根据每个投资者风险承受能力的不同，其理财计划也应有所区别。投资者可以为了高收益去追逐高风险的理财产品，但一切都应该控制在自己的风险承受范围，并尽量采取各种手段降低可能存在的风险，从而实现资产保值、增值的最终目的。

Part 5 互联网金融重构创业模式

在国家的号召与支持下，中国进入“全民创业”时代。然而，创业却并非易事，在后金融危机时代，在全球经济的缓慢复苏中，中国传统行业也陷入低谷，而新兴的互联网金融行业则为创业者们带来了新的可能。在互联网金融对创业模式的重构中，创业者既可以在前景广阔的移动支付行业掘金，也能够找到自己的特点从而站在新的“风口”。

5.1 移动支付市场垂直化

5.1.1 予人安全，予己红利

随着移动智能终端与 4G 网络的迅速普及，移动互联网已经超过 PC 互联网成为互联网时代的新贵。在互联网金融的广泛布局中，移动支付市场也已经成为一块人人都想分割的大蛋糕。作为互联网金融与移动互联网相互交融的核心，移动支付的市场范围也正在不断拓展，在市场垂直化的发展过程中，互联网创业模式也正在重构。

既然涉及支付，就不得不提安全，安全问题几乎贯穿着支付模式发展的始终。无论是纸币的防伪、银行卡信息的保护还是移动支付的盗用，都需要安全给予支持。如果更好的支付体验是以支付安全为代价，那么，相信没有人会冒着资金损失的风险去尝试。

人民币的防伪经过多年的发展，已经融入了多种安全技术，包括纸质、水印、安全线等各种要素共同组成了纸币的“安全门”。然而，即便如此，市场上每年还是会出现大量的伪造纸币，很多甚至已经达到以假乱真的地步。为此，中国人民银行不得不每过几年就重新发布纸币，对防伪技术进行更新。2015 年 11 月 12 日，我国又发行了最新一版的百元纸币（见图 5.1.1-1），虽然增加了多种最新安全技术，但可以预见的是，这一版人民币绝不会成为防伪道路上的“最终版”。

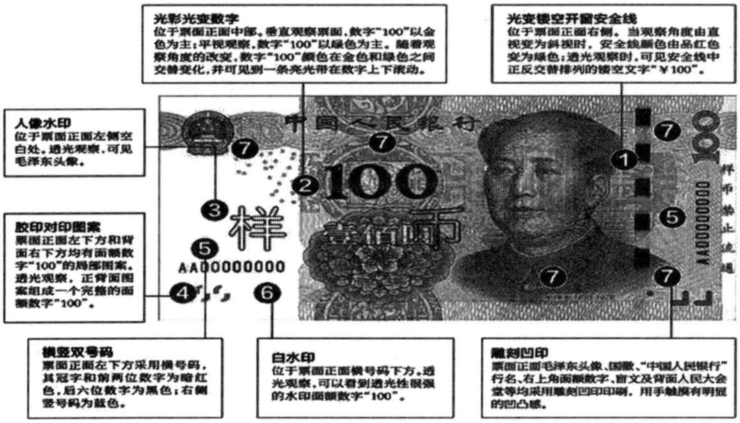

图 5.1.1-1　2015 版百元纸币防伪技术

对于银行卡的安全保护似乎更为简单，由于磁条、芯片等多种电子防伪技术的运用，想要伪造银行卡几乎是一件不可能的事情。然而，不能伪造银行卡，却不代表不能盗刷。由于银行卡本身就是为了提高消费者的支付效率，很多便利技术反而成为不法者盗刷银行卡的突破点。POS 机盗刷银行卡的案例在国内一直时有发生，但想要真正从安全技术上杜绝这种盗刷行为，却又很难完全实现。而一旦银行卡被盗刷，消费者的资金损失可能就不止几百元而已。

那么，伴随着在线支付的普及，在移动支付成为行业角逐焦点的今天，移动支付是否能够在支付安全领域完全规避风险呢？这无疑是移动支付在发展中所要面对的一大挑战。

在传统支付领域，支付的安全保护基本掌握在政府、央行的手中，几乎没有民营企业可以涉入其中；但在移动支付领域，基于互联网支付的特殊性，传统支付安全手段很难发挥作用，真正能够保护移动支付安全的，也只有掌握了顶尖技术的互联网安全企业。

很多人在使用移动支付时，都会考虑其中的安全问题。由于阿里巴巴、腾讯、百度等互联网企业多年来良好的口碑，用户对其有着极强的信任感，因此，当其推出自身的移动支付工具时，用户更多考虑的是便利，而非安全。但这并不代表用户就忽略了移动支付的安全风险。

移动支付的便捷性毋庸置疑，用户绑定银行卡之后，每次支付时仅需输入六位数字的支付密码即可，甚至能够在小额支付时免去输入密码的环节。这种支付流程在提升用户支付效率的同时，也让用户开始担心，万一手机丢了，那别人不就可以进入自己的支付宝、微信随便付款、转账了吗？尤其是随着互联网“宝宝”们的快速普及，很多人的资金都放在余额宝、理财通当中，别人只需打开 APP 就可以对用户的资产状况一目了然，完全不用再不断尝试去刷出卡里最后一分钱。

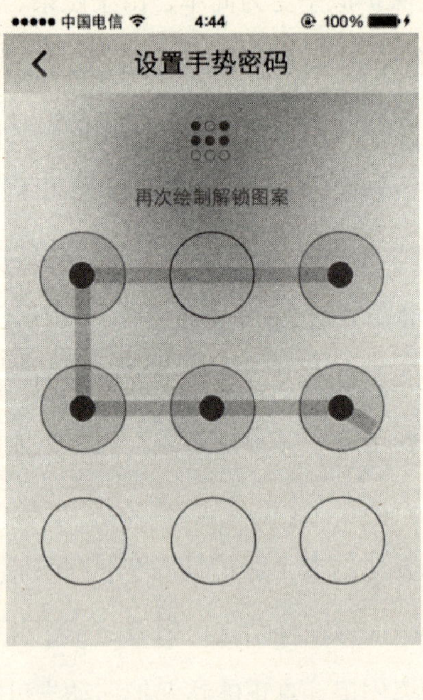

图 5.1.1-2　支付宝手势密码

在过去，用户大多会为支付宝钱包设置一个手势密码（见图 5.1.1–2），由最少四个点组成的手势密码，在总共九个点中可以设置出 389 112 种手势密码，一般人想要试出真正的手势密码几乎不可能。但在 2015 年 7 月，支付宝钱包更新到了 9.0 版本，也取消了手势密码的设置，这让很多用户开始质疑支付宝钱包的安全性："没有手势密码的支付宝钱包，就像门没锁的保险柜一样，别人捡到你的保险柜，打开了门还不是想怎样就怎样。"

在用户的大范围质疑声中，支付宝终于在其官方微博中发布了一篇名为《给新支付宝用户的一份安全报告》的长篇微博，来介绍自身的安全防护体系，并揭开了其大数据风险防控体系"安全大脑"的面纱，据该篇"长微"介绍：早在 2007 年，支付宝就开始研发并运行"安全大脑"，在这八年间，"安全大脑"会对用户的位置、行为、关系、偏好、账户、设备等多种数据进行记录并分析，甚至用户每一次敲击屏幕都是一种安全考验，如果敲击屏幕的指压感应、接触面积、时间间隔与数据库记录中的模型有明显差异，"安全大脑"就会提高警觉。据称，"安全大脑"会在 0.15 秒内对用户 10 000 个习惯特征进行识别，从而识别出其中的风险，并将风险发生率控制在百万分之一。

虽然如此，但取消了手势密码的支付宝钱包，仍然受到许多人的质疑。这里且不谈没有手势密码究竟安全与否，对于创业者而言，我们应该看到，即使如阿里巴巴这样的互联网巨头、如支付宝这样的行业龙头，一旦其安全性遭到质疑，用户都会开始"抵制"，这就为创业者带来了一个新的方向——移动支付安全。

资金安全始终是用户关注的重点，当众多互联网巨头纷纷推出自有的移动支付工具，以争夺移动支付市场时，创业者或许应该将创业方向放在移动支付细分市场。如果创业者妄图开发出自身的移动支付工具，与互联网巨头进行抗争，那无异于以卵击石，甚至只需一场支付宝与微信支付的补贴大战，你就会被“战场余波”所击垮。

因此，在大数据、云技术被广泛运用的今天，掌握了核心技术的创业者最好的创业方向，就是将之与移动支付安全相结合，从而成为移动支付领域的安全服务提供商。一旦创业者能够成功扮演这样的角色，那么，其发展空间将变得前所未有的广阔。

正如支付宝在《安全报告》中所说的：“真正的密码不是一个手势或一串数字，而是你本人！你的点滴习惯，构成了最难复制的密码。”作为移动支付安全服务提供商，你只需建立起最具安全性的数据模型算法，在你予人以安全时，也将切实予己以红利。

5.1.2 提供及时的在线反欺诈服务

随着互联网金融产品如雨后春笋般出现在中国市场，大量资金的涌入也让资金安全成为很多人关注的焦点，这其中，网络反欺诈又成为保护资金安全的关键性问题。在账户安全已经受到多重保护的今天，用户又要如何避免因为诈骗而造成的损失呢？

2013 年 10 月，来自阿里、Paypal、ThreatMetrix 等互联网企业的几位技术人员创立了同盾科技，为互联网金融行业提供风险控制与反欺诈的实时数据分析业务（见图 5.1.2-1）。其创业模式就是为金融、支付、电商、网贷等行业提供最基础的风险和信用评估服务。目前，这家创业公司也正处于高速成长当中，并获得了顶级 VC 的 A 轮和 A+ 轮投资。

图 5.1.2-1　同盾科技

这家成立不过两年的企业，却迅速成为国内最顶尖的反欺诈公司。之所以如此，正是因为这片市场一直以来的空白为其带来了极大的成长空间，再加上丰富的技术及渠道资源，同盾科技的创业成功自然水到渠成。

到底什么是反欺诈？欺诈其实就是诈骗，而反欺诈并不是将行骗者绳之以法，而是将诈骗行为提前扼杀掉。在反欺诈服务领域，同盾科技就是依靠大数据手段，将欺诈者标记“高亮”，从而预防欺诈行为的发生，并建立了覆盖面极广的失信名单，以帮助电商、网贷等企业避免大规模的“有害访问”。

对于聚集了大量资金的互联网金融行业而言，大量的资金让其拥有了颠覆传统金融的力量，也使得互联网金融迎来了大量犯罪分子的“觊觎”。正如同盾科技联合创始人 COO 马骏驱所说：“以云服务的方式为互联网金融相关企业提供的保护，将会成为网络反欺诈的一种新策略。”

在互联网金融的高速发展中，行业需要能够提供及时在线反欺诈服务的技术商。同盾科技正是依靠底层技术和数据库的优势，坚持在互联网 + 时代帮互联网做减法，减去各种不同类型的风险，包括盗号、盗刷、刷单、骗贷等，并减去遍布各地的“信息孤岛”，通过将黑名单数据共享实现联防联控。

互联网金融的迅猛发展以及移动支付的广泛普及，使得反欺诈服务成为移动支付领域的新兴市场，而拥有不同技术资源基础的创业者，也能够在这片土壤上找到各自的发挥空间。根据反欺诈服务的服务对象的不同，创业者可以找到不同的创业方向，如图 5.1.2-2 所示。

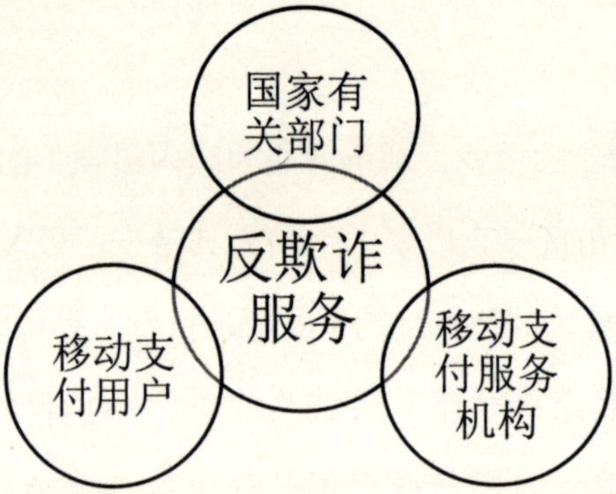

图 5.1.2-2　反欺诈服务对象

1. 服务移动支付服务机构

移动支付工具成为各家互联网巨头争夺的焦点，在各大巨头展开不断的“厮杀”时，创业者则可以考虑为这些移动支付服务机构提供专业的反欺诈服务。由于移动支付服务机构的服务范围大多较广，在针对它们的服务中，创业者也可以寻找不同的发力点，如图 5.1.2-3 所示。

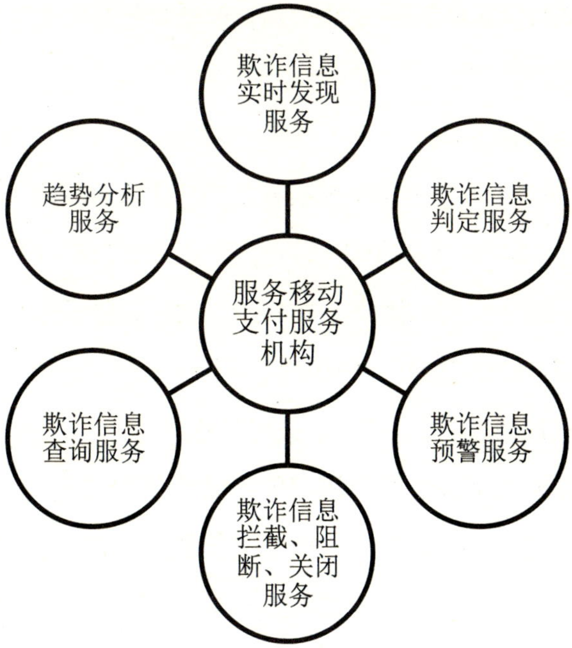

图 5.1.2-3　服务移动支付服务机构发力点

（1）提供欺诈信息实时发现服务。

由于移动支付的服务几乎都是全天候的，这就意味着每一秒钟，移动支付服务机构都可能面对欺诈风险。因此，创业者可以为其提供欺诈信息的实时发现服务，通过检测工具、举报等多种方式，全天候地收集各类欺诈信息，并在第一时间将之发送给移动支付服务机构，以便于它们针对这些信息开发相应的安全防护技术。

（2）提供欺诈信息判定服务。

移动支付服务机构每天都会接收到无数的支付请求，而在这些请求当中，又有哪些是欺诈行为呢？到底是哪些要素构成了对欺诈信息的判定呢？这可能并不是移动支付服务机构的技术发展重点，但创业者可以为其提供包括系统自动判定或人工判定、审核的服务，以保证欺诈信息判断的准确性，避免发生错判、漏判等不当处理造成的损失。

（3）欺诈信息预警服务。

这也是受到众多移动支付服务机构喜爱的一种服务形式。这种服务就是以平台系统、邮件、短信等各种方式向移动支付服务机构发出欺诈预警信息，至于对这些信息该如何处理，则由其自主判断。欺诈信息预警服务实际上成为移动支付服务机构本身风控体系的补充内容。

（4）提供欺诈信息拦截、阻断、关闭服务。

在这种服务模式下，当客户访问的网站或信息被判定为欺诈时，服务商可以直接对之进行拦截、阻断甚至是关闭服务，服务商因此在平台系统中拥有较高的权限。一般只有在二者达成较为深入的合作时，这种服务才能展开。

（5）提供欺诈信息查询服务。

欺诈信息查询服务就如中国人民银行的征信查询服务一般，移动支付服务机构在自有的风控体系中可以保有完全的独立，只对有需要的信息进行查询。这种服务模式的价格一般不高，根据不同的授权，移动支付服务机构可以在服务商数据库中进行查询、统计、分析等操作。

（6）提供趋势分析服务。

每个移动支付服务机构都有着自己的风控体系，其风控体系也在不断地完善过程中，但到底何种完善方式才符合市场发展趋势呢？服务商可以通过对各种已发现、已处理的欺诈事件进行统计分析，从而根据移动支付服务机构的需求，为其提供安全趋势分析报告。

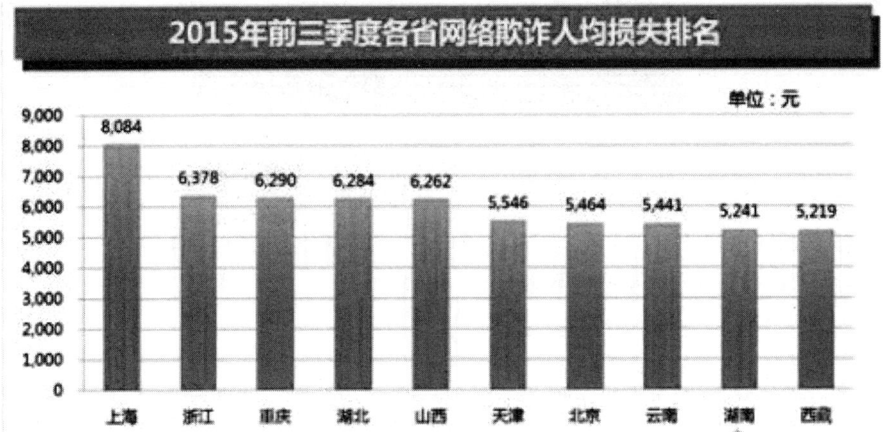

图 5.1.2-4　2015 年前三季度各省网络欺诈人均损失排名

2. 服务移动支付用户

移动支付用户对于反欺诈服务的需求一般较少。作为移动支付服务的使用者，反欺诈可以说是移动支付服务商的义务，而移动支付用户只有在某些特殊的情况下需要反欺诈服务。

因此，在针对移动支付用户的服务模式中，创业者可以与各大浏览器企业合作，为用户提供移动支付网站的验证服务，对移动支付网站的真实性、安全性进行判定，并向用户提供验证结果。当出现欺诈风险时，其则可向用户发出预警，或是直接进行拦截、阻断或关闭。

除此之外，创业者还可以将欺诈信息查询平台向公众开放，方便用户对各种网站、信息进行欺诈查询（见图 5.1.2-5），也可以为其开通举报通道，从而收集到更多的欺诈信息，以完善自身的数据库。

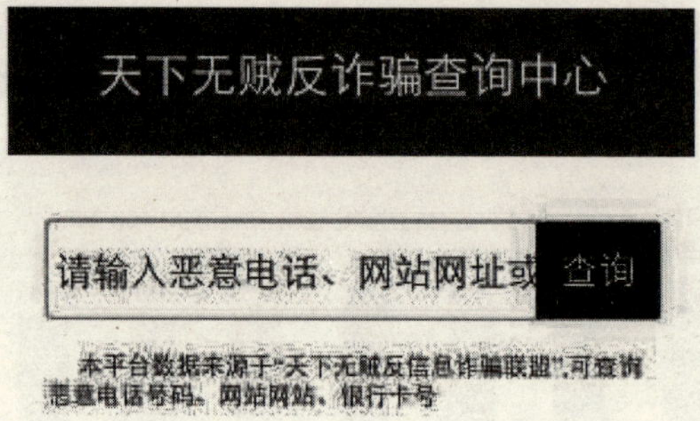

图 5.1.2-5　天下无贼反诈骗查询中心

另外，创业者也可以依靠自己的平台向移动支付用户提供安全使用移动支付工具的宣传教育服务。这种服务更趋公益性，实际上是将平台作为安全知识宣传和普及的窗口。但从企业自身的发展角度来看，随着公众安全意识的提升，移动支付服务机构也需要在反欺诈领域加大投入，这就使得反欺诈服务市场得到拓展。

3. 服务国家有关部门

国家需要对各行各业进行一定的管控，而金融向来都是管控的重点。随着互联网金融的蓬勃发展，对于互联网金融的监管政策也正在紧急制定当中。为了进一步提高政策的可行性和适用性，国家有关部门也需要一手的移动支付安全状况分析数据和欺诈信息的趋势分析。创业者则可以为其提供这方面的数据、分析服务，从而为互联网金融监管政策的完善做出贡献。

在整个金融行业，诈骗几乎无处不在，完全发生在虚拟世界的互联网金融，在某种意义上，也为诈骗提供了一些便利。因此，创业者想要进驻互联网金融行业，不妨就从反欺诈入手，以及时的在线反欺诈服务成为互联网金融安全领域的必需品。

5.1.3 基于用户行为分析反洗钱

作为传统支付形式的革新产品，移动支付有着传统支付所无法媲美的便捷性与灵活性，也正是这样的特性，使得移动支付市场可能面临更加严重的洗钱风险。随着国家政策越发重视对移动支付洗钱风险的防治，基于用户行为分析反洗钱也成为移动支付市场上一个新的创业点。

所谓洗钱，就是指“将违法所得及其产生的收益，通过各种手段掩饰、隐瞒其来源和性质，使其在形式上合法化的行为”。简而言之，就是把“黑钱洗成白的”。据国际货币基金组织统计，全球每年非法洗钱的数额占世界国内生产总值的 2% ~ 5%，介于 6 000 亿~ 1.8 万亿美元之间，且每年以 1 000 亿美元的数额不断增加。

在传统金融领域，已经发展出各种各样的反洗钱方法，但随着移动支付的普及，洗钱犯罪也变得更加“现代化”。事实上，移动支付可能被用于洗钱，早就引起了世界上最重要的反洗钱国际组织——金融行动特别工作组——的注意，我国也是该组织的一员。2012 年，其修订的《金融行动特别工作组建议》正式确立了全球预防洗钱犯罪包括网络洗钱犯罪的标准。这也使得创业者的反洗钱分析工作得到政策的支持。

既然要将反洗钱分析作为自身的创业方向，创业者就应当了解移动支付洗钱的流程、特点及风险。

1. 明确移动支付洗钱的流程和特点

如图 5.1.3-1 所示，洗钱一般被分为置入、培植和融合三个阶段，也就是将“黑钱”置入清洗系统，通过各种金融交易进行分散、规避查处，最终将非法变为合法的三个阶段。当这三个阶段与移动支付结合到一起，又会形成怎样的模式呢？

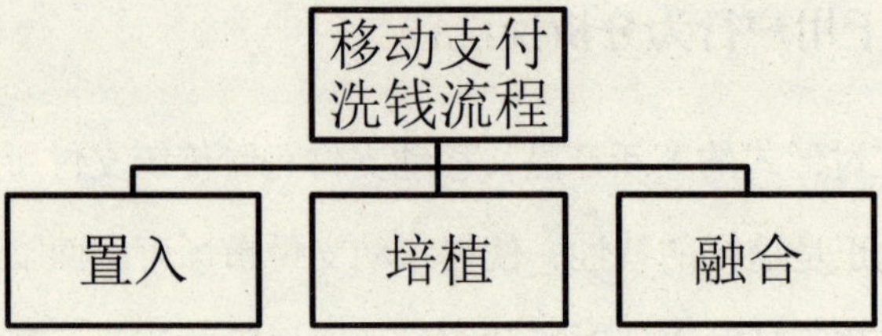

图 5.1.3-1　移动支付洗钱流程

（1）置入。

虽然目前移动支付与传统金融账户一样，要求用户进行实名认证，但犯罪分子仍然可以利用他人的身份信息开设移动支付账户，并将不法资金注入到这些账户中。由于互联网中充斥着现金、电子货币、游戏币、游戏装备等多种流通载体，犯罪分子就能够运用这些手段实现不法资金的置入。

（2）培植。

利用移动支付的便捷性以及跨国性，不法资金能够在不同国家、地区的多个账户之间进行迂回转移，并尽量避免大额、可疑交易手段，以规避移动支付平台的风控系统，最终逐渐将不法资金与合法资金相融合，达到模糊资金来源、性质及其与犯罪分子关系的目的。

（3）融合。

当不法资金与合法资金完全融合时，犯罪分子就可以通过移动支付工具购买各种产品，如贵金属、奢侈品、证券、房地产等产品，或是直接将其转换为可以自由使用的合法资金进行提现，从而完成对不法资金的彻底清洗。

洗钱的三大流程之间并非线性关系，这三个步骤有时也会发生重叠或省略，再加上移动支付在互联网金融市场的广泛运用，当洗钱与移动支付结合到一起时，就具备了隐蔽性、成本低、快捷性、国际性、复杂性等突出特点，使得反洗钱组织防不胜防。

2. 基于用户行为分析反洗钱

基于移动支付领域洗钱的重大风险以及反洗钱的难度，作为大数据技术的掌握者，创业者就能够真正贯彻国际金融行动特别工作组的反洗钱基本策略——“了解你的用户”。通过建立一套有效的用户行为模式监控、理解和分析系统，对用户行为是否正常进行判断，从而找出那些违背常规、特征怪异、明显偏离正常业务需要状态的用户，继而发现真正的洗钱犯罪行为，最终达到反洗钱的目标。

作为国际金融行动特别工作组的反洗钱策略，“了解你的用户”一直是传统金融机构构建反洗钱机制的重要方向。然而，在这几十年间，传统金融机构仍然无法开发出一套完善的模式识别技术，这一方面是由于各金融机构对重要数据的封锁，另一方面则是源于技术力量的不足。

而在大数据技术被广泛运用的互联网金融时代，金融则能够凭此建立起一套完善的模式识别技术，如图 5.1.3-2 所示。

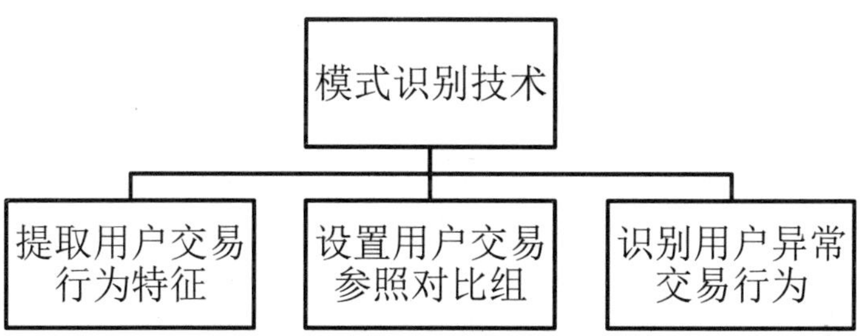

图 5.1.3-2　模式识别技术操作流程

（1）提取用户交易行为特征。

模式识别技术应用的基础就在于对用户交易行为的各种特征数据的建立和

有效提取。基于洗钱行为的复杂性，一般我们很难做到对其进行直接识别，因此，在实际操作过程中，我们所要做的并非判别该行为是否为洗钱行为，而应该转变为判别其是否正常。

犯罪分子在洗钱时，通常会竭力模仿正常用户的交易行为，但由于其交易行为本身的目的就存在特殊性，洗钱交易不可能在每个细节上都做到正常，其交易行为必然存在一个或多个非正常的特征量。我们所要做的就是在对用户各项交易行为特征进行提取之后，识别出这些非正常的特征量。

（2）设置用户交易参照对比组。

既然要识别出非正常的特征量，我们就要明确何种交易行为是正常的。因此，在对反洗钱行为进行分析之前，我们必须设置一个用户交易参照对比组，从而为之后的对比、调查、分析提供启发和指导，并有效发现洗钱线索和降低误报风险。

在设置用户交易参照对比组时，我们首先需要采集大量与待识别用户交易行为类似的正常用户的样本信息，以此建立其一套含有多个交易行为特征的交易业务行为范本，这样一来，我们就能够在识别用户交易行为时，将之与范本进行对比分析。

（3）识别用户异常交易行为。

想要判别一个用户的交易行为是否正常，我们可以采取纵向比较与横向比较两个方式，也就是将某一交易行为与用户的历史交易模式以及交易参照对比组进行对比。完成这样的对比工作，如果没有大数据、云计算技术的支持是十分困难的。

一个完整的分析识别体系框架，需要我们对用户的交易业务按照从微观到宏观、从点到线到面的原则，从交易层、账户层、组织层、链接层等四个层次进行分析。其中交易层、组织层一般可以通过单一基层的数据进行分析，而组织层、链接层则需要进行跨银行、跨地域、跨机构的综合分析。

数据量大、特征变量多、缺乏足够样本数据，是传统金融机构在反洗钱分析中难以解决的问题。移动支付虽然让洗钱犯罪拥有了新的渠道，但其核心模式并未改变，依靠大数据、云计算技术，我们能够解决过去的反洗钱难点，这就让创业者拥有了在反洗钱领域脱颖而出的机会。

互联网金融创业启示

余额宝揭开的互联网金融大幕，使得金融行业终于摆脱传统银行的垄断。在这场金融战争中，支付宝、微信支付的搅乱市场，余额宝、理财通、百度理财的大力进军，P2P 网贷、众筹等新型金融模式的相继而起……在这个群雄争霸的新时代，互联网金融市场，尤其是移动支付市场，已经成为传统金融、互联网三巨头以及创业者角逐的焦点。

所谓“乱世出英雄”，在国家对于全民创业的强力号召下，在互联网金融这片看不见硝烟的战场上，创业者是否能够在传统金融巨头、互联网巨头的争夺中，找到自己的一块立足之地，甚至成为新的市场霸主呢?

当创业者纷纷涌入互联网金融市场时，互联网金融以及移动支付也正处于垂直化发展的大趋势中，生活服务、房产金融、众筹平台……各种不同垂直领域的金融平台正在相继崛起，只要能够掌握用户的痛点，创业者就能够开辟出独属于自己的新战场。可能有些人会疑惑：即使是互联网金融垂直化，在各大巨头的争夺下，创业者又能获得怎样的机遇？（见图 5.1.3-3）

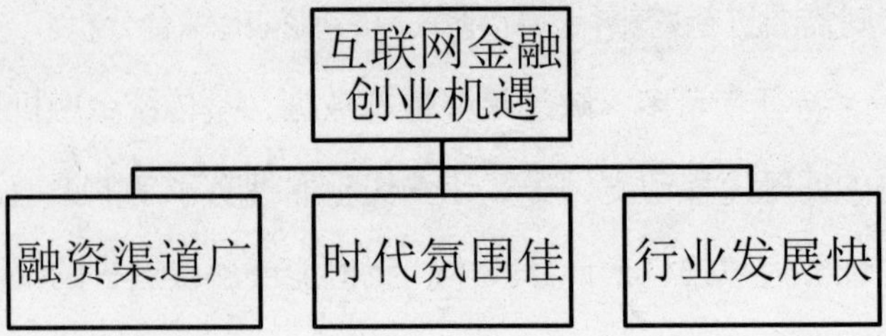

图 5.1.3-3　互联网金融创业机遇

首先，创业者相比于巨头的最大劣势就在于资金以及其他实力方面，想要与巨头们正面抗衡无异于以卵击石。创业者想要在互联网金融市场取得发展，对于市场的细分化就是创业者的突破点所在：当巨头们纷纷在“城市”中角逐时，创业者则可以对“城市”进行细分，开辟社区战场、校园战场等，并逐渐蚕食。

其次，我国正在进入全民创业时代，互联网金融创业者可以说是市场中的弱势群体。但也正是因为全民创业时代，有鉴于阿里巴巴为孙正义带来的丰厚回报，各种各样的金融孵化平台和天使投资正在挖掘市场中的新星，为其提供资金、技术、服务等各方面的指导和支持。在这样的市场环境中，只要创业者有“一招鲜”，就能够在投资人的扶持下“吃遍天”。

最后，互联网金融市场的蓬勃发展，有一个关键原因就在于解决了金融信息不对称的市场痛点。对于垂直金融而言，由于创业者对于所选择的垂直领域有着更深的了解，其就能够通过解决信息不对称问题，获得用户的支持。而在互联网金融这样一个“用户为王”的时代，谁掌握了更多的用户，谁就能成为市场中的“王者”。

在如此巨大的市场机会下，创业者只需找准自己的创业方向，就能够在互联网金融史上留下属于自己的痕迹。从互联网金融的发展趋势来看，创业者在互联网金融市场中有十大方向可走，如图 5.1.3-4 所示。

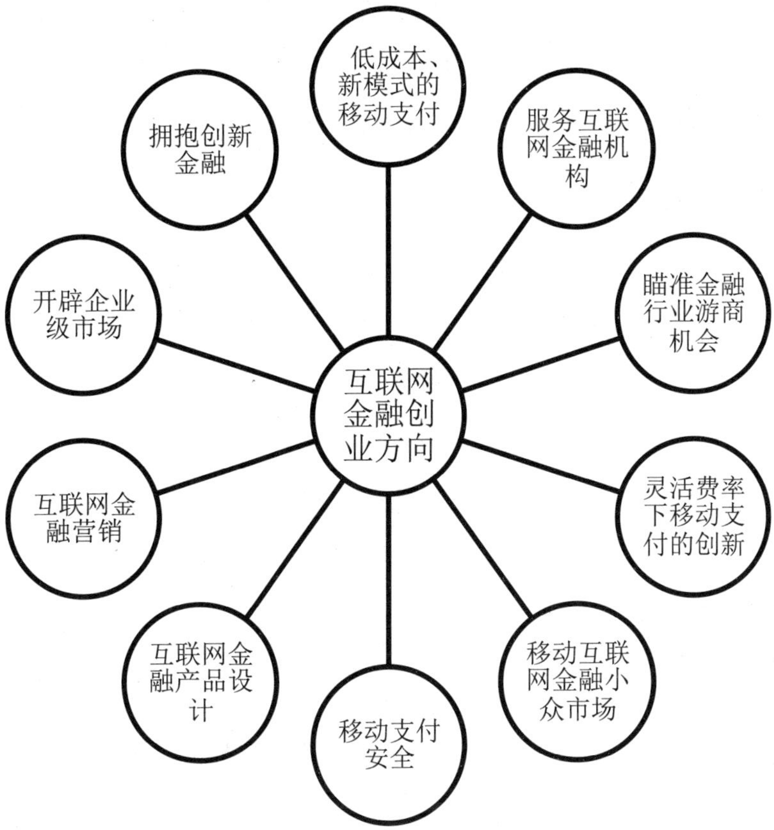

图 5.1.3-4　互联网金融创业方向

1. 以更低成本、更新模式抢占移动支付市场

移动支付原本只被看作是互联网金融发展的基础，但如今，移动支付正在转变为互联网金融的综合性入口，这也是各大巨头抢占移动支付市场的原因所在——流量入口、平台服务早在互联网时代就已经成为最有前途的发展模式。

但在传统金融、互联网巨头的包围中，创业者又该如何与他们竞争？答案仍然在于市场细分。百货商场是传统支付、移动支付争夺的焦点，零售餐饮也正在被移动支付侵蚀，但在广阔的商业社会中，我们还有街边店、夫妻店、校园、农村等多种细分市场可以选择。创业者完全可以凭借更低的成本、更新的模式，切入自己有把握的细分市场，挖掘其中潜藏的市场机会。

2. 服务互联网金融机构

如果你认为自己没有“独霸一方”的实力或机遇，那么，不如退而求其次，为其他互联网金融机构提供服务，成为互联网金融市场的“基础设施提供商”。就以微信公众号、服务号为例，很多金融机构已开始入驻微信平台为用户提供客服、营销等服务。但其中也需要许多技术实现对接，尤其是这种直面用户的产品，所需的不仅是技术，还有美工、文案等多种要素，创业者则可以成为技术、美工、文案服务商，为其提供专业的服务。

3. 瞄准金融行业的游商机会

随着移动支付工具的不断发展与改善，“游商”在移动互联网金融市场上，重新找到了属于自己的机会。只需一部手机、一部平板电脑，“游商”就能够辗转于各大社区、写字楼推销自己的产品。

创业者或许不愿意成为这样的“游商”，但却能够成为“游商”的服务商，推出商品管理系统、移动支付工具或是 App 设计等多种技术产品或服务，从而帮助“游商”提高客户服务率，也为自己赢得这块细分市场的大蛋糕。

4. 以灵活的费率争夺移动支付创新空间

在移动支付市场上，使用移动支付需要支付两笔费用，其一是硬件终端的产品购置费用，其二则是每笔交易的服务费用。在国外，这两种费用合计费率在 1.9% ~ 2.7%，但在国内市场的相互竞争中，这一费率却正在不断被拉低，甚至逼近 1%。

由于移动支付市场的竞争还未稳定，这就意味着其费率将一直保持灵活性，移动支付市场的创业者则可以利用灵活的费率，为不同的细分市场提供不同的服务费用，从而立足于这一更大的创新空间，满足用户的个性化需求。

5. 移动互联网金融上的小众市场

早在互联网时代，互联网企业的一大发展模式就是满足消费者的个性化需求，或者说是服务于小众市场。在我国这个 14 亿人的大市场上，创业者所要做的或许不是满足所有人的需求，而是找出有着共同需求的 1 亿人、1 万人，只要让他们感到满意，你所要做得其实不多，但你所能得到却着实不少。

6. 移动支付安全

当用户的资金纷纷涌入互联网、移动互联网中时，市场对于移动安全的需求也就更加旺盛。每个人都希望能够享受到互联网金融的红利，但没有人愿意自己的资金承担风险。如今，腾讯、360、百度等互联网企业已经将安全当作企业战略级的产品，但移动支付安全服务仍然处于起步阶段。此时，创业者则可以从安全、反欺诈、反洗钱等多个角度切入移动支付安全市场。

7. 互联网金融产品设计

互联网金融的蓬勃发展离不开各种各样的互联网金融产品，若不是余额宝、P2P 网贷、众筹等新型互联网金融产品有着强大的市场吸引力，互联网金融很难获得如此高程度的市场认可。因此，互联网金融产品的设计对于互联网金融机构而言尤为重要，如何设计出更优质的新型金融产品？如何在同类金融产品中脱颖而出？如何激发用户的使用欲望？创业者可以通过解答这些问题为互联网金融机构提供方案服务。

8. 互联网金融的营销

互联网金融的突出贡献就是让金融“飞入寻常百姓家”，让原本面向专业、高净值人士的金融，转而面向大众，甚至形成“屌丝理财”的新局面。而在这样的新局面中，就需要新的营销思维。如图 5.1.3–5 所示，借贷宝利用大热电影《港囧》来借势营销。那些熟知互联网营销技巧的创业者，或许可以借此成为互联网金融的营销顾问。

图 5.1.3–5　借贷宝营销海报

9. 开辟互联网金融的企业级市场

如今的互联网金融更多地是面向个人级市场，这是因为个人级市场的转换成本低，容易接受新产品、新服务。然而，传统企业对于新型理财手段、数据处理技术等互联网金融服务同样有着强大的需求。或许开辟企业级市场所需的时间、精力较大，但一旦成功，其收益也不容小觑。

10. 商业模式上要拥抱创新金融

从互联网金融的发展趋势来看，未来互联网金融的风口就在于创新金融，如 P2P 网贷、众筹等互联网金融平台。伴随着传统金融对于互联网金融的抵制越发浓厚，甚至联合起来阻碍互联网金融创新时，互联网金融的抱团取暖也势在必行，这就使得创新金融平台有着更广阔的市场空间。

在全民创业时代，互联网金融市场为创业者提供了最肥沃的创业土壤，关键则在于创业者是否能够找到属于自己的那块沃土，发挥自身的优势，最终在用户、投资人的扶持下，成长为参天大树。

5.2　有自己的特点就有机会

5.2.1　结合好位置、圈子、喜好

眼下，越来越多的互联网金融机构正在对其发展策略进一步明确，那就是从互联网金融转变为移动互联网金融。二者之间究竟有何区别？难道就是 PC 端与移动端的差异吗？答案当然不仅如此。

很多人都将移动互联网金融看作下一个市场爆发点，之所以如此，就是因为移动互联网有效解答了如图 5.2.1-1 所示的几个问题。

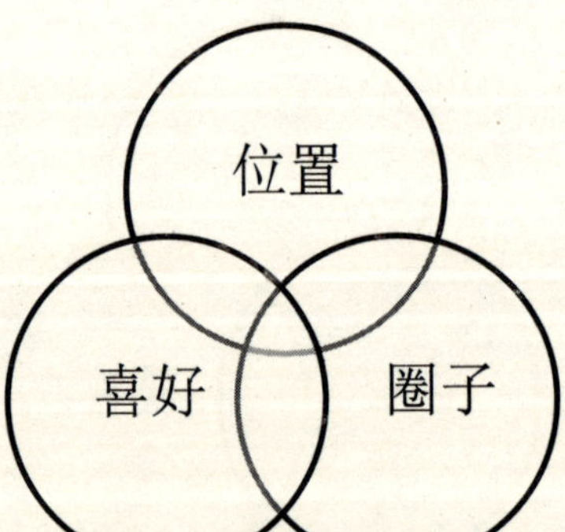

图 5.2.1-1　移动互联网结合位置、圈子、喜好

1. 在哪儿?

由于移动智能终端的定位功能早已普及，将互联网金融与移动智能终端相结合，我们就能通过定位功能获取用户的位置数据。

2. 和谁?

每个人的生活都离不开社交圈，正所谓“物以类聚，人以群分，”移动社交的发展使得移动互联网金融能够轻易地通过“滚雪球抽样”采集同类用户数据。

3. 喜欢什么?

手机已经成为人们的生活必备品，作为一种私人工具，手机里安装什么软件、关注什么信息，都取决于用户自己的喜好，这也是移动互联网优于互联网金融的关键所在。

基于以上三点，移动互联网金融就能够描绘出用户“沉淀的轨迹”。所谓“沉淀的轨迹”，就是在用户的位置、圈子、喜好等各种数据的沉淀中，移动互联网就能够大致甚至精确抓准用户的生活轨迹,从而挖掘出潜在的市场机会，以极具针对性的金融产品赢得用户的认可。

在这个言必称数据的时代，数据已经成为每个企业最重要的资产，创业者可以在数据资产中挖掘出无尽的财富。PC 端互联网原本就已经积累出大量的数据,但与随身携带的移动互联网相比,PC 端互联网就显得有所不足。因此，进入移动互联网市场，已经成为每个互联网企业包括互联网金融企业的最新战略。

在以挖掘数据资产为主题的今天，创业者也应当找到适合自己的突破口，将自己的优势发挥到最大，如图 5.2.1-2 所示。

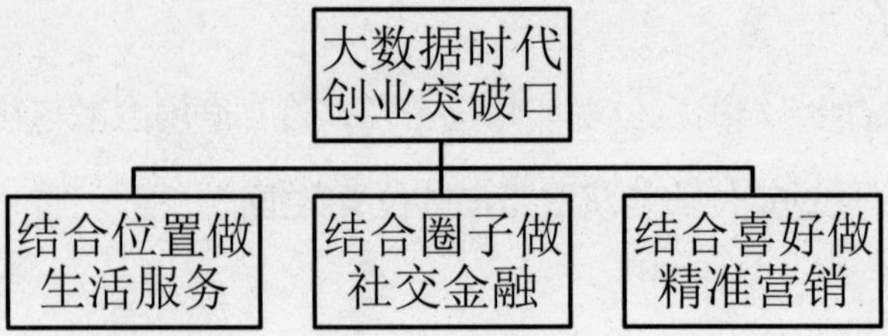

图 5.2.1-2　大数据时代创业突破口

1. 结合位置做生活服务

很多间谍大片中都有这样的场景：特工在跟踪犯罪分子失败之后，一直苦思犯罪分子可能逃亡何处或要如何犯罪，但却一直百思不得其解。这时，突然有线报称犯罪分子在 A 点，特工立刻想到 A 点附近的各种设施以及交通路线，最终结合犯罪分子的特点、动机判断出其行踪，最终一举抓获。

图 5.2.1-3　移动 APP 获取定位权限

如今，这并不是纯粹的戏剧效果，而是会真实发生在我们身边的故事。在移动互联网中，用户在使用 APP 时很多都会要求获取使用 GPS 定位的权限（见图 5.2.1–3），甚至将用户弄得不厌其烦。那么，这些移动 APP 如此看重定位的原因究竟何在呢？

每个人的生活其实都是一个个位置的变换，从家到公司、从步行街到万达广场、从北京到上海……这些位置变换中又蕴含着怎样的商机呢？传统行业看到的是交通、出行或旅游，而互联网金融行业看到的则是场景的变化：用户在家时的消费需求是外卖、生活缴费，在商业中心的消费需求是团购、扫码支付，在旅游中的用户则会遇到交通、酒店、饮食、支付等多种消费需求，而应对不同的需求，企业则能够为用户提供不同的服务。

因此，在移动互联网时代，虽然向用户要求 GPS 定位权限可能会让用户感到有些厌烦，但这对于创业者的精准营销而言，则有着巨大的作用。试问，如果你做的是团购 APP，用户明明在黑龙江，你总是给他推送厦门的美食，用户的使用体验怎么会好？但如果无论用户走到哪个商圈，你都会第一时间向他推送该商圈的美食、电影信息，他又怎么会在乎你的 APP 需要一个定位权限？

2. 结合圈子做社交金融

移动互联网的时代使得人与人之间的沟通变得前所未有的便利，只需一个微信或手机 QQ，人们就可以使用文字、图片、语音或视频进行沟通交流。而在这样的互联网社交时代,创业者也可以大力结合圈子,挖掘用户的朋友圈市场。

市场营销的一个有效手段就是口碑营销，在口口相传中，产品或服务也容易得到迅速推广，而且如此有效的推广还是免费的。在移动互联网的社交时代，创业者也不应错过圈子的营销价值和市场空间。同一个朋友圈里的人大多有着相同的消费需求，当你的产品或服务得到其中一人的认可，并被发到朋友圈或微博上时，具有相同消费需求的用户也会因为朋友的推荐而随之购买。

圈子所带来的价值还不仅止于此，在互联网金融安全领域，圈子也是衡量用户信用的重要元素。所谓“物以类聚、人以群分”，如果你的朋友都是“老赖”，那你本人也很难被信任，而如果你的朋友都有着良好的信用记录或资产状况，你本人的信用在某种程度上也能够得到保证。

在移动互联网以及社交平台的发展与融合中，通过沉淀进社交平台，互联网金融创业者的创业空间也将得到拓展，甚至将客服、营销、售后、销售等服务都放入社交平台中，成为用户圈子中的一员，从而在社交金融领域大展拳脚。

3. 结合喜好做精准营销

所谓喜好，其实就是用户的消费偏好。在消费环节，每个用户都有着不同的偏好，如消费地点、支付方式、性价比等。如果创业者能够掌握用户的消费偏好数据，就能够借助大数据技术做到真正的精准营销，为每个用户推送不同的产品，从而满足用户的个性化需求。

在这个“用户为王”的时代，创业者想要快速制胜市场，最佳的办法就是“把用户当作上帝”。这句话被提了很多年，但直到互联网金融时代，它才真正成为现实。如果创业者能够掌握用户的喜好，自然可以挖掘出用户真实的消费需求，从而设计出极具针对性的产品或服务。

然而，掌握用户喜好并非想象中那么简单。在大数据时代，我们可以收集到大量的用户消费数据，但其中有多少是用户根据自身喜好做出的选择？又有多少是用户买给自己的产品呢？创业者想要从驳杂的数据中筛选出能够真正代表用户消费偏好的数据，需要极为扎实的技术基础。

互联网金融时代对创业模式进行了重构，移动互联网则赋予了创业者掌握用户位置、圈子、喜好的能力。因此，在互联网金融时代，创业者想要凭借自己的特点获得市场机会，就需要根据自身能力，深思如何利用这些“沉淀的轨迹”。

5.2.2 大众型的产品，机会自然多

在互联网金融时代，每个从业者都在绞尽脑汁，希望能够以更具创意的金融产品抓住用户的眼球。然而，即使互联网与信息技术使得创新成为前所未有的高频词汇，也并不是每个从业者都能为互联网金融市场带来真正的创新型产品或服务。因此，对于一些创业者而言，与其费力以炒作概念进行虚假创新，不如挖掘大众型产品中的机会。

伴随着各种互联网企业的蓬勃发展，人们越来越懂得长尾市场的重要性，开始挖掘其中的广阔市场空间。但创业者也应明白，在互联网金融这个新兴市场，如今并没有明确大头和长尾之分，有些互联网金融产品虽然被认为是“老套”，但事实上，互联网金融的发展历史目前也不过两三年而已，即使再“老套”的互联网金融模式，也还有着大量的几乎未被挖掘出来的东西。

目前而言，大众型的金融产品主要分为如图 5.2.2-1 所示的三类。

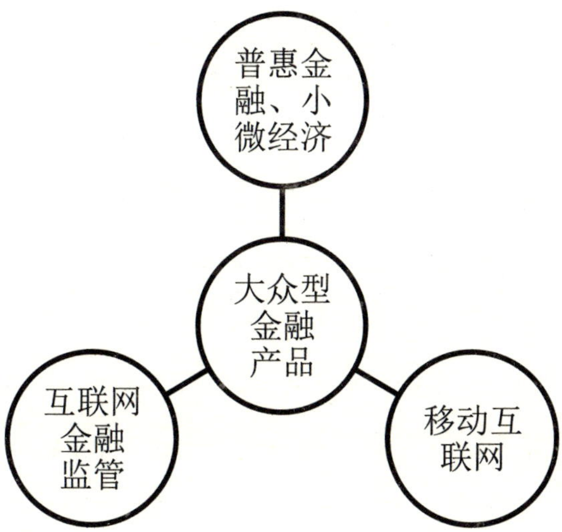

图 5.2.2-1 大众型金融产品

1. 服务于普惠金融、小微经济

相对于传统金融市场，小微企业可以说是传统金融所一直未曾重视的长尾市场中的一员。早在互联网金融发展初期，除了针对个人的各种理财产品之外，发展最为火爆的就是针对小微企业的 P2P 网贷产品。

直至今天，以 P2P 网贷为代表的部分互联网金融产品，仍然在为小微企业融资难、融资贵的问题提供有效的解决途径。事实上，若非互联网与信息技术的运用，小微企业想要借助传统金融满足自身资金需求，几乎是不可能的事情。正如微信支付总经理吴毅所说，“传统征信模式难以对‘小用户’进行精准的判断，正是互联网的出现逐渐解决信息不对称的问题，使得普惠金融、小微经济成为可能。”

伴随着京东、阿里巴巴等互联网企业开始将金融战略下沉到小城市甚至农村市场，P2P 网贷市场也出现了全新的小微租赁服务。而如饿了么、美团外卖等外卖 APP 也推出了信用支付服务。再加上支付宝、微众银行、京东等推出的虚拟信用卡以及小额贷款服务，创业者可以清晰看到，互联网金融的发展已经愈趋普惠性，其服务范围正在不断被拓展。

而在普惠金融的进一步拓展中，创业者则可以把握其中的机会，即使小微企业的融资需求已经在 P2P 网贷市场得到极大的满足，但针对白领、农民、自由职业者等人群的市场距离饱和仍然尚远，这些都是创业者在小微经济这样的大众产品中所能挖掘出的宝贵机会。小微企业的价值如图 5.2.2-2 所示。

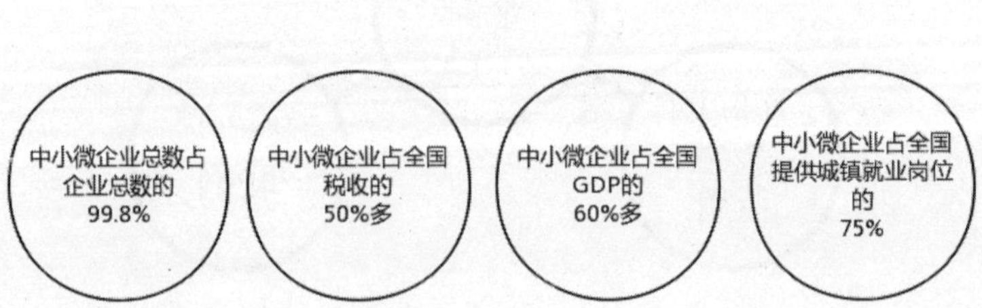

图 5.2.2-2　小微企业价值

中国金融博物馆理事长王巍就曾说过，“我们看到今天乘坐出租车、吃饭等衣食住行都可以进行微支付，买鲜花、旅游都可以用 P2P。人们生活中经历的不单单是金融生态的变革，而是整个生存状态的变革。”

伴随着普惠金融、小微经济的进一步发展，被其改变的将不再只是传统金融业，而会涉及整个社会的生态。在这样的发展态势中，虽然普惠、小微已有“烂大街”之嫌，对于创业者而言，这仍然是一个充满机遇的创业方向。

2. 角逐移动互联网

不仅是互联网金融，几乎所有互联网企业都正在角逐移动互联网市场。基于互联网金融对于互联网、金融双重属性的融合，从 2014 年开始，互联网金融就开始向移动化、社交化、产业化方向发展，移动互联网更是成为其中的关键。正如前文所说，通过结合用户位置、圈子、喜好等各种数据，移动互联网将使得互联网金融发展到一个新的高度，如图 5.2.2-3 所示。

图 5.2.2-3　2015-2017 年中国移动互联网市场规模预测

2015 年，我国社会开始加速步入移动互联网时代，在 4G 网络的发展和普及中，互联网金融加速向移动互联网金融拓展已经成为不可逆转的趋势。当移动互联网成为几乎所有企业角逐的焦点时，创业者自然也不能忽视。

在互联网移动化的进程中，虽然市场规模增长率有所下降，但其市场规模增长量仍然不容小觑。而得益于创业者的身份，新时代的创业者能够直接将移动互联网金融作为起步点，而无需进行艰苦的转型。事实上，很多较为成功的传统互联网企业，都已经在移动化进程中被同行甩远，而其中流出的市场空白自然将由新一代的创业者补充。

3. 服务于互联网金融监管

从 2013 年的 P2P 网贷浪潮开始，面对杂乱无章的互联网金融市场，很多人就开始呼唤完善监管政策的出台，以保证互联网金融市场的健康、有序发展。然而，监管层在之后的两年间虽然多次表示相关政策会尽快落实，却一直未能下达正式文件。

直到 2015 年，从业者翘首以盼的互联网金融监管元年终于到来。早在 2015 年上半年，中国支付清算协会副会长、央行调查统计司副司长等金融界重要人士就多次在公开场合表示互联网金融监管政策即将落地。

中国支付清算协会副会长王素珍在谈及互联网金融监管的思路时就说道："监管规则的制定要跟上行业创新的脚步，走得太慢太快都不好。当前互联网金融已进入了一个全新的时期，形成了去专业化、互联互通的主要特征。互联网金融本质是金融，这没有错；但与此同时，互联网金融的发展动力来源于互联网，没有互联网，互联网金融也就失去了活力。"

2015 年 7 月 18 日，中国人民银行等十部委联合印发《关于促进互联网金融健康发展的指导意见》，中国互联网金融监管政策终于落地，这也是针对整个互联网金融行业的顶层制度设计。据称，在此之后，银监会、证监会等部委还会根据具体的行业，如 P2P 网贷、股权众筹等出台具体的监管细则。

而在互联网金融监管政策的出台和完善中，互联网金融创业者也迎来了新的创业机会，那就是进军互联网金融安全领域，为互联网金融机构和用户提供安全服务，为政府监管机构提供市场安全数据，从而成为互联网金融市场上的全能型“杀毒软件”，或是针对某一领域的专业安全服务提供商。

在互联网金融市场，大众型产品并不意味着该产品已经成为“夕阳产品”。在这个信息共享与快速传播的年代，所谓大众型产品也可以说是时下的热点产品，在众多从业者的纷纷入局中，创业者也能够拥有与之鏖战的机会。

5.2.3 越有创意的金融产品，越能激发用户使用欲

金融行业作为传统的万行之首，在互联网时代也不得不接受互联网的冲击。在现代经济体系下，互联网和金融都是经济社会必不可少的要素，金融是经济的血液，而互联网则已经成为现代社会运行的“水”和“电”。如何让互联网与金融擦出更为绚烂的火花，创新自然不可或缺。

而对于互联网金融而言，创新也有着两种内涵：其一就是抓住发展规律，在互联网金融这样一个全新的领域，能够抓住市场前进步伐成为先行者的产品，就是一种创新，比如金融产品互联网化、互联网金融移动化和社交化；其二则可以被称为创意，在抓住发展规律的基础上，如何让其真正落地则是创新得到认可的关键，比如金融产品互联网化的创新需要余额宝这样的创意产品才能落地。

在互联网金融的推动下，小企业开始拥有与大企业分庭抗礼的机会，也正是因为互联网金融，各企业之间可以实现更好的联合，这就使得很多行业的准入门槛和起步成本大大降低。可以说，全民创业时代的到来，除了国家政策的支持与号召之外，也少不了互联网金融给予创业者的支持。

那么，当创业者想要在互联网金融市场创造属于自己的辉煌，就离不开创意的支持，只有如此，创业者的金融产品才能激发用户的使用欲。其实，在各行各业都是如此，只有创意才能实现产品的快速推广。

在营销领域，有一个流传已久的故事，那就是当尿布和啤酒摆在一起出售时，二者的销量都会大大增加。这个故事就发生在沃尔玛超市：在当时，美国的妇女大多是全职太太，因此，她们会嘱咐自己的丈夫下班之后顺路去超市给孩子买尿布，而在美国这样的啤酒大国，丈夫们在买尿布时常会顺便买几瓶自己爱喝的啤酒。当沃尔玛超市发现了这样的规律之后，就将啤酒和尿布放置在一起，方便丈夫们购买。事实上，在这样的创意中，很多只想买尿布的人也顺手拿了一瓶啤酒去结账。

这个故事虽然并不新颖，但却让人们一次次地感受到创意的魔力。自那以后，很多企业都是运用这样的手法，通过发现用户的使用习惯，将具有关联性的产品放在一起，从而实现销量的连带增加。

互联网金融同样如此。其实，互联网金融本身就是互联网与金融的连接。当越来越多的消费者习惯于在网上购物时，与其让他们辗转于互联网与金融之间，不如直接实现互联网与支付的融合，让消费者能够更便捷地购物。当互联网已经成为生活、工作的必备工具时，同为生活必需品的金融，为何不能将互联网与金融也连接在一起呢?

如今的互联网金融产品，很多其实都是传统金融产品互联网化的产物，如余额宝就是货币基金与互联网的连接、保险理财则是保险与互联网的融合……这样的连接在互联网金融市场随处可见，但如果只是将传统金融互联网化，那么互联网金融也不会引起传统金融的抵制。更为关键的是，互联网金融还能够以 P2P 网贷、众筹这样的形式，将某些局限于圈子之中的金融行为放大到整个互联网世界，从而以更具创意的金融产品激发用户的使用欲。

从某方面来说，互联网金融正如沃尔玛超市一样，沃尔玛需要依靠创意的产品组合激发消费者的购买欲，而互联网金融则需要通过创意的产品设计激发用户的使用欲。因此，创业者想要在互联网金融市场闯出一片天地，具有独特创意的金融产品就是关键。

如果说如今互联网金融市场什么金融产品最有创意的话，那可能就是互联网金融与互联网的连接。举个例子来说，阿里巴巴旗下有淘宝、天猫、蚂蚁金服等三大平台，淘宝、天猫做的就是 C2C、B2C 的电子商务，涉及买家与卖家两个环节，而蚂蚁金服则可以通过阿里小贷、蚂蚁花/借呗为双方提供贷款服务。图 5.2.3-1 就是目前较知名的互联网金融产品汇总平台。

图 5.2.3-1　互联网金融产品汇总平台

在这样的创意模式下，卖家借助信用缓解资金流问题，而买家则能够以信用进行提前消费，在满足双方的资金需求中进而推进电子商务、互联网金融、实体经济的全面发展。

在如今的互联网金融市场中，第三方支付、P2P 网贷、众筹等都是极具创意的互联网金融产品。作为市场的后来者，创业者们想要开创一种全新的互联网金融产品并非易事，因此，对于老牌互联网金融创意进行改良也是一条出路。

一个典型的创意模式就是做互联网金融平台服务，在互联网金融企业层出不穷的今天，用户早已被各种互联网金融产品弄得“眼花缭乱”，如果有一家企业能够对市场上所有的互联网金融产品进行汇总和分析、评级，自然能够帮助用户解决一个大麻烦，如 P2P 网贷市场的网贷之家正是如此。

在互联网金融的未来发展中，垂直化、平台化、移动化都是必然的发展方向，创业者的创意方向也当如此，越有创意的金融产品，才越能激发用户的使用欲，关键就在于你是否能发现互联网金融市场的“尿布 + 啤酒”。

互联网金融的未来猜想

互联网金融作为时下最火爆的市场热点，从 2013 年至今，已经引发了太多的市场讨论，也推出了太多的创新产品，但如果想要准确预测互联网金融未来的发展方向，也并非易事。对于全新的互联网金融，我们或许可以对其未来做出如图 5.2.3-2 所示的五大猜想。

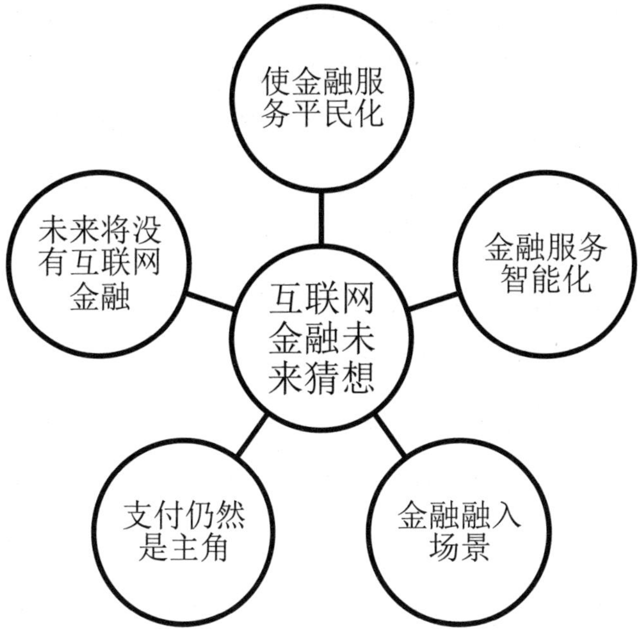

图 5.2.3-2　互联网金融未来猜想

猜想一：使金融服务平民化

在工业经济时代，大批量、标准化的规模生产是降低成本的典型方式，而在强调个性化需求的互联网时代，想要以标准化的金融产品满足所有用户的金融需求，无异于痴人说梦。如何在满足个性化需求的同时，满足金融机构缩减金融服务成本的需求，答案仍然在于大数据。大数据是互联网金融的技术基础，而纵观整个金融发展史，每一次新技术的运用都会带来金融成本的降低和效率的提高，从而将金融服务的门槛下降一层。

电报技术在国债发行中的应用就是一个典型的案例：在美国南北战争时期，美国政府为了战争发行第五次国债。当时，国债都是以大额债券发行，只有大型金融机构有能力购买，但那时，大型金融机构也早已囊中羞涩。为了筹集到更多的资金，一位名为库克的小银行家将电报技术融入到国债发行中，如此一来，国债发行的信息得以传达到很多小投资者的耳中。由于发行成本的降低，库克也进一步降低了国债的认购门槛，使得小投资者有能力购买国债。最终，这次国债以平价发行筹集到高达十亿美元的资金，而美国政府所付出的承销费不过千分之一。而在南北战争爆发的 52 年前，在美加战争期间，美国为了发行 1 000 万美元的战争国债，即使其国债的年利率甚至被设定为 150%，最终也付出了高达 420 万美元的承销费，并在几周之后才筹资成功。

时至今日，随着互联网与大数据技术在互联网金融中得到运用，金融成本也得到了革命性的降低。举一个简单的例子，信用卡在过去只有中产阶级才能申请，很多工作数年的人由于工资流水不足，也难以申办。但在互联网金融市场，连在校学生都可以通过蚂蚁花呗、京东白条享受信用消费服务。另一个例子就是余额宝，在传统货币基金市场，其认购门槛达到 1 000 元，而余额宝则将之降低到一元钱。事实上，购买货币基金每年要付出千分之三的管理费率，如果不是因为互联网技术的应用，一元钱每年只有三厘钱的管理费是难以覆盖管理成本和服务成本的。

因此，我们有理由相信，在互联网金融的未来，伴随着金融成本的不断降低，过去传统中更多的“高大上”的金融服务，即使门槛达到上百万元，普通人也将能够借助互联网金融享受到。

猜想二：金融服务智能化

在大数据技术的运用下，互联网金融企业得以建立起各种各样的数据模型。借助这些模型，企业则可以开发出更加智能的金融服务系统：符合数据模型的给予服务，不符合模型的给予拒绝。

眼下，如 P2P 网贷都已经开始着手开发智能资质评估系统。P2P 网贷大多提供的都是信用贷款，这就需要各种数据的支持，从而对借款者是否符合准入标准、授信额度有多少、是否需要提前收回借款、是否能够提高授信额度等进行判断。这样的处理流程是人工所无法实现的，而电子商务以及社交网络所带来的大量的数据样本则为 P2P 网贷提供了开发授信系统的基础。随着信息技术的不断发展，人力在其资质评估工作中所占比例越来越小，更多的资质评估工作开始交由系统完成。这就是典型的金融服务智能化。

除此之外，如余额宝这样的互联网“宝宝”产品，由于其具有随时赎回的特性，就需要对用户的“挤兑”风险进行预防。尤其是像余额宝这样拥有 1.49 亿用户的互联网理财产品而言，依靠智能化的系统对用户数量、申赎数、持有数进行实时分析就成为必要的措施。而依靠这样的实时分析数据，互联网理财机构也能够对流动性需求进行预测，从而实现流动性和收益率的平衡。

因此，金融服务智能化必然在未来有着更加深入的发展，甚至在未来的某一天，金融服务能够全部由机器完成，从业者所要做的仅是通过对市场数据进行分析，从而对程序、模型、系统进行完善而已。

猜想三：金融融入场景

金融需求从来都不是独立存在的，在人们的生活、工作和企业经营中，涉及各种各样的金融需求。在传统金融市场，人们要取钱就要去银行或 ATM，想要买理财产品则需要和理财经理签合同，要交水电煤气费也需要去相关网点进行缴纳……金融的存在十分明显。但在互联网金融的发展中，我们能够看到，金融已经开始融入到场景中。

在将资金转入余额宝时，很少有人会想到自己是买了一份货币基金产品；在使用扫码支付时，大家也会忽视移动支付对传统支付的颠覆；在使用蚂蚁花呗、京东白条时，信用卡的概念也不会出现在大部分人的脑海中……金融就这样成为了生活场景的一部分，无需提醒用户关于金融的特殊性。

未来，金融产品将与产品以及用户需求进一步结合。在智能家居的普及中，未来我们的家电可能都会与移动终端进行互联，到那时，我们可以使用手机远程监控家里的情况，看看孩子是否在认真学习、空调有没有关掉，也可以使用手机查看煤气费、水电费、电视费是否需要充值。

互联网金融在未来必然会加入到对用户场景的争夺战中，找准用户生活的主场景，如家庭、职场等，并以该场景的核心金融需求作为突破口，设计出更具针对性的产品以优化用户生活体验。

猜想四：支付仍然是主角

从金融发展史来看，正是因为消费者的支付需求，金融机构才得以诞生和发展。现代意义上最早的商业银行就是荷兰的阿姆斯特丹银行。17 世纪初的人们为什么会想到开家银行呢？因为当时的荷兰是远洋贸易中的霸主，交易必然伴随着支付结算，而银行则能够很好地满足这样的需求。

事实上，金融的发展与贸易的发展几乎是同步进行的。在古代，贸易大多局限于一个城市之内或邻近城市之间，金属货币已经能够很好地满足贸易需求；17 世纪初，当远洋贸易将贸易双方的距离拓展到两个大洲之间时，银行则顺势而生；21 世纪，互联网贸易——电子商务横空出世，互联网金融也就在电子商务的呼唤中诞生。

与银行的出现一样，互联网金融出现之初也是为了满足用户的支付需求。由于电子商务的交易双方只是坐于两台电脑之前，如何确认发货了买家会付钱、付钱了卖家会发货，就成为电子商务发展的难题。因此，2004 年，支付宝等第三方支付平台诞生，其作用就相当于买卖双方的担保人：买家下单后将货款付给支付宝，支付宝在买家确认收货后将货款转给卖家。

支付业务本身其实无法为金融机构带来什么盈利，但它却能有效实现流量汇集、数据积累的目标，而流量和数据正是互联网金融发展的底层基础。虽然第三方支付的发展在我国已经有十余年的时间，但在互联网金融的未来，支付仍然是主角，甚至是最具活力、最可能出现颠覆式创新的领域。

从场景上来看，基于海外购物，支付宝已经推出海外购物退税服务，这样一来，消费者就无需在申请退税时经历漫长的等待期；基于日常社交，微信支付推出了微信红包，而微信红包不仅是逢年过节的祝福，也成为社交的重要手段；基于生活服务，移动支付已经开始融入饮食、出行、商超等多个支付场景，为消费者带来更便捷的消费体验。

从介质上来看，传统的支付介质就是纸币、硬币和银行卡，但如今，二维码支付、声波支付、条形码支付已经融入到人们的日常生活当中。除此之外，从眼下的技术手段来看，指纹支付、人脸支付、掌纹支付、笔迹支付、声纹支付、身份证支付、工牌支付、车钥匙支付、蓝牙支付、GPS 支付、光子支付等支付形式都能够在不远的将来实现——只要它能进一步改善支付体验。

事实上，互联网支付所能够颠覆的绝非仅此而已，伴随着虚拟货币和网络支付协议的兴起，我们甚至能够大胆地猜想：在未来，央行的中心化地位和传统支付体系都可能被彻底颠覆。

猜想五：未来将没有互联网金融

作为与传统金融相区别甚至对立的新型金融形式，互联网金融给人们带来了太多的惊奇和福利。但在未来，可能将不再存在互联网金融的概念。因为到那时，互联网、大数据、云计算作为一种技术和理念，已经融入到所有金融企业当中，金融将与互联网高度融合，传统金融也将与互联网金融相融合，互联网金融的概念也就不再存在。

正如在工业革命初期，随着蒸汽机的诞生，很多使用蒸汽机作为动力的工厂被成为机械化工厂，以与传统的手工工场相区分。但在工业革命完成之后，机械化工厂的概念也就不再存在，因为所有工厂都已经实现机械化。

如今，很多传统金融机构为了应对互联网金融的挑战，都在不同的程度上实行互联网化，尤其是在渠道的部署上，传统金融已经开始将其金融服务部署在互联网和移动终端上。而从互联网金融的发展来看，有些互联网企业也开始部署自己的线下实体渠道，以应对更加复杂的金融产品和金融服务。由于金融行业面对面交流的需求不会消失，即使是互联网金融也不会完全抛弃实体网点。

在互联网金融时代，互联网金融与传统金融之间，实际上就是思维的竞争和规则的博弈。互联网金融对于传统金融模式的颠覆，其最终目的其实就是为了让落后于时代的传统金融能够适应经济、社会互联网化的需求。

Part 6 生活因互联网金融更美好

在当下以及不远的将来，互联网金融将进入我们生活的每一个角落，融入我们每一个日常行为细节当中。互联网金融以各种丰富的形式让我们的生活更加便捷，也让我们每个人都成为成熟的金融人，合理利用我们的每一笔财富，让未来更美好。

6.1 无银行卡的未来，金融处处存在

6.1.1 去现金化已经不远

互联网金融发展的火爆劲头，让所有人都为之惊叹，而虚拟货币的概念也越发的深入人心。虽然虚拟货币真正作为货币实现结算，还有很长的一段发展时间，但“去现金化”的实现却已经离我们越来越近。

随着“去现金化”的深入发展，明天的钱将更多地存在于卡里、网络里，而钱包里的钱将越来越少。非现金经济早在全球市场上蔓延开来，在较为成熟的经济环境下，消费者希望能够拥有更为便利的支付手段，各种支付技术也为此提供了可能，在技术与市场的双重推动下，“去现金化”的逐渐实现也是理所当然。

2011 年 3 月，丹麦邮局推出了可短信购买的数字邮票。消费者在发送短信完成支付后，就能收到邮局的一串代码形式的数字邮票，消费者将代码填写在信封上之后，即可发出邮件。

2011 年 1 月，星巴克在美国率先启动了移动卡支付项目。消费者在购买星巴克移动卡 APP 后，就能收到定制的二维条形码，消费者在消费时，只需要将二维码拿到柜台扫描就能完成支付。

……

图 6.1.1-1 “no cash（禁止付现）”

2011 年 5 月，谷歌推出了谷歌钱包应用，通过 NFC 近场支付技术，消费者只需在万事达的 Paypass 终端上“刷下手机”即可完成支付，同样地，消费者可以通过这款应用收到促销信息，并积累积分。

“去现金化”潮流并不只存在于国外市场，早在 2010 年，艺龙网就宣布拒绝现金交易。“我们将不再收现金，只接受客户用信用卡或借记卡支付。”艺龙网 CEO 崔广福对此解释道：“未来 2 至 5 年内，信用卡支付会成为潮流。统一支付方式，方便为客户打造统一的客户体验。”

有意思的是，根据法新社的报道，2013 年 12 月 8 日，瑞典一名劫匪冲入斯德哥尔摩的一家银行，想要抢银行，最后却无奈地发现这家银行是一家“无现金银行”，只得空手而归。事实上，由于在“去现金化”进程中的努力，瑞典的抢劫案发生次数比过去降低了 85%。在斯德哥尔摩，除了几家大型银行之外，其他银行都只有自动取款机中还存有现金。而且客户如果要存取大额现金，都必须出示证件，并填写现金来源报告，才能完成存取业务。

随着银行卡、信用卡的普及，以及移动支付技术的成熟，钱必然越来越多的存在于卡里、网络里，全球最大的发卡组织 VISA 认为，“支付行业现在到了一个创新的节点。”依靠现有的二维码、云端认证、声波传送等技术，VISA 一直在“去现金化”进程中做着自己的努力。VISA 中国区副总经理、创新产品总经理龚亮介绍称，“VISA 近两年推广的非接触 NSK 支付技术，是对现有终端机和芯片技术的一种自然延伸，容易实施，并且非常安全”。

“去现金化”进程被众多从业者、专家认为是人类发展的必然道路，正在以其简单便捷的支付过程、低廉的支付成本迎合消费者、金融行业的需求。在“去现金化”的经济环境下，消费者出门不再需要携带现金，也不用担心取款问题，还可以轻松地查询到消费记录。

虽然目前的技术手段已经能够实现彻底的“去现金化”，事实上，越来越多的消费者也更加倾向于无现金交易，但现金从实际生活中消失还有很久，毕竟，自人类社会发展以来，实物货币就一直存在并发挥着巨大的效用。即使是在瑞典，现金也并没有真正地消失，为了避免老人、乡村农民、低收入群体被边缘化，现金在很长的一段时间里仍然会存在于交易活动之中。

6.1.2 社交金融融入生活

社交网络从出现开始，就在整个互联网产业内掀起了一次产业革命，从如今的互联网行业来看，几乎没有一家大型互联网公司不涉及社交。在眼下这个“无社交不互联网”的时代，当互联网金融兴起并快速发展时，二者又会擦出怎样的火花呢？事实上，受到社交网络影响最为深刻的就是金融行业，金融行业对接的每个个人，而“有人的地方就有社交”，如今，传统金融机构已经纷纷开展了自身的社交化尝试。

商业银行进军互联网金融的主要形式就是电子银行，而电子银行对柜台业务的替代率已经超过了 50%，在某些业务流程中，其替代率甚至超过了 80%。当国内商业银行陷入同质化竞争的旋涡多年时，电子银行为差异化竞争提供了新思路，那就是“在社交网络上锁定新生力量”。

2011 年招商银行联合人人网，发行全球首张社交金融信用卡“招行人人联名卡”。“招行人人联名卡”的开卡量短期内超过了 16 万张，其卡均消费额更高出行业平均水平。2012 年 8 月，“招行人人联名卡”又推出新活动，如果持卡人为人人网 VIP 客户，则可以随时随地享受双倍积分的优惠，还能自动同步增加人人网成长值（不消耗积分）。

而中信银行则选择和京东金融、淘宝等打造联名信用卡，推出“小白卡”等，将社交融入其中……

互联网金融的社交化尝试，自然不仅仅是简单的社交网络与传统金融的合作，事实上，互联网金融的社交平台之战正在愈演愈烈。

如中国平安推出了自己的金融社交应用“天下通”。中国平安对于“天下通”有着自己的“野望”，“如果平安仅满足于做微信基础上‘微创新’的应用，意义并不大。天下通应该朝着接管个人财务管理这个方向发展，将平安的金融全牌照优势移植到这个社交平台上。”中国平安独辟蹊径地将移动办公移植到社交平台中，再加上其金融内核，“天下通”的未来不可估量。

互联网金融为何对社交金融如此看重？众安保险 CEO 尹海表示了自己的看法，“随着社交网络的发展，一种风险更加分散、更符合互联网特点的信用模式将更容易实现，即“社交金融。”他还透露，众安保险在该领域也正做着自己的探索。

正如我们前面所说，金融交易活动的核心在于信用，信用评估问题一直是所有金融企业的风控重点。在过去，每个人的信用情况，都是由其合作金融机构作出评估。但随着社交网络的发展，信用评估将越来越容易。金融机构可以通过社交网络，对客户的信用情况有更加详细的了解，而社交网络也能够将这些信用信息反馈给所有的合作金融机构。尹海认为，“我们完全可以设想一种风险更加分散、更符合互联网特点的信用模式。社交网络和互联网金融相结合，它最美妙的地方就是在这个体系里，人的品格比财产更重要，这也许更加符合信用的本质，是人的品格而不是财产的多少”。

随着各大社交网站进军金融领域、金融企业发布社交产品，社交金融将成为互联网金融领域的新模式。虽然社交金融目前尚处于萌芽阶段，但通过对这一概念的分析，我们就会发现，社交网络与金融的结合，对互联网金融而言，实在是再合适不过。可以预见的是，社交金融将成为大数据时代下，互联网金融行业竞争的新战场！

6.2 移动支付撑起互联网金融的半边天

6.2.1 从京东金融生态圈说起

在2014年的情人节来临之前，京东为广大“网购一族”奉上了一份大礼——“京东白条”。所谓“京东白条”，顾名思义，就是消费者在京东进行消费时可以选择使用“打白条”的方式，先购物后付款。

其实，“京东白条”就是一种虚拟信用卡，而早在京东之前，互联网金融的领头羊——阿里巴巴就已经在这方面进行了尝试。其实“信用支付”在阿里巴巴已经内测了很长一段时间，支付宝通过对客户在淘宝的消费情况和信用评价等数据进行评估，但这一内测只局限于浙江等部分地区，一直没有正式上线。京东这次率先公测自己的虚拟信用卡产品，无疑是将了阿里巴巴一军。而之后，阿里巴巴的花呗也紧随其后上线。

图 6.2.1-1 京东白条宣传图

“京东白条”的评估体系与阿里巴巴相似，只不过其依据的是客户在京东的消费数据，客户通过“京东白条”最多可以获得1.5万元的预支额度。当客户选择使用“京东白条”购物时，可以选择两种付款方式：为该笔消费进行30天内的延期，选择延期付款；对该笔消费进行3～12个月内的分期付款。延期付款的付款方式可以获得免息优惠，而分期付款则需要支付每月千分之五的利息。

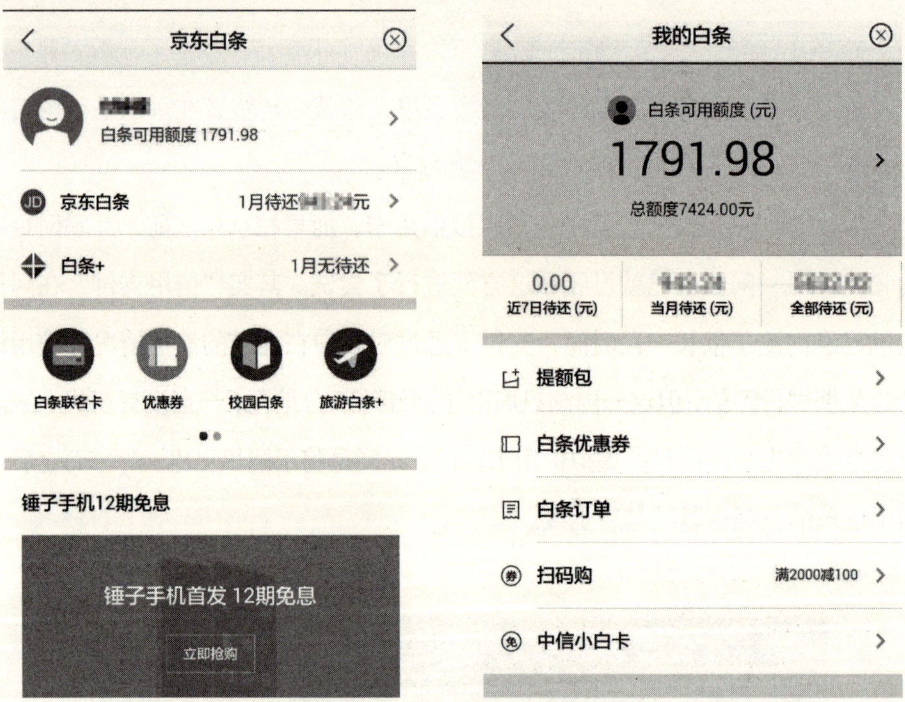

图 6.2.1-2　京东白条界面

根据京东金融负责消费金融的总监许凌介绍：“‘京东白条’可在一分钟内在线实时完成申请和授信过程，分期付款标准利率在每期千分之五，仅为银行类似业务的一半。而违约金是万分之三，在免息到期日之前，通过短信、邮件等各种方式提醒消费者还款。同时，客户信用记录、逾期记录，京东也有条件地计入到央行信用系统。”

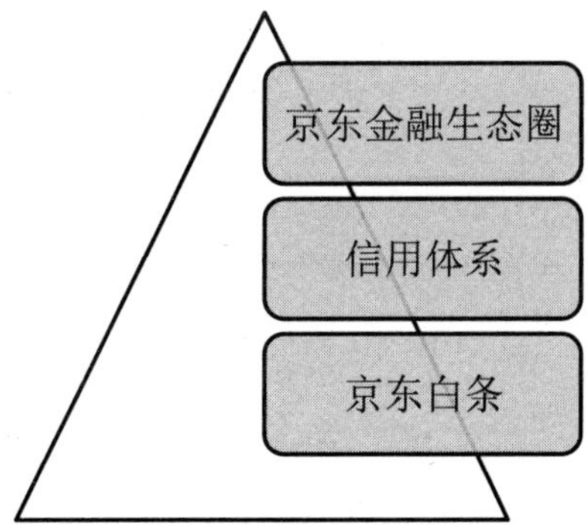

图 6.2.1-3　京东白条与金融生态圈

阿里巴巴与京东之所以纷纷开启关于信用支付产品的尝试，无疑是为了刺激客户的消费欲望，让客户在想要购物时没有“后顾之忧”。而京东的信用支付产品之所以可以率先公测，这与京东的电子商务网站性质不无关联。京东是以 3C 产品为主要产品的 B2C 网站，而这种产品大多属于标准品，十分适合客户以分期付款的形式购买。另外，1.5 万元的最高预支额度，基本能够满足客户对京东上大部分商品的购买需求。从客户的消费体验来说，“京东白条”当然是短期资金紧张时最佳的付款方式选择。

除了刺激消费之外，收集客户信息，应对大数据时代的挑战，也是各大电商推出信用支付产品的一大原因。与阿里巴巴不同的是，京东的第三方支付平台京东钱包知名度不够，应用范围较窄，京东对客户的信息收集难度就较大。而一旦“京东白条”被客户所接受，客户在申请“京东白条”的过程中，就需要提供自己的姓名、身份证、银行卡等个人信息以供审核。京东在收集到这些信息之后，能够进一步完善自己的信用评价体系，并推动京东实名账号系统的上线。而在大数据时代之下，这些信息的收集以及系统的完善，无疑能够帮助京东利用“数据资产”取得更大的发展和收益。

当然，“京东白条”的大规模铺开，必然会给京东带来更大的资金、库存压力，如果京东的风险控制体系不能尽快完善和上线，即使京东与供应商之间存在账期的时间差，也就是以应付账款的形式防止垫付资金带来的资金压力，但不良“信用贷款”引发的坏账也会给京东的发展带来风险。

然而，风险与机遇是并存的，京东之所以敢于推出“京东白条”这样的信用支付产品，就是对自己的风控体系有自信，而“京东白条”带来的收益也是相当诱人的。

除了前面两个原因之外，“京东白条”同样是京东为进军互联网金融布下的一颗棋子。从本质上来说，信用支付产品仍然属于一种金融产品，当越来越多的客户选择“京东白条”进行分期付款时，单是每月千分之五的利息，就能够为京东带来相当可观的一笔收入。一旦客户超过还款期还未还款，客户还需要支付每日万分之三的违约金，这也是一种有效的风控措施。

在大数据的时代车轮下，互联网与金融的融合是大势所趋。

2013年12月6日，京东的“京保贝”就已经上线，但其针对的主要还是供应链金融，即为供应商提供无需担保和抵押的融资渠道。仅仅一个月的时间，京东就通过“京保贝”为供应商贷出了超过10亿元。而以京东高达1.2亿的客户规模，从供应商走向消费者，无疑是京东进军互联网金融的必由之路。

以“京东白条”为起点的京东金融生态圈，正轰轰烈烈地铺展开。京东票据理财、小金库、基金、保险、资产管理等产品不断丰富。在阿里巴巴与腾讯的两强争霸中，京东也会在互联网金融市场扮演更加重要的角色！

6.2.2 民生领域成移动支付重要战场

美团、拉手、黄太吉、生活半径……移动支付时代，这些平台或垂直品牌将 O2O 彻底点燃，消费类品牌几乎占据了 O2O 的半壁江山。与此同时，民生类领域也成功杀入移动支付战场，电费、水费，甚至物业费等，人们也都几乎实现了“足不出户、轻松一点”的移动支付模式。

图 6.2.2-1 民生银行“民生缴费”界面

如图是民生银行手机客户端推出的“民生缴费”功能，涵盖了通信费、水费、电费、有线电视费，等，几乎囊括了常规的所有民生类消费。而一向被冠以“高大上”和“冷漠”的银行机构都已经加入了民生领域的移动支付大战，可见民生领域已经继消费领域之后，成为了 O2O 移动支付的重要战场。

传统的银行已经开始发力，更何况以移动互联网为基础而发展起来的互联网品牌。“旗舰品牌”支付宝在民生领域，显然又一次成为了行业领军者。

> 2015 年 4 月，支付宝宣布正式布局“互联网 + 城市服务”。除了现有的用支付宝钱包支付水电费、煤气费、信用卡还款、购买机票电影等功能之外，也将进一步上线违章查询、公交查询、医院挂号等功能，目前，12 个城市已经上线了这些功能，而随后全国各大城市也将正式加入“城市服务”的怀抱之中。

支付宝的勃勃野心很明显：成为移动支付时代，任何个人、商家、企业、组织都不可能绕过的第三方支付平台。截至 2015 年 5 月，支付宝钱包活跃客户现已超过 2.7 亿，在移动支付市场占据了 80% 以上的市场份额。可以说，移动支付领域的“托拉斯”已经逐步呈现。

为什么无论过去习惯“慢半拍”的银行机构，还是立足于互联网支付发展的支付宝，都会在 2015 年不约而同地在民生领域持续发力？

1. 即时化成为主流。

移动互联网带来的一个根本变化，就是即时化——一键购物、一键沟通、一键订餐、一键转账。人们已经越来越习惯“快速满足欲望”的生活方式，并逐渐将其从消费领域扩展到生活中的每一个细节。想想看，过去从北京到广州需要数天的时间，而现在高铁仅需 8 个小时左右，当“千里之外”已经越来越呈现“即刻到达”的趋势，那么对于最常见的民生缴费项目，谁又可能花费半天的时间去排队？

越来越多的支付机构积极参与民生领域，是一种“迫不得已”的举动，如果依旧守着老传统不愿改革，那么必然会被时代的洪流所吞噬。所以即便如银行，也不得不在这个 O2O 风行的年代里主动加入其中，打开移动支付的窗口，否则就有可能被客户彻底放弃。

2. 占领流量，才能推广服务。

“移动互联网时代流量为王。”这是移动互联网时代的一句经典名言。有了流量，才有客户基础；有了客户基础，才能推介新的服务项目；有了更多服务项目，才有变现的可能。

所以当移动支付的战火刚一点燃，无论传统四大行，还是如民生银行、光大银行等股份银行，也都第一时间开发了自己的手机 APP，并在首页显著的位置推出“民生服务”板块。因为银行越来越意识到：随着借贷宝、91 金融、投米网理财等一系列民间金融类 APP 推出，这已经与银行的相关业务直接形成了竞争，并且民间金融公司的效率显然更快、服务显然更好、收益显然更高，如果任由其发展下去，那么迟早有一天，看似牢不可破的地位，也会被逐渐颠覆。

所以，银行机构必须做出改变，这样才能与这些“后起之秀”一较高低。而银行机构本身就是财务结算机构，接入民生领域几乎是水到渠成的事情，只要稍加引导就可以吸引大量客户使用。在客户进行民生缴费的同时，推送银行自身的其他业务，这是民间金融 APP 完全不能比拟的优势。

为了流量，为了将自己的业务服务更全面地推广，银行机构不得不放下身段，也主动加入了民生领域的移动支付战争之中。

也许在未来的某一天，几乎所有的消费都将以移动支付的形式完成，无论就餐还是买房——当你看中了一处楼盘，不必再在售楼处与银行之间反复奔走，排队、等待、开票……这些都从一部小小的手机上全部完成，不用半天的时间你就可以拎着包住进新房，然后通过手机完成水电费、物业费、燃气费、暖气费的交付，这是怎样的一种生活？这时，整个世界都将形成一个O2O闭环，而移动支付则打通了全部环节！

要想实现这一天，也许还需要很久的努力。但是民生领域的移动支付，却已经突破了最基础的交水电费、交话费等功能，开始呈现出更丰富的民生服务系统：

> 走进地铁站，不必再到服务台购票，只需掏出手机，在地铁闸口轻松一刷，即可进入地铁。2015年8月，广州市开始推行“手机地铁票”的服务，“刷”手机乘坐地铁已经在广州变成了现实。乘客只需将配备有中国移动手机支付卡的手机在闸机上一“刷”，便可轻轻松松地乘车；而车费则是从手机当中的话费划拨到手机支付卡中进行付费。未来，公共汽车站、加油站等，都将开放手机移动支付的功能。

“一部手机走天下”的日子，已经不再遥远。可以预见，未来的民生领域将会越来越大，因为手机支付带来的便捷性，让过去一些不便实现的民生服务，从此能够轻松满足。例如寻找管道疏通工、寻求上门开锁公司……

新的民生类创业公司，也将会在这一领域呈现井喷之势。虽然各大银行、支付宝、通讯公司共同在民生领域掀起大战，但它们始终属于综合类平台，对于细节的把控很难做到完全精准。这时候，垂直类民生服务APP，就有了完全用武之地。并且，有公司已经开始了这方面的尝试。

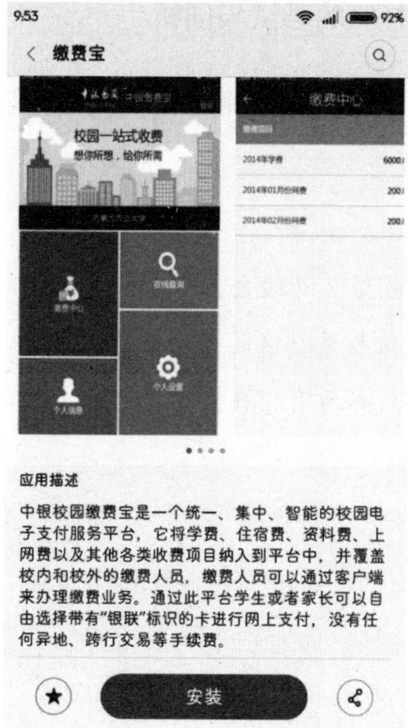

图 6.2.2-2　缴费宝界面

上图是一款名为“缴费宝”的手机 APP，与支付宝等相比，“缴费宝”的民生服务类型显然更加精准和细化：它是一个统一、集中、智能的校园电子支付服务平台，将学费、住宿费、资料费、上网费以及其他各类收费项目纳入到平台中，并覆盖校内和校外的缴费人员，缴费人员可以通过客户端来办理缴费业务。通过此平台，学生或者家长可以自由选择带有“银联”标识的卡进行网上支付，没有任何异地、跨行交易等手续费。这些细分领域，是支付宝等很难完全触及的，毕竟综合类 APP 服务对象是所有大众，太过细节化的设置反而会给多数客户带来交差的客户体验，因此垂直类 APP 就有了自己的“用武之地”。综合类民生 APP+ 垂直化民生 APP，民生领域移动支付的发展与竞争还将继续。

6.2.3 微信智慧社区的尝试与创新

2015年1月，《京华时报》的一则新闻，给我们带来了又一个全新的名词：微信智慧社区。

> 忘交水电费而被罚交滞纳金，半夜回家洗澡时才发现停水……这些尴尬有可能随着微信智慧社区的落地而得到避免。目前微信智慧社区已落地广州，该模式成熟后有望在全国推广。

作为后起之秀，微信是腾讯推出的一款即时社交软件，一开始的目的是为了对抗当年火爆中国的新浪微博。微信的根基在于上亿的QQ客户，可以迅速完成客户的转移；而有别于新浪微博的公开化，微信主打私密，因此它又形成了极高的黏合度。可以说，几乎没有一部智能手机里，见不到微信的身影。甚至很多手机在出厂时已经预装了微信，可见微信的影响力何等强大。

随着几年来和新浪微博的不断较量，微信的生态系统也更为完善，朋友圈、漂流瓶、群组聊天……在社交领域，微信一跃成为了当仁不让的老大。与此同时，在移动支付领域，微信也迅速布局：微信钱包、红包模式的推出，让微信已经不再只是一个单纯的社交软件。

尽管与支付宝相比，微信的支付地位还没有正式形成，但凭借着腾讯的强大技术能力、市场能力和数以亿计的客户，它却在支付领域走得更为“激进”，甚至在支付宝主要还在探索移动互联网之时，就已经直接将支付功能推进社区，打造出了“微信智慧社区”的全新O2O模式。

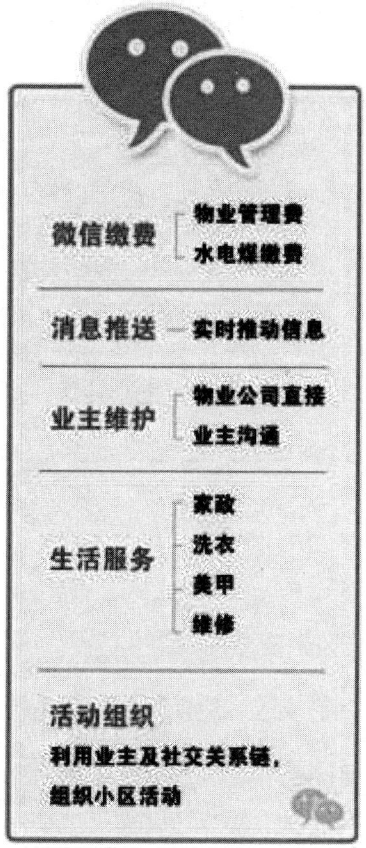

图 6.2.3-1　微信智慧社区运营模式

传统的物业模式我们并不陌生——物业公司通过传单张贴和挨家挨户拜访的形式，进行水电费用收缴、信息通知，这需要进行大量的人力和物力投入，但效果却不见得非常乐观。近年来各个地区都有不少物业与业主的矛盾事件传出，物业公司也成为了互联网上口诛笔伐的对象，可见传统的物业模式已经不能满足新时代居民的需求。

如果将传统物业模式定义为物业 1.0，那么微信智慧社区，显然拉开了物业 2.0 的时代。与物业 1.0 相比，微信智慧社区有了这些明显的提升：

1. 信息实时化

每月的水电缴费都将在微信内自动提醒，所有的物业公告都能直接在微信上实时查看。这样，即便客户身在外地，也可以第一时间获取相关信息，完全摆脱了前往物业咨询的麻烦。

2. 缴费移动化

微信在移动支付领域的布局非常完整，转账、微信红包、AA 首款……还可以关联几乎中国所有银行的银行卡，因此物业费的缴纳、水电费的缴纳都可以轻松一键完成。移动支付的引入，让微信智慧社区形成了完整的闭环生态系统，彻底打开了物业社区服务的各个环节。

3. 预约更便捷，服务更安全

传统的物业公司，会在小区进门处或信息张贴处，贴出如家电维修、水道疏通、上门开锁等服务电话，但是时间一长不免被其他信息覆盖，或因为滞后没有及时更换电话号码。但微信智慧社区推出了全新的系统，所有便民服务一目了然，更推出了“一键预约”的服务，让社区居民彻底摆脱了找不到相关信息的不便。而由物业公司直接推送的相关便民服务，也杜绝了“骗子公司”进入社区的可能性，大大提升了社区的安全。

仅此三点，微信智慧社区就彻底颠覆了物业 1.0 时代，快捷的移动信息让物业骤然有了科技感和时尚感。而试运行的小区，也都取得了不错的反馈。

南国奥园小区是微信智慧社区的首批使用小区。自社区公众账号开通以来，通知推送共 87 条，平均阅读量达 5 731 次。同时，物业收到的服务预约数量增加了 16%，微信预约比例超过了上门预约；业主对服务满意度也增长40%以上，而投诉率下降了2个百分点，表明了微信智慧社区取得了初步的成功，受到了欢迎。同时，物业公司也会借助大数据的能力，更加提升服务——物业在后台能立即收到相关的信息，并通过后台数据分析，更好地优化服务流程。

实时通知更快、微信缴费更便捷、生活服务更贴心、与物业的实时互动更简单和社区活动更活跃，这是微信智慧社区对于物业1.0带来的最大变革。通过这种形式的改变，传统物业低效率、低互动、低口碑的彻底颠覆，物业公司也找到了提升质量、省钱赚吆喝的服务模式。而一旦这种模式得到更全面的推广，那么真正具有互联网思维的物业公司将会异军突起，成为物业领域中的百度或阿里巴巴。

移动支付功能的引入，盘活了微信智能社区的实用性和功能性；但缴纳各种费用，只是移动支付功能对于物业的基础变革。如果更大胆、更细致、更灵活一些，那么移动支付配合微信智能社区，将会让整个社区形成全新的O2O社区：

物业成为公众平台。除了提供单纯的物业服务，借助微信指挥社区的支付功能，物业公司将会成为一个公众服务平台——借助每天的公众账号内容推送，物业可以与社区周围的商铺形成合作关系，进行精准推送。例如进入暑期高峰期，推送空调维护的相关话题互动；针对高生活水平的社区居民，推送足疗、按摩信息，并提供一定的折扣。居民可以通过微信支付进行付费和评价，这样既给客户带了方便，同时也给物业带来了大流量和新的创收点，让物业形成完整的“社区电商”O2O模式。

甚至，居民也可以成为新的“电商”。SOHO族、BOBO族已经越来越成为年轻人的主流，他们会创造出独一无二的工艺品、广告设计和服务等。而通过物业平台的服务，这些人可以足不出户将自己的产品、创意和服务快速投递给意向客户，从而使得微信智慧社区的生态系统更为完整。

仅仅半年时间，广州南国奥园试点的微信智慧社区就为社区周边商家增加了上万收入。而通过分成，物业公司的收入也得到了明显提升，社区电商每月销售仍在以 13% 的速度快速增长。可以说，借助支付功能的引入，物业 2.0 实现了三方收益：居民的便捷化生活、物业公司的多元化收入、周边半径商家盈利的爆炸性提升。

借助移动支付功能，可以想象，未来的微信智慧社区还将有更多盈利空间，物业创收仅仅只是创收的组成部分之一。不难预测这种变化将会更加广泛和迅速，如果不能抓住这次物业 2.0 的变革，那么相关企业必然会被时代一点点淘汰。

6.2.4 线下场景支付多样化，潜力巨大

支付宝、微信钱包、百度钱包……越来越多的移动支付 APP 出现，让移动支付的生态环境愈发丰富，O2O 模式不再局限于某一种形式，我们完全可以根据自己的习惯或商家特点，选择当面付、在线付甚至声波支付，等等。不同的场景构建，形成了不同的线下支付模式，甚至还会形成品牌的专属文化。“场景赋予意义”，这是伴随着移动互联网大行其道之时，同步诞生的一句话。

我们将分享多个关于线下场景支付的实例，从这些生动有趣的移动支付方式中让“脑洞大开”，从而找到灵感，让移动支付变得更新鲜、更好玩、更具潜力！

1. 渐成主流的移动支付：超市扫码付

越来越多的超市，开始推出“扫码付”功能，在收银台前，客户只需拿出手机打开支付宝或微信，对准收银员拿出的手机轻松一扫，即可完成结账过程。毕竟，超市产品较为零碎，有时候甚至会有几分钱的零头，既给客户的付款带

来不方便，也给超市的找零带来不方便。所以，扫码付的场景，会被超市广泛应用，一方面既解决了找零的问题，又让结账效率大大提升，从此彻底告别超市排长队的情景。

图 6.2.4-1　超市支付宝推广

2. 最有趣的移动支付：正午才能扫的二维码

日韩两国是二维码应用最为广泛的两个地区，这里诞生了不少有趣的二维码营销经典案例。例如韩国著名的 Emart 通过长期调研发现：每天到了正午时光，店内的客流量和销量都非常低，尤其是从 12 点到 1 点这一个小时。那么，该如何提升这个时间段内的销售额呢？

为了让消费者在正午时光感受到不一样的购物氛围和体验，这家超市引入了二维码系统，并在超市门前安装巨大的展示牌。这个二维码非常特别，它只有到了正午太阳直射时，才会被扫描读取，其他时候毫无效果。一下子，不少消费者对这种有趣的扫码方式感到了新鲜，于是不少人选择在这个时间段前来购买，甚至不乏外国游客也慕名前来参观。

当然，有趣的只是这个二维码的第一个效果。这款“正午二维码”，同时还提供比其他时间段更为优惠的折扣。如果运气够好，还可以享受免费送货上门的服务。

正是凭借着这个有趣的二维码，Emart 超市不仅将中午变成了购物高峰点，而它拉动整体营业额提高了两倍之多。

3. 最特权的移动支付：户外音乐节专属通道

近年来，随着户外音乐节在各地不断升温，越来越多的音乐爱好者开始走到室外，参加各种各样的户外大型音乐节。但是，因为人数过多、通道有限的缘故，很多音乐节的门口都是人满为患，排队购票的队伍甚至达到数公里，不仅造成了管理上的压力，同时也被众多观众埋怨。

为了解决类似的问题，如迷笛音乐节、草莓音乐节等，率先发起了“二维码”专属通道，并在官方主页大力推介——如果观众通过二维码购票，那么将不必再进行漫长的排队，只需在专属通道前出示身份证，即可轻松进入场地。而在专属通道中，观众还会领取特制的精美礼品。这种全新的购票模式一经推出，立刻受到了不少客户的喜爱。“刷二维码即可进场”的方式已经在一些音乐节上试用，并且推广至中小型演出场地，将“出示身份证”的环节进一步取消，从而更加提升了票务环节的效率，并让场外安全环节得到了更全面的提升。

4. 最有温度的移动支付：咖啡馆声波支付

支付宝中有一个功能名为“声波支付”，客户打开此功能后，用手机麦克风对准收款方的麦克风，手机会播放一段“咻咻咻”的声音，这时候就会显示需要支付的金额，然后轻松一点即可完成支付。

一些咖啡馆，就采取这种支付方式，以此与客户进行更加亲密的互动。杭州一家咖啡馆在客户结账之时，会由服务员拿着专用的手机邀请客户进行声波支付，同时还会和客户攀谈几句，例如夸赞客户的衣着品位，或是聊一聊今天的新闻。交谈过程中，服务员利用声波支付的功能，完成了这次结账，而客户既感到了新鲜有趣，同时也会对温馨体贴的服务员留下很好的印象，从而对这家咖啡馆产生了依赖之情。

未来，各种各样的支付模式还将会出现，例如表情支付、指纹支付，等等。每一种移动支付方式，都有自己的特点和优势，作为商家全部使用，显然有些“贪多嚼不烂”；根据自己品牌的特点和环境，创造出一个准确的场景，例如银行系统采用指纹支付会更专业、KTV 等娱乐场所使用“卖萌表情”支付会更有趣。脑洞大开，场景大开，移动支付的模式也会更加多样化！

6.2.5 移动支付信用将带来巨大机遇

移动支付快捷、方便，以支付宝、微信支付为首的第三方支付笼络了以亿计的客户。尤其是当移动金融理财产品重磅推出，移动支付的前景更加不可估量。不过，因为第三方支付通常绕过了银行等监管系统，客户信息并不完整，因此移动支付的信用保障等，却一直被业界广为诟病——如果个人征信系统较差的人钻了这个漏洞，那么造成的恶果不堪想象！

安全性，一直都是移动支付发展路上最关注的话题；到了移动支付全面介入互联网金融之时，如何保障金融市场的稳定，就更成为了所有人讨论的众矢之的。

正因为如此，2015 年 1 月 5 日，人民银行正式发布《关于做好个人征信业务准备工作的通知》，要求芝麻信用管理有限公司、腾讯征信有限公司等八家机构做好个人征信业务的准备工作，准备时间为六个月。而芝麻信用管理有限公司，正是阿里巴巴的旗下子公司，与支付宝可谓“兄弟”。《通知》的正式下发，表明移动支付行业进入规范化时期，更加为移动支付领域带来保障。

当《通知》下发 23 天后，植入支付宝的“芝麻信用”正式开启公测，标志着“移动支付个人征信”系统正式开始起步。支付宝客户登录之后，会在“我的”版块里直接看到“芝麻信用”模块，并可以根据平常的消费等进行评分：其中 350~550 为较差，550~600 是中等，600~650 为良好，650~700 为优秀，700~950 是极好。不同的评分等级，会享受到不同的理财服务，甚至可以直接在现实生活中使用：比如芝麻分 600 分以上的客户，在全国 700 多家神州租车直营门店，就可免押金预定短租自驾车型。

芝麻信用分数，正是一个人的“诚信度”体现。移动支付所覆盖的范围越来越多，除了基础消费，还包括了信用卡还款、移动理财金融关注度、人脉关系、身份特质等，碎片化特征越来越明显。芝麻信用分数的建立，将移动支付的各个环节完美融合，并创造出了全新的场景——如果经常出现不良还款行为，甚至网购的产品多涉及违禁领域，那么自身的信用度就会迅速降低；反之，如果评分达到优秀，那么网购时可以先试后买，办理签证时也不用再闪转腾挪办存款证明，贷款时可以更快得到批复、拿到比别人低的利率。

甚至，当芝麻信用评分系统的应用范围越来越广，它还会直接影响到婚姻大事——一旦相亲网站接入系统，那么一个人在移动互联网中的各种举动都会细致映射，从而最大程度避免骗婚等情况的出现。

租车、租房、婚恋、签证等多涉及民生的领域，是芝麻信用的合作伙伴。通过点击芝麻信用里的“信用生活”，即可根据自己的信用等级，选择相应的服务项目轻松一键支付。这种引入信用等级的模式，就像传统银行需要的“征信报告”。尽管就目前来看，个人申请贷款起实质性作用的还是央行的征信报告，但随着包括阿里、腾讯在内的个人征信体系完善并打通，甚至这些商业公司正式进入清算市场时，那么芝麻信用就会产生更大的作用。

从阿里巴巴的战略可以看出：移动支付信用的建立，会让这些移动支付品牌进入更广阔的民生领域，创造更为完善的闭环。例如，芝麻信用在刚刚拿到个人征信牌照之后，就宣布：每年的 6 月 6 日定义为“信用日”，并推出新加坡和卢森堡两国的信用签证功能。而支付宝客户的芝麻评分一旦达到相应标准，那么就不必再提交大量证明材料，轻松满足出国需求。

更让芝麻评分凸显“高大上”的是——“申根签证”顺利拿下。“申根签证”是世界上十大最难办理的签证之一，需要提交的资料众多，并且通过率极低。但是，如果拿到申根签证，就意味着可以在 26 个欧洲国家自由出入，这其中就有法国、德国、意大利、希腊、比利时这样的欧洲大国。在过去，如果中国公民想要前往卢森堡，必须提交户口簿、身份证原件及复印件、机票酒店保险付款凭证、在职证明、收入证明等 10 多项资料；而借助“芝麻信用”进行在线申请，就会免交资产证明等资料。信用度越高，提交的材料就越少，因为客户一旦获得芝麻信用评分，就意味着——自己的在职证明、收入证明、户口簿、身份证复印件、机票酒店的付款凭证早已纳入系统。

由此可见，支付宝在移动支付领域为何大动作不停——功能越强，服务越多，场景越丰富，客户的信息采集就越庞大、越准确。当这些数据积累到一定数量之时，支付宝即可轻松升级，不再仅停留在“移动支付”的层面。而芝麻信用的出现，正式打通了各种信息之间的通道。

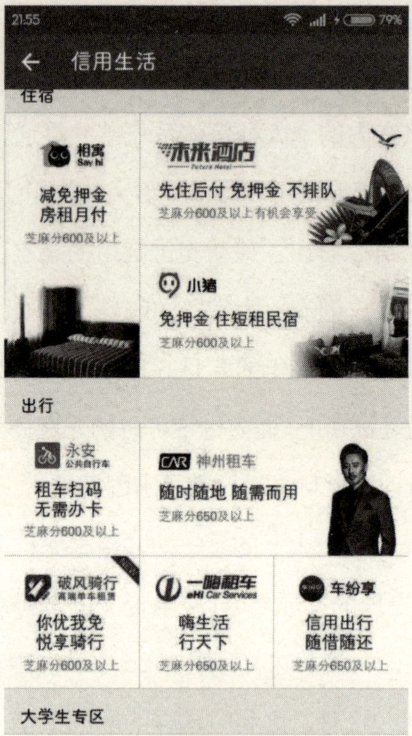

图 6.2.5-1　芝麻信用可享受的服务

作为移动支付领域阿里巴巴的头号“对手”，腾讯自然也着力打造全新的信用系统。腾讯征信业务服务的对象主要包括两块，一是金融机构，通过提供互联网征信服务来帮助他们降低风险，能够为更多客户提供金融服务；二是服务普通客户，用很便捷的方式帮忙他们建立信用记录，这些信用记录能反过来帮助他们获得更多的金融服务。与芝麻信用相似的是，腾讯信用也建立了等级设定，并提供相应的金融服务。

而作为另一家大型电商平台，京东也开始了征信体系的建立，例如最早推出的“京东白条”，其实就是个人征信的尝试——能够获得白条资格的客户，首先必须拥有足够的京东积分；同时，还需要绑定银行卡、信用卡，进一步验证自身的经济实力与还款能力。2015 年，京东也开始计划申请个人征信牌照，期望能够继芝麻信用、腾讯信用、拉卡拉等之后，完善品牌的征信系统。未来，京东将会在农村金融、校园金融和股权众筹等方面布局，从而第一时间抓住移动支付信用带来的巨大机遇。

图 6.2.5-2　“闪银”的个人征信体系

除了阿里巴巴、腾讯、京东这样的互联网巨头，还有更多的第三方移动品牌，也设定了相应的个人征信系统，并提供不同的服务。例如 2015 年下半年开始大规模推广的“闪银”，则是通过消费战斗力、身份战斗力、交际战斗力、职场战斗力、征信战斗力等几个方面，对客户进行实名认证和身份确定，最终为客户提供一定额度的贷款。相比较传统银行模式的贷款，闪银等品牌的效率要高出许多——花三分钟填写完相关信息后就可以看到额度，并且两小时内就将款项打至指定银行卡。

类似的移动 APP，还有 51 人品、现金贷、现金巴士等，尽管各家的模式有所不同，但无一例外都引入了“个人征信系统”，以此给客户提供贷款等服务，为移动支付增加保障，扩宽场景。

个人征信拍照的发放，会让未来的移动支付领域出现更多“大鳄”，移动支付将成为全新的金融系统平台、生活服务平台、个人信息平台。也许有一天，打开支付宝轻松购房、申请贷款、提取公积金等，都会在智能手机屏幕“一键”完成！